Irene Schuler

VIA SETT

Chur – Septimer – Chiavenna

In sieben Etappen durch drei Sprach- und Kulturräume wandern

Mit Beiträgen von Judith Burri, Linard Candreia, Marco Giacometti, Diego Giovanoli, Hansjürg Gredig, Georg Jäger, Mathias Picenoni, Romano Plaz, Jürg Rageth und Marco Volken.

Via Sett

graubünden

TERRA GRISCHUNA

Allen Personen, die durch ihre Mitarbeit oder Begleitung auf meinen Wanderungen zum Gelingen dieses Wanderbuchs beigetragen haben, danke ich herzlich. Es waren dies unter anderen:
Sibylle Ambühl, Matteo Biancu, Piero Biancu, Susanne Birrer, Nathalie Carisch, Karin Clalüna, Marcello Crüzer, Claudia Demel, Guiseppe Falbo, Arturo Fasciati, Kurt Gallati, Alfred Gantenbein, Paolo Giacometti, Alfredo Giovannini, Renzo Giovanoli, Elda Giovanoli-Simonett, Sara Guetg, Michael Kirchner, Jan Krummenacher, Martina Lanz, Andri Largiadèr, Carla Marti, Sonja Maurizio-Bandli, Annika Messmer, Brigitte Müller, Jeanette Nussbaumer-Moser, Regula Ott, Mimi Pool, Luise Schuler, Cornelia Schwierz, Edi Taverna, Helmut Tiefenthaler, Margrith Vogel-Baltermi.

Die Autorin und der Verlag danken für die finanzielle Unterstützung:
Verein Parc Ela, Stadt Chur, Gemeinde Churwalden, Lantsch/Lenz, Vaz/Obervaz, Albula/Alvra, Surses, Bregaglia, Graubündner Kantonalbank, Kulturförderung Kanton Graubünden.

SWISSLOS KULTURFÖRDERUNG KANTON GRAUBÜNDEN

Umschlagbild: die Septimerbrücke. Fotograf: Reiner Klingholz

Edition Terra Grischuna, Glarus/Chur 2020

Produktion: Somedia Production AG, Chur
Satz und Gestaltung: Somedia Production AG, Glarus
www.somedia-buchverlag.ch
info.buchverlag@somedia.ch
ISBN 978-3-7298-1203-1

Bibliografische Information der Deutschen Nationalbibliothek
Die Deutsche Nationalbibliothek bezeichnet diese Publikation in der Deutschen Nationalbibliografie; detaillierte bibliografische Daten sind im Internet über https://portal.d-nb.de/ abrufbar.

graubünden BOOKS

Tgers lectours, liebe Wandernde, cari escursionisti

Die Via Sett als zeitgemässen Wanderweg aufleben zu lassen, war mein lang ersehnter Wunsch. Anlass dazu gab meine besondere Beziehung und emotionale Verbindung zum Projekt. Einerseits geprägt durch meine familiäre Herkunft und andererseits aus lokalhistorischem und touristischem Interesse.

Schon als Kind hörte ich den Erzählungen meiner, aus der Val Chiavenna stammenden Grossmutter zu. Sie erzählte von ihrer Kindheit vor dem Ersten Weltkrieg, von ihren Vorstellungen der Schweiz und von ihrer Einwanderung in Savognin.

Bivio gab mir, im wahrsten Sinne des Wortes, meine Muttersprache. In Bivio ist meine Mutter geboren und aufgewachsen, und ich hatte das Glück, viele Stunden meiner Kindheit mit den Einheimischen zu erleben. Ich lernte die Vielseitigkeit dieser aussergewöhnlichen Dorfgemeinschaft kennen, die heute zu Recht als «Perle am Julier» bezeichnet wird.

Savognin ist mein Geburts- und Bürgerort. Hier konnte ich die Wandlung des mehrheitlich Romanisch sprechenden Bauerndorfes, mit seiner durch die vorkonziliare Tradition geprägten Gemeinschaft, zum Tourismusort mitgestalten. Persönlich bewegt es mich immer wieder, Brücken zu schlagen. So entstand aufgrund meiner Initiative das Museum Regiunal Savognin sowie das «Codesch da Savognin».

Die Via Sett ermöglicht Begegnungen mit der lokalen Bevölkerung und Erlebnisse in der alpinen Natur- und Kulturlandschaft. Sie wirkt als Bindeglied zwischen den nördlichen und südlichen Kulturen und soll Ansporn geben zum Mitdenken und zum gegenseitigen Verständnis.

Von meinem Gedankengut getragen, hat sich die Geografin Irene Schuler als Autorin des vorliegenden Wanderbuches engagiert. Sie war mir bekannt als Autorin des Wanderbuches «Walserweg Graubünden». Dank ihrer vielseitigen Interessen und ihrer fundierten, breit gefächerten Kenntnisse ist es ihr gelungen, dem vorliegenden Wanderbuch eine besondere Note zu geben. Der Leser/die Leserin fühlt sich angesprochen und auf der Via Sett begleitet. Sie macht Interessierte neugierig, sich in das eine oder andere Thema zu vertiefen, unterwegs zu verweilen und zu geniessen. Beim Lesen werden Erinnerungen wach an die eigenen Wandertage auf der Via Sett. Persönlich bin ich Irene Schuler sehr zu Dank verpflichtet. Ihr ist es gelungen, diesem Werk Leben einzuhauchen und damit dem Wandernden ein wertvoller und nützlicher Begleiter zu sein. In diesem Sinne wünsche ich bun divertimaint, viel Spass, tanto piacere auf der Via Sett!

Romano Plaz

Vorwort

Das vorliegende Wanderbuch ist in enger Zusammenarbeit mit Einheimischen und Fachleuten entstanden. Die Beiträge der Mitautoren geben Einblick in verschiedene Themen. Mitgeschrieben und mitgedacht haben Judith Burri, Leiterin Kommunikation Parc Ela; Linard Candreia, Autor; Marco Giacometti, Fondazione Centro Giacometti; Diego Giovanoli, ehem. Mitarbeiter der Bündner Denkmalpflege; Hansjürg Gredig, Historiker und Verfasser des Inventars historischer Verkehrswege (IVS) am Septimer; Georg Jäger, Historiker und ehem. Leiter des Instituts für Kulturforschung Graubünden; Mathias Picenoni, Sprachwissenschafter; Romano Plaz, Kenner des Surses; Jürg Rageth, ehem. Mitarbeiter des Archäologischen Dienstes Graubünden, und Marco Volken, Fotograf und Autor zahlreicher Bergbücher. Ihnen allen danke ich herzlich für ihr Engagement. Ein besonderer Dank geht an Romano Plaz. Er hat sich von der ersten Stunde an für die Via Sett eingesetzt. Ebenso geht ein besonderer Dank an Georg Jäger für die Lektoratsarbeit.

Neu folgt die Via Sett auch zwischen Chur und Tiefencastel der historischen Route, der sogenannten «Oberen Strasse». Die Burg Strassberg, das Kloster Churwalden oder das Dorf Lantsch/Lenz – ehemalige Portenstation an der Julier-/Septimerroute – sowie weitere Kulturzeugnisse dieser besonders im Mittelalter bedeutenden Handelsroute, werden mit der neuen Linienführung für Via-Sett-Wandernde auf attraktiven Wanderwegen erschlossen.

Ich wünsche Ihnen erlebnisreiche Tage auf der Via Sett!

Seewis Dorf, im April 2020 — Irene Schuler

Via Sett – Nützliche Hinweise von A–Z

Aktuelles: Auf der Homepage der Via Sett, www.parc-ela.ch/viasett, sind aktuelle Informationen zum Weg und zu den buchbaren Wanderangeboten mit Gepäcktransport verfügbar.

Anforderungen: Die Via Sett ist ein Weitwanderweg, der durch alpine Siedlungsräume führt. Die gut ausgebauten und markierten Bergwanderwege erfordern keine alpinistischen Kenntnisse. Trittsicherheit und gute Kondition sind erforderlich (SAC Wanderskala: T2). Trekkingschuhe werden empfohlen. Alle Etappen lassen sich mit dem öffentlichen Verkehr abkürzen.

Erreichbarkeit: Alle Etappenorte der Via Sett sind mit dem öffentlichen Verkehr (RhB oder Postauto Graubünden) erreichbar. Teilweise ist eine Reservation erforderlich. Die Rückreise von Chiavenna kann via Splügenpass oder Maloja-St. Moritz erfolgen. Fahrplan-Auskunft: www.sbb.ch oder sms an 4411.

Grenzübertritt: Für den Grenzübertritt Schweiz–Italien ist eine gültige Identitätskarte oder ein Reisepass notwendig.

Jahreszeit und Wetter: Die beste Wanderzeit für die Septimer-Etappe (5) dauert von Mitte Juni bis Mitte Oktober. Die Etappen 1 bis 3 lassen sich bereits ab Mitte Mai genussvoll erwandern. Dies gilt auch für die Etappen 6 und 7 durchs Bergell.
Durchs Bergell können Sie zudem bis in den November sowie bereits wieder ab Ende März wandern. Sie werden dann einsame Spätherbsttage oder warme Frühlingstage erleben. Informieren Sie sich vorgängig über die Öffnungszeiten der Unterkünfte.
Wettervorhersage: www.meteoblue.com.

Information: Chur Tourismus, chur.graubuenden.ch, +41 81 252 18 18; Lenzerheide Marketing und Support, arosalenzerheide.swiss, +41 81 385 57 00; Tourismus Savognin Bivio Albula, savognin.ch, +41 81 659 16 16; Parc Ela Infostelle, parc-ela.ch, +41 81 659 16 18; Bregaglia Engadin Turismo, bregaglia.ch, +41 81 822 15 55; Ufficio Informazioni Chiavenna, valchiavenna.com, +39 0343 37485.

Karten: Die Via Sett ist auf www.wanderland.ch als Schweizmobil-Route Nr. 64 erfasst. Dort können die Karten zu den Etappen in Swisstopo-Qualität heruntergeladen werden. Die folgenden Karten werden als Ergänzung empfohlen: Swisstopo 1:25 000 Blatt 1195 Reichenau, 1196 Arosa, 1216 Filisur, 1236 Savognin, 1256 Bivio, 1276 Val Bregaglia, 1296 Sciora; 1:50 000 Blatt 277 Roveredo; Kompass-Karte 1:50 000 WK 92 Valchiavenna-Val Bregaglia.

Literatur: Weiterführende Literatur siehe Seite 187.

Museen: Die Regionalmuseen gewähren spannende Einblicke in die Vergangenheit, in die Kultur und das Alltagsleben der Menschen in diesen Bergtälern. Nehmen Sie sich die Zeit für einen Besuch. Sie werden mit anderen Augen weiterwandern. Informationen zu den Museen finden Sie im Serviceteil der jeweiligen Etappe.

Notfall: Alarmieren Sie in der Schweiz die Ambulanz, Tel. 144,
oder die Bergrettung REGA Schweiz: 1414. Wählen Sie in Italien die Tel. 118 oder die europäische Notrufnummer 112 oder die REGA Ausland: 0041 333 333 333.

Sprachen: Entlang der Via Sett erleben Sie auf kleinstem Raum eine faszinierende Sprachenvielfalt. Hören Sie genau hin. Vielleicht erkennen Sie das Bündner- oder Walserdeutsch, das rätoromanische Surmiran, den Bergeller (bregagliotto), den Chiavenner (il chiavennasco) oder gar den Bivianer Dialekt (il biviano).

Unterkunft und Verpflegung: Im Serviceteil der Etappen finden Sie eine Auswahl an Unterkünften und Restaurants. Entlang der Via Sett gibt es weitere Unterkünfte, in denen Wandergäste willkommen sind. Entdecken Sie selbst ihr Lieblings-Bergrestaurant oder Hotel.

Vorwahl: Aus der Schweiz nach Italien: 0039; aus Italien in die Schweiz: 0041.

Wanderzeiten: Die Wanderzeiten entsprechen dem Tempo eines durchschnittlich trainierten Wanderers. Die Wanderzeiten im Buch können von den Angaben auf den Zielwegweisern abweichen. Längere Pausen und Besichtigungen müssen dazugerechnet werden.

Wegweiser und Signalisierung: Die Via Sett ist durchgehend mit der Schweizmobil-Routennummer 64 signalisiert. Zwischenmarkierungen sind in der Schweiz weiss-rot-weiss und in Italien gelb markiert.

Die Via Sett ist mit der SchweizMobil-Routennummer 64 signalisiert

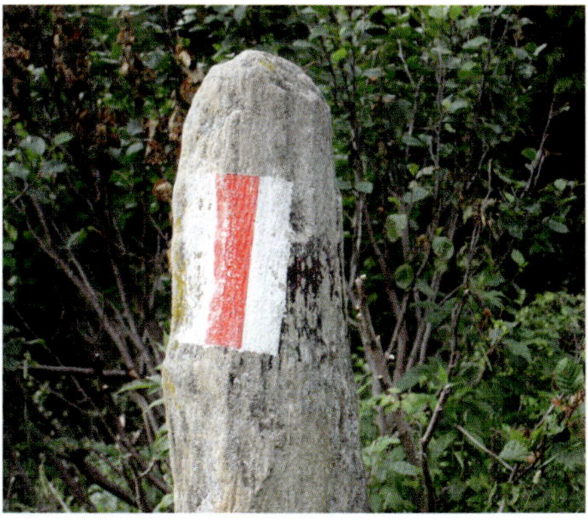
Markierung in der Schweiz: weiss-rot-weiss (Bergwanderwege)

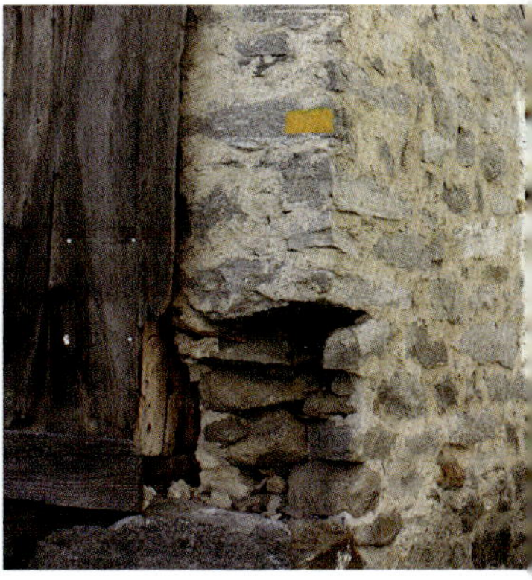
Im italienischen Teil des Bergells: gelb

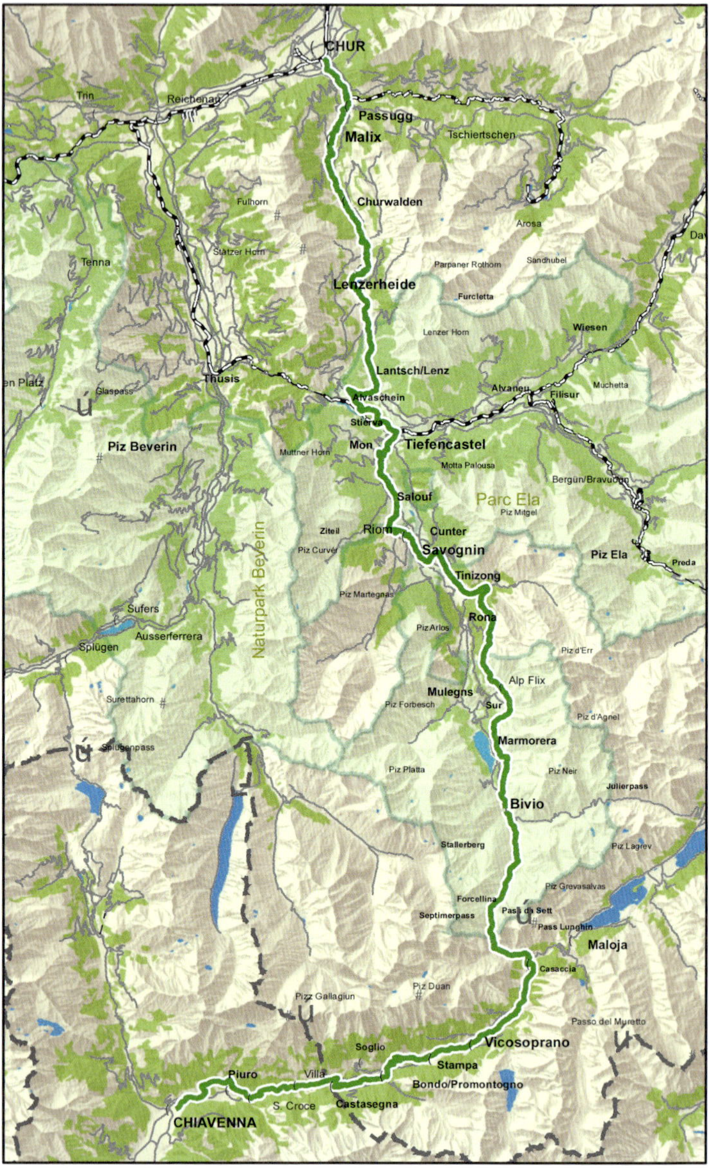
CHUR
Trin
Reichenau
Passugg
Malix
Tschiertschen
Fulhorn
Churwalden
Arosa
Statzer Horn
Tenna
Parpaner Rothorn
Sandhubel
Lenzerheide
Furcletta
Lenzer Horn
Wiesen
Lantsch/Lenz
Thusis
Glaspass
Alvaneu
Filisur
Muchetta
Alvaschein
Stierva
Piz Beverin
Mon
Tiefencastel
Muttner Horn
Motta Palousa
Bergün/Bravuogn
Salouf
Parc Ela
Piz Mitgel
Ziteil
Riom
Cunter
Piz Curver
Savognin
Piz Ela
Preda
Tinizong
Naturpark Beverin
Piz Martegnas
Sufers
Rona
Piz Arlos
Ausserferrera
Splügen
Piz d'Err
Alp Flix
Surettahorn
Mulegns
Piz Forbesch
Sur
Piz d'Agnel
Splügenpass
Marmorera
Piz Platta
Piz Neir
Julierpass
Bivio
Stallerberg
Piz Lagrev
Piz Grevasalvas
Forcellina
Septimerpass
Pass da Sett
Pass Lunghin
Maloja
Casaccia
Piz Duan
Pizz Gallagiun
Passo del Muretto
Vicosoprano
Soglio
Stampa
Piuro
Villa
Bondo/Promontogno
S. Croce
Castasegna
CHIAVENNA

Via Sett

Der Septimer

Georg Jäger

Tore zur Welt – Zugänge zu den Nachbarn

Alpenpässe sind viel mehr als blosse Verkehrsverbindungen. Das Umfeld der grossen Transitwege wird deshalb heute auch als «Übergangs- und Durchgangslandschaft» bezeichnet. Die beiden Fachbegriffe deuten auf vielfältige Einflüsse hin, die seit der Urgeschichte an den Pässen fassbar sind, denn diese dienten nicht nur dem Verkehr und der Wirtschaft. Passwege hatten vielmehr den «Nebeneffekt», dass sich die Menschen beidseits der Übergänge weiträumig beeinflussten, so etwa in der Sprache, ihrem Baustil, in ihrer Wirtschaftsweise oder in religiöser Hinsicht. Die grossen Transitpässe sind kulturell betrachtet Kontaktzonen, offen für weiträumigen Austausch. Gleichzeitig bilden sie oft auch faszinierende Grenzen zwischen Sprachen und Kulturen.

In den Alpen verbinden die wichtigsten Pässe in sich vielschichtige Kulturräume, von den extensiv genutzten Viehalpen über agrarisch geprägte Zonen bis weit hinaus zu den urbanen Zentren des kontinentalen Fernhandels. Seit der Römerzeit und vor allem wieder seit dem ausgehenden Hochmittelalter war dieses geografische Umfeld für die Alpenbewohner von grösster Bedeutung. Das beschleunigte Wachstum der Städte seit dem 13. Jahrhundert in Europa ermöglichte die Versorgung einer auf Viehzucht spezialisierten alpinen Bevölkerung. Dank der grossen Viehmärkte am Alpenfuss wurden Devisen erwirtschaftet, und an den Passrouten konnte durch die Beteiligung am Transport zusätzliches Einkommen erzielt werden. Ohne diese städtische Basis sind die im späten Mittelalter intensive Besiedelung der Hochlagen und die Konjunkturen des internationalen Transitverkehrs nicht zu verstehen.

Selbst die kleinen, lokalen Passverbindungen beeinflussten die regionalen Kulturen, so etwa im benachbarten Aversertal, dessen oberster Teil im Bereich der Viehalpen ganz vom Bergell aus geprägt wurde. Noch heute gehören Teile des geografischen Raumes Avers zum Bergell. Dort sind denn auch die Flurnamen italienisch, die scharfe Kulturgrenze zu den deutschsprachigen Walsern ist selbst auf der Landeskarte ablesbar.

Auf der nördlichen Seite des Septimers sind die Verhältnisse ähnlich: Das Bergell reicht sprachlich bis Bivio. Im dreisprachigen Dorf war das Italienische bis in die jüngste Zeit dominant. Die Gründe liegen vor allem in der Topographie des Alpensüdhangs. Die steilen und steinigen Hänge des Bergells konnten für die Sömmerung des Viehs der durch den Transit wohlhabenden Bergeller und ihrer südlichen Nachbarn nicht genügen. Deshalb erfolgte hier und in vielen anderen Zonen der Alpen im Spätmittelalter ein territoriales «Ausgreifen»[1] (Martin Bundi) der südlichen Kommunen auf die Nordseite der Alpen, wo genügend ausgedehnte Alpweiden zur Verfügung standen.

Die wichtigsten Alpenpässe in Graubünden

Während des Mittelalters – und wie man seit Kurzem weiss – schon früher in der römischen Kaiserzeit – war der Septimer zusammen mit dem Julier der wohl wichtigste Übergang in den Zentralalpen. Im Bergell und am Splügen und San Bernardino fanden die Archäologen Spuren menschlicher Präsenz schon früh in der Prähistorie, wie Grabungen und Prospektionen ergeben haben. Urgeschichtliche Jäger, römische Händler und Soldaten, mittelalterliche Bauern, Säumer, Krieger und christliche Pilger haben diese Pässe benutzt. Zum Septimer und Julier, die man zusammen als Varianten derselben Transitroute sehen muss, und dem Splügen und San Bernardino kam im Westen Churrätiens der Lukmanierpass, an dessen nördlichem Ausgangspunkt im 8. Jahrhundert das Kloster Disentis gegründet wurde.

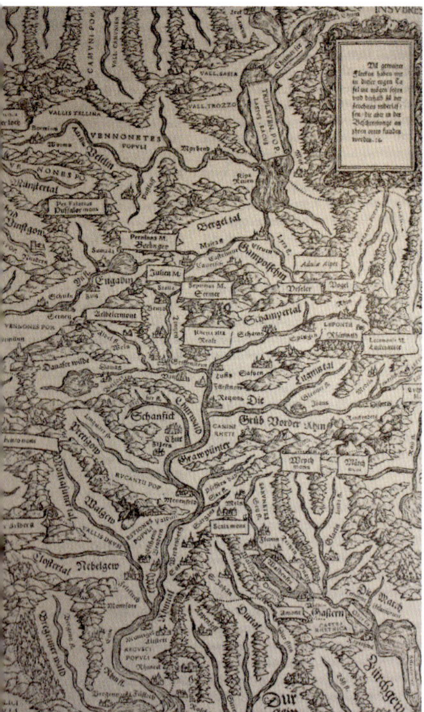

Septimus M., Schweizer Chronik 1548

Der Septimer war der Pass der Churer Bischöfe, die seit dem 10. Jahrhundert als Landesherren von Churwalchen, oder Churrätien, wie das spätere Graubünden im Mittelalter bezeichnet wurde, selbstständig Territorial- und Verkehrspolitik betrieben. Nach etwa 1100 wurde der Septimer dank der bischöflichen Verkehrsförderung auf der gesamten Strecke von Chur über das Domleschg bis ins Bergell zum bedeutendsten Transitpass durch die Bündner Alpen. Die Dominanz des Septimers im Warenverkehr hielt bis ins späte Mittelalter an, als weltliche politische Kräfte, Adelsgeschlechter und Gemeinden, erfolgreich zum Bischof in Konkurrenz traten. Nun verlagerte sich nach der Verbesserung des Weges durch die Viamala gegen Ende des 15. Jahrhunderts ein grösserer Teil des Transitverkehrs auf die Pässe Splügen und San Bernardino. Septimer und Julier blieben aber weiterhin für den Fernverkehr und den lokalen Austausch von Bedeutung.

Europäische Dimension

Seit der Antike war der Septimer Teil eines transkontinentalen Verbindungsnetzes. Doch lange galt als ungewiss, wie stark der Septimer von den alten Römern begangen wurde. Aufsehenerregende archäologische Funde nahe der Passhöhe, wo in den Jahren 2007–08 ein grosses kaiserliches Heerlager aus der Zeit des Alpenfeldzugs von 15 v. Chr. gefunden wurde, erbringen nun eindeutig den Beweis für die grosse Bedeutung schon im Römerreich. Unter anderem fanden die Archäologen Waffen, Katapultgeschosse und Münzen. Noch im Zweiten Weltkrieg, als die Schweizer Armee den Pass wenig unterhalb des römischen Lagerplatzes befestigte, war der Septimer aus militärischer Sicht ein Bollwerk gegen Süden. Die im Ganzen topographisch relativ einfache Verbindung aus dem Raum Chiavenna war ausschlaggebend für den Ausbau der Passwege über Septimer und Julier, die durch das Oberhalbstein ohne grosse Hindernisse nach Chur führen. Für die Römer diente hauptsächlich der Julier dem Warentransport im zentralalpinen Verkehrssystem von Septimer/Julier und Splügenpass. Am Julier wurden in den Siebzigerjahren des 20. Jahrhunderts Karrengleise gefunden, die heute als römisch und frühmittelalterlich gelten, während am Septimer nach aktuellem Wissen nur der Säscel battü (behauener Stein) möglicherweise auf den römischen Strassenbau zurückgeht.

Der Aufschwung des Passverkehrs im Hochmittelalter war Teil eines starken wirtschaftlichen Wachstums in Europa, das von einer Zunahme der Bevölkerungszahl begleitet war. Besonders im 13. und 14. Jahrhundert führten diese Entwicklungen zu einem intensiven Landesausbau in den Alpentälern. Der Fernverkehr nahm zu; erste Transportgenossenschaften für den alpinen Warentransport entstanden in Chiavenna bereits Anfang des 13. Jahrhunderts. Später folgten entsprechende Organisationen in Talschaften an den wichtigsten Pässen Churrätiens. In tiefen Lagen dienten die Flüsse und Seen über weite Strecken als natürliche Verkehrsadern: Rhein, Bodensee, Walensee und Zürichsee führten zu den süddeutschen Zentren im Norden. Der Comersee im Süden war der bequeme Zugang zu Como, der ersten bedeutenden Stadt am Fuss der Alpen. Das benachbarte Mailand gehörte bereits im Mittelalter zu den grössten und wirtschaftlich bedeutendsten Städten Europas. Mailand war der dominierende südliche Verkehrsknotenpunkt an den Wegen zu den Alpen und den Seehäfen von Genua und Venedig, aber auch ein mächtiges politisches Zentrum. Angesichts der Bedeutung des Septimers in diesem wachsenden und weiträumigen europäischen Wirtschaftsraum versuchten die Bischöfe von Chur gegen Ende des 14. Jahrhunderts, diesen direkten Passweg für den Fahrverkehr besser auszubauen. Der Bergeller Jacob von Castelmur wurde 1387 beauftragt, einen Fahrweg über den Septimer zu errichten, ein Unternehmen, das nach heutiger Erkenntnis wohl nicht zu Ende geführt wurde.

Der Transport über die Alpenpässe erfolgte seit dem Frühmittelalter als Saumverkehr. Erst mit dem Bau der Fahrstrassen («Commercialstrassen») am Splügen und am San Bernardino 1818–1822/23 hielten Kutschen und Pferdefuhrwerke Einzug im Bündner Transit. Der Julier war bis an die Landesgrenze im Bergell erst 1840 für Fuhrwerke ausgebaut. Pläne, eine Septimerstrasse für Kutschen zu bauen, wurden wegen der steilen Südrampe und der damit verbundenen Lawinengefahr nie verwirklicht. Pferde und Maultiere waren die wichtigsten Transportmittel; viele Waren, Briefe und Geld wurden von Menschen über die Pässe getragen. Individuelle Säumer und Mitglieder der Säumer-Genossenschaften, Porten genannt, bewältigten in Zeiten guter Konjunktur grosse Mengen von Transportgut wie Getreide, Reis, Wein, Tuche, Waffen, Felle, Salz, Gewürze sowie Werkzeuge, Passgemeinden und Porten waren für den Warentransport und den Wegunterhalt zuständig. Die dafür erhobenen Gebühren führten in den Talschaften zu zusätzlichen Einnahmen und begründeten als arbeitsteilige Form des Wirtschaftens zusammen mit der Viehzucht einen relativen Wohlstand an den Transitrouten.

Historische Zeugen an der Passroute

Am Septimer sind auf der Südseite noch zahlreiche Überreste der alten Saumwege, vor allem die eindrücklichen gepflästerten Abschnitte, sichtbar. Aufmerksame Beobachter können im Gelände mehrere Varianten früherer Wege erkennen,[2] am leichtesten beim Säscel battü mit den zwei unterschiedlichen Niveaus im behauenen Felsen. Einige zum Teil überwachsene Strassentrassen unterhalb der Passhöhe auf der Nordseite sind erst durch die Armee im 20. Jahrhundert entstanden. Zu den Zeugnissen des früheren Glanzes gehören auch die spärlichen Relikte von Bauten beim

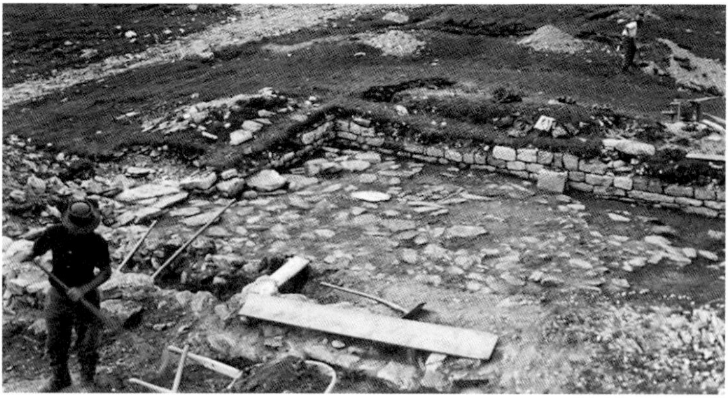

Ausgrabung des Septimer Hospiz (frühes 12. Jh.) durch Hans Conrad (1933–37)

Hospiz, ausgegraben in den Dreissigerjahren des 20. Jahrhunderts. Die in Teilen noch erkennbaren Fundamente und Mauerreste gehörten zum bischöflichen «hospitale montis Septimi»[3] dem Hospiz, das den Reisenden Schutz und Unterkunft gewährte. Schon die Römer hatten an den Passwegen Septimer/Julier eine Kette von Raststätten errichtet, so etwa die Mansio (Pferdewechselstation) in Riom. Bei den Grabungen auf der Passhöhe sind auch frührömische Funde zum Vorschein gekommen, Belege für die Begehung des Septimers schon vor der Kaiserzeit. Römische Fundstellen und Spuren finden sich auch im Bergell.[4]

Auf der Südseite des Passes sind es die Herrenhäuser der politisch führenden Bergeller Geschlechter – allen voran der Salis – und zahlreiche grosszügig gebaute Bürgerhäuser, die vom Wohlstand an den Pässen noch heute Zeugnis ablegen.

Die Septimer-Route, die «Obere Strasse», hatte ihren nördlichen Ausgangspunkt in Chur. Die Bischofsstadt entwickelte sich im Mittelalter zu einem Zentrum für den Fernhandel, das für Waren des europäischen Transits zu einem wichtigen Umschlagplatz wurde. In Chur lassen sich schon im 12. Jahrhundert Tavernen (Herbergen) nachweisen. Eine Sust zur Lagerung von Transitgütern wird erstmals 1403 erwähnt, bestand aber mit Sicherheit schon früher. Anfang des 15. Jahrhunderts wird auch ein «Kaufhaus» erwähnt, das in der Rathaushalle – wo Transitgut gelagert wurde – untergebracht war. Das Rathaus mit der Halle besteht noch heute.

Diese Route zum Septimer führte von Chur durch steiles, nasses Gelände, das stetigen Unterhalt erforderte, hinauf nach Malix. Danach verlief der Weg an der Burg Strassberg vorbei, die den Freiherren von Vaz und ihren Nachfolgern im Mittelalter als lokales Herrschaftszentrum diente (13.–14. Jahrhundert). Von Strassberg gelangten die Reisenden nach Churwalden mit seinem Prämonstratenserkloster bei der Marienkirche, gegründet um 1150. Erhalten ist noch ein Turm (Abtgebäude) und die wenig bekannte, äusserst sehenswerte Klosterkirche mit einem gut erhaltenen

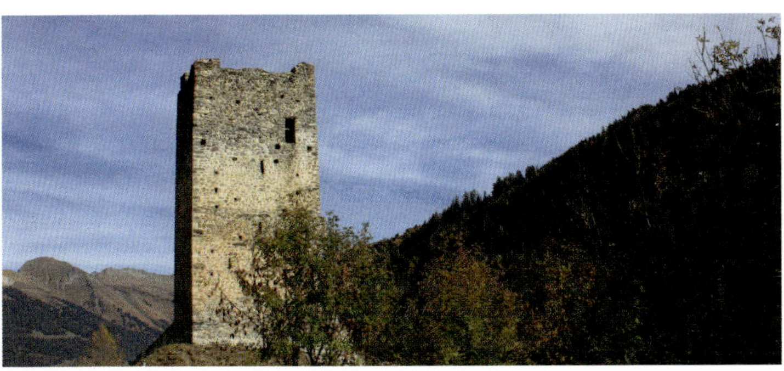

Die Burg Strassberg, das lokale Herrschaftszentrum der Freiherren von Vaz (13. – 14. Jh.)

Lettner, der die Mönchs- von der Laienkirche trennte. Nach dem faktischen Ende des Klosters in der Reformationszeit benutzten seit dem 17. Jahrhundert beide Konfessionen der paritätischen Gemeinde Churwalden die Kirche bis 1967. Die Churwaldner Kirche war auch Grabkirche der Freiherrn von Vaz, ausgestorben 1338 oder 1339.

Die Strecke durch das Tal von Churwalden durchquerte im Mittelalter ab Malix ausgedehnte Wälder. Die von rätoromanischen Klosterleuten und im 14. Jahrhundert angesiedelten deutschsprachigen Walsern gerodeten und urbarisierten mittelalterlichen Höfe sind in der Landschaft am gegenüberliegenden Hang bis Runcalier auch heute noch gut sichtbar.

Der Weg führte anschliessend über die Siedlung «Städtli» hinauf nach Parpan, dem Ausgangspunkt des Übergangs (1548 m) nach Lantsch/Lenz, der nächstgelegenen Siedlung am Abhang nach Tiefencastel. Von dort aus erreichte der Weg den legendären Hof von Vazerol, wo sich 1471 der Sage nach in einer Art Rütlischwur die drei Bünde zu einer Eidgenossenschaft vereinigt haben sollen.

In Vazerol zweigte die Albularoute ab, die über Filisur und Bergün zum Albulapass und La Punt im Engadin führte und für das Bistum als Verbindung ins Tirol von grosser Bedeutung war. Lantsch/Lenz war ein wichtiger Etappenort an der Septimerroute, der deshalb auch als Zollstation des Bischofs diente. Die dortige Portengenossenschaft (Port Lantsch/Lenz) transportierte die Rodware zusammen mit Säumern aus Chur und Churwalden bis nach Lantsch; danach übernahmen die Portengenossen von Tinizong (Port Tinzen) die Ware gemäss der Portenorganisation an der Oberen Strasse.

Das eigentliche Pièce de résistance dieses Abschnitts war die «Heid», das heutige grosse Touristenzentrum Lenzerheide. Bis gegen Ende des 19. Jahrhunderts war das ausgedehnte Gelände, teilweise eine Hochebene, als Maiensäss nur im Sommer

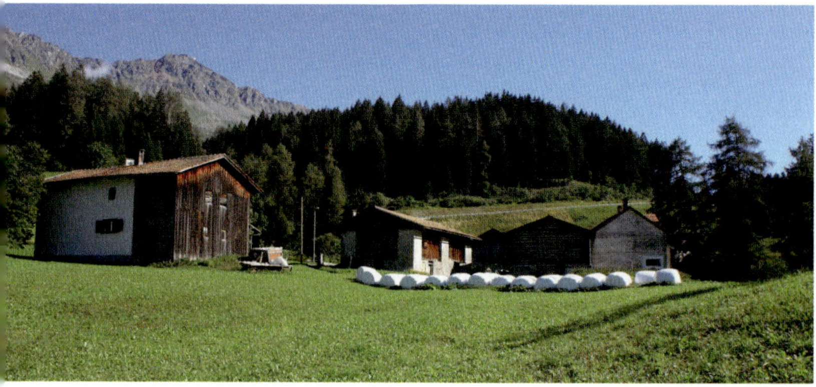

Weiler «Städtli» bei Churwalden

Kap. 38 Campell

«Weil sich die Bergkette bei Lantsch senkt und sich gleichsam verbeugt, liegt wenig oberhalb des Dorfs die Passhöhe, wo über zwei oder noch mehr Meilen der Weg nach Chur über eine Ebene verläuft (Planuras [Planoiras] nennen sie die Rätier, die Deutschsprachigen aber die Heid). Diese Ebene ist im Winter durch Frost und Schnee äusserst unwirtlich. Die Schneemassen werden von den Winden mit einem solchen Ungestüm fortgetragen (...) und manchmal in die Gesichter der dort ihres Wegs ziehenden Menschen geweht, dass es diesen den Atem raubt und sie zugedeckt werden; etwa so, wie es Autoren vom Sand erzählen, der in Afrika aufgewirbelt wird und die Menschen zudeckt oder ihnen gleich den Stürmen auf dem Meer Verderben bringt.»[6]

temporär bewohnt. Die Heid, romanisch Planoiras gernannt, gehört heute noch zu Obervaz. Die Öde und Kälte, bei Föhn ist es ein Windkanal, war im Winter wegen der Stürme und der Schneemassen gefürchtet.

Bei St. Cassian steht immer noch eine Kapelle, deren Umfassungsmauer ins 13. Jahrhundert datiert wird. Das bis heute erhaltene Kirchlein wurde 1513 neu geweiht, es ist ein Neubau der Stefanskirche (6./7. Jh.). Vermutlich schon im Mittelalter war dort ein Hof mit einer Notunterkunft für Reisende angegliedert (erwähnt 1540), wo der Pächter von der Gemeinde Lenz verpflichtet wurde, «fillicht lüt» beizustehen, damit sie dort nicht zugrunde gehen müssten. Reisende konnten eine Glocke am Hof läuten. (Ingrid H. Ringel S. S. 31)

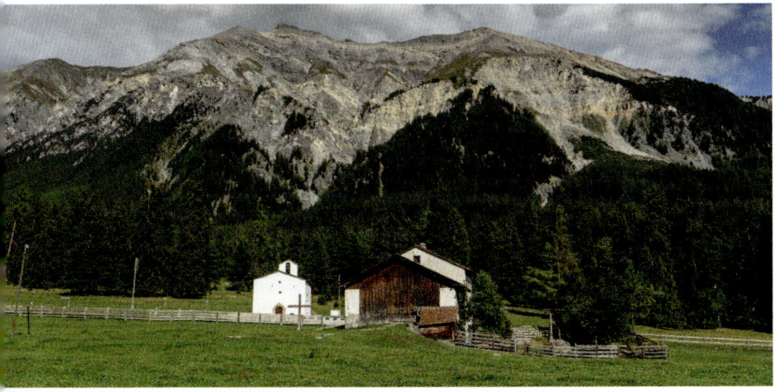

Die Kapelle St. Cassian (14.Jh.) liegt direkt an der Strasse nach Lenz Foto: Lorenz A. Fischer

Von Lantsch/Lenz aus ging ein Weg nach Prada/Mistail (Klosterkirche) bei Alvaschein, ein anderer über Vazerol nach Tiefencastel. In Obervaz, bei Nivagl, vereinigten sich die Wege über die «Heid» und vom bischöflichen Fürstenau im Domleschg her, der spektakulär in den Felsen des Moir (Mauer) durch die Schynschlucht angelegt war. Heute führt beim Moir der Wanderweg durch einen Tunnel aus den Zwanzigerjahren des letzten Jahrhunderts.

Politik und Religion am Transitweg

Das Gebiet von Malix bis Parpan (heute Gemeinde Churwalden) war Gebiet der Freiherren von Vaz. Im Zuge der Gemeindebildung im Spätmittelalter entstand dort die Gerichtsgemeinde Churwalden, die bis nach Tschiertschen ins Schanfigg hinüber reichte und 1436 dem Zehngerichtebund beitrat (mit später habsburgischer Landeshoheit als vazisches Erbe bis Mitte des 17. Jahrhunderts). Auch Lantsch/Lenz, das zum Gericht Belfort gehörte, war Mitglied des Zehngerichtebundes. Bischöfliches Gebiet waren das Domleschg, das Oberhalbstein sowie Teile des Albulatals. Die dortigen Gerichtsgemeinden schlossen sich bereits 1367 dem Gotteshausbund an, einem Bündnis von Gemeinden auf bischöflichem Gebiet von Chur bis ins Engadin, mit dem Ziel, die bischöfliche Verwaltung zu kontrollieren (Steuerbewilligung).

Nach der Reformation war im heutigen Graubünden die politische Macht des Bischofs von Chur gebrochen. Von nun an regierten die Gemeinden weitgehend autonom und bestimmten ihre Konfession selbst. Sie bildeten auch partnerschaft-

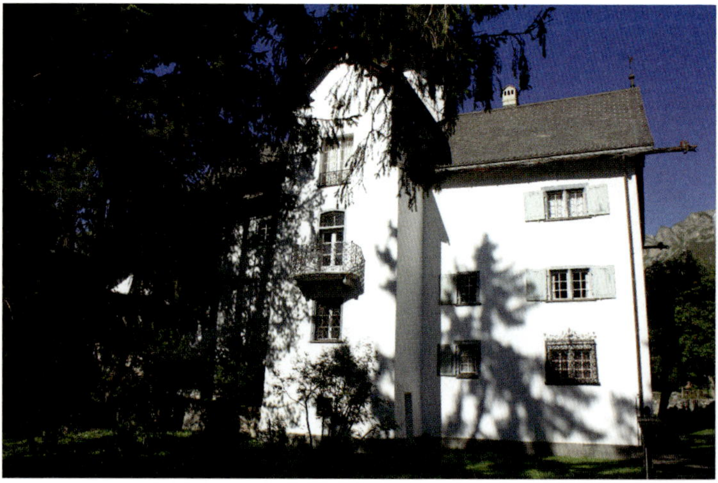

Schlössli Parpan, ein Patrizierhaus aus dem 16. Jh.

lich den politischen Rahmen für die etwa gleichzeitig als Genossenschaft entstandenen, aber talschaftlich organisierten «Porten», die sich mittels Statuten, Regeln und Portengerichten selbst verwalteten und kontrollierten.

Kirchen und Klöster, Pfarrhäuser und Herbergen boten den Reisenden eine dichte Infrastruktur. Zu den Stationen am Weg gehörte seit dem frühen Mittelalter auch das Kloster Mistail nahe Tiefencastel und Alvaschein. Heute zählt der karolingische Dreiapsidenbau, Relikt einer grösseren Anlage, zu den bedeutendsten Kunstdenkmälern Graubündens.

Die kulturellen Einflüsse der europäischen Kirchen- und Geistesgeschichte werden wie in Churwalden auch im Oberhalbstein sichtbar. Die Kirchen von Bivio sind Zeugen der besonderen konfessionellen Lage Graubündens. Nach der Reformation, die ein Teil der Bivianer Bevölkerung wie das Bergell übernahm, blieb auch die katholische Kirchgemeinde bestehen. Die beiden Konfessionen koexistierten im Dorf während Jahrhunderten nicht ohne Spannungen, aber im Grossen und Ganzen friedlich. Bis weit ins 17. Jahrhundert, als den Reformierten von den Magistraten der Drei Bünde erlaubt wurde, ein eigenes Gotteshaus zu bauen, benutzten beide Konfessionen die Galluskirche. Bivio ist charakteristisch für die religiösen Verhältnisse im Freistaat der Drei Bünde, wo seit den Zwanzigerjahren des 16. Jahrhunderts für Katholiken und Protestanten im Gegensatz zu den meisten Staaten Europas das Prin-

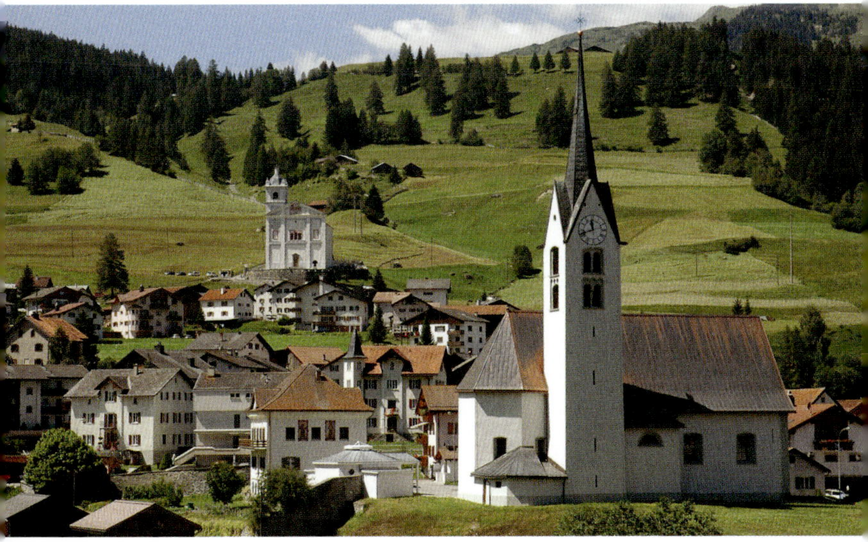

Savognin mit den Kirchen Nossadonna (1643) und Son Martegn im Hintergrund (Neubau 1677)

zip der Konfessionsfreiheit (katholisch oder reformiert) galt. In Tinizong, Savognin, Tiefencastel und den Nachbargemeinden sorgten italienische Kapuziner während der Gegenreformation für die Beibehaltung des katholischen Glaubens. Als sichtbarste Zeichen entstanden im 17. Jahrhundert reich ausgestattete Barockkirchen, die bis heute die Sakrallandschaft des Oberhalbsteins prägen. Auch sie dokumentieren die europäischen Einflüsse am Septimer und Julier.

Vom Bedeutungsverlust zu neuer Wertschätzung

Auch wenn der wirtschaftliche Stellenwert des Septimers im Laufe der frühen Neuzeit allmählich geringer wurde und der Pass nach dem Bau der Commercialstrassen seit Beginn des 19. Jahrhunderts nur noch dem lokalen Nachbarschaftsverkehr diente, blieb das Bewusstsein der einstigen historischen Bedeutung erhalten. Als in den vergangenen Jahrzehnten die Archäologie die kulturellen Spuren an den Pässen zu untersuchen begann, löste dies bald das Forschungsinteresse an der Verkehrsgeschichte im weiteren Umfeld der Pässe aus. Nach den ersten, pionierhaften Feldforschungen von Armon Planta (1917–1986) begannen die Archäologie, die Kunstgeschichte und die Wirtschafts- und Verkehrsgeschichte sich zunehmend mit neuen Projekten zu befassen. Von besonderem Wert für die Erforschung und Erhaltung der alpinen Passwege ist das Bundesinventar der historischen Verkehrswege der Schweiz IVS, ausgearbeitet innerhalb von rund 20 Jahren bis 2003. Diese weltweit einmalige Dokumentation ist als verbindliches Inventar seit 2010 in Kraft und bildet unter anderem die Grundlage für neue, erfolgreiche kulturtouristische Projekte in den Alpen, so auch für die Via Sett, den Walserweg Graubünden und die Via Spluga.[5] Das IVS ist Ansporn zur Pflege und Erhaltung der historischen Substanz: Der Septimerweg ist 1990/91 und 2012 fachkundig restauriert worden.

[1] Martin Bundi: Zur Besiedlungs- und Wirtschaftsgeschichte Graubündens im Mittelalter. Chur, 1982 (2. Aufl. 1989), 665–668.

[2] Eine Anleitung dazu mit Skizzen und Abbildungen sind die Untersuchungen im Gelände von Armon Planta: Verkehrswege im alten Rätien, Bd. 2, Chur: Terra Grischuna-Verlag, 1986, 65–93.

[3] Ingrid H. Ringel, Der Septimer. Wahrnehmung und Darstellung eines Alpenpasses im Mittelalter. Quellen und Forschungen zur Bündner Geschichte Band 24. Hrsg. Staatsarchiv Graubünden. Kommissionsverlag Desertina, Chur 2011, 69.

[4] Näheres bei Jürg Rageth, Kleine Ur- und Frühgeschichte des Bergells, Stampa 2011.

[5] http://www.ivs.admin.ch

[6] Ulrich Campell: Das alpine Rätien. Topographische Beschreibung von 1573, lateinisch und deutsch. Institut für Kulturforschung Graubünden, Hrsg. Florian Hitz, Chronos Verlag Zürich 2020.

Ehem. Prämonstratenserkloster Churwalden, gegründet um 1164 Foto z.V. Gemeine Churwalden

Chur – Churwalden – Lenzerheide

1

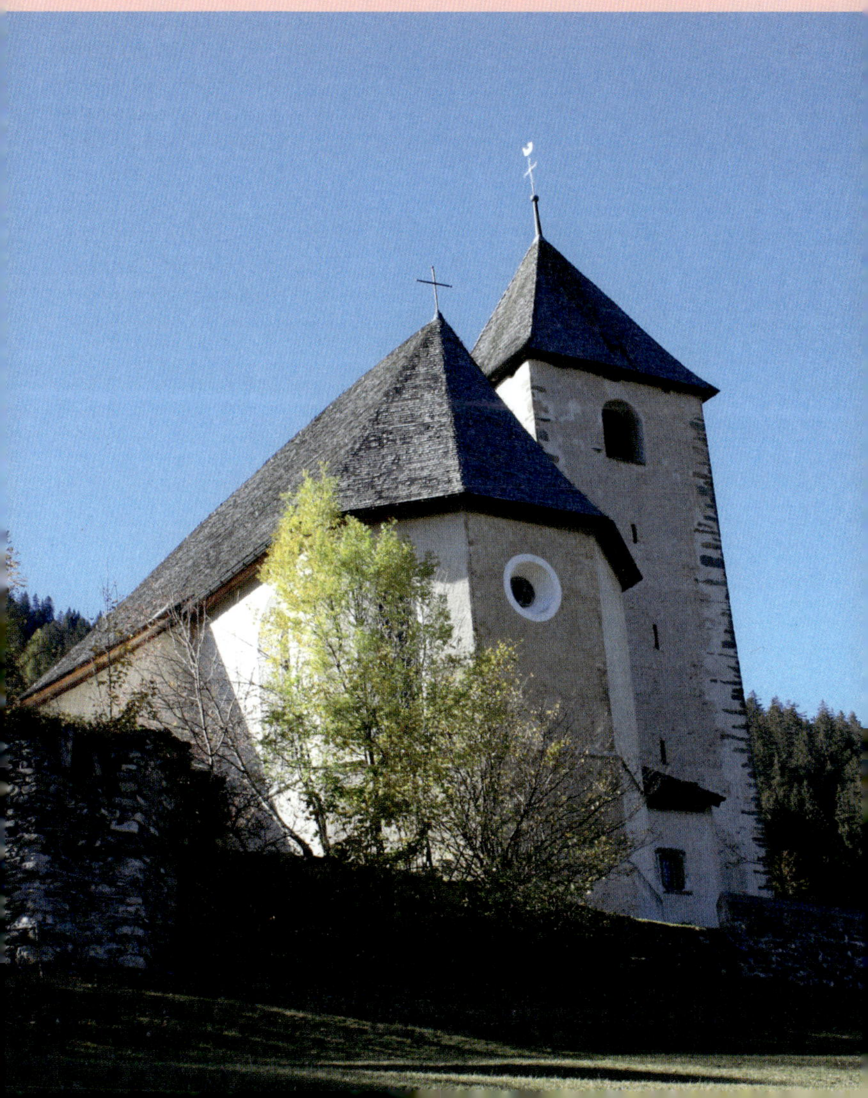

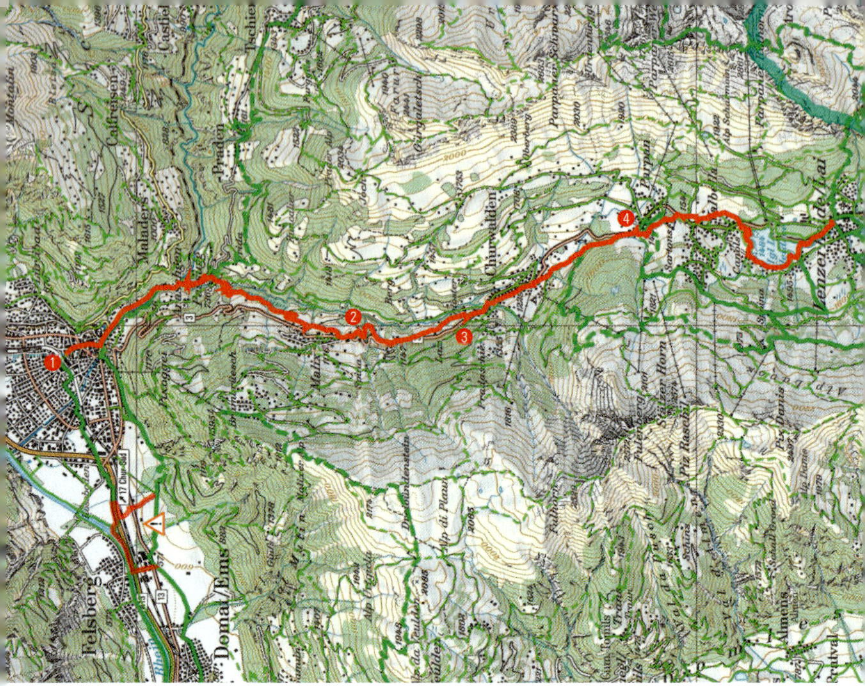

Chur – Passugg – Churwalden – Parpan – Lenzerheide

Tourencharakter

Abwechslungsreiche Wanderung aus der Stadt auf die Maiensäss-Stufe. Kulturhistorische Zeugnisse entlang der Passroute im Wechsel mit artenreichen Wiesen und Wäldern.
Technik/Kondition: mittel (Bergwanderweg)/schwer

Aufstieg: 1300 m   Abstieg: 380 m
Distanz: 20 km   Zeit: 6 h 15

Abseits der Via Sett

– Historische Wegspuren: Chur – Städeli – Kapella – Kreuz – Malix. Wanderzeit: 2 h 30. Route nur teilweise als Wanderweg markiert
– Luftseilbahn Chur – Brambrüesch: Riedboden – Malix. Wanderzeit: 1 h

Sehenswertes

Chur: ❶ Die Altstadt
Naturmuseum, +41 (0)81 257 28 41, naturmuseum.gr.ch
Rätisches Museum (Haus Buol, 1675–1680), u. a. prähistorische Funde +41 (0)81 257 48 40, raetischesmuseum.gr.ch

	Bündner Kunstmuseum, +41 (0)81 257 28 70, buendner-kunstmuseum.ch Führung Kathedrale Hof Chur, +41 (0)81 252 20 76, bistum-chur.ch Kirche St. Martin (769), +41 (0)81 252 22 92, chur-reformiert.ch Römische Ausgrabungen Welschdörfli, +41 (0)81 254 16 50, chur.graubuenden.ch
Malix:	❷ Burgruine Strassberg Malix, +41 (0)81 252 81 92, fredy.kessler@bluewin.ch, graubuenden.ch
Churwalden:	❸ Klosterkirche, +41 (0)81 382 11 10, Kulturhistorisch bedeutend. Fresko mit Marienkrönung (um 1330/40, Waltensburger Meister) in Altarnische des nördlichen Nebenschiffs
Parpan:	❹ Schlössli, Patrizierhaus, 16. Jh., Malereien von Hans Ardüser (1591) Kirche St. Anna (1489) mit freistehendem Kirchturm (1633)

Verpflegung, Unterkunft

Chur:	– Hotel ABC, +41 (0)81 254 13 13, hotelabc.ch – Romantik Hotel Stern, +41 (0)81 258 57 57, stern-chur.ch – Hotel Chur, +41 (0)81 254 34 00, hotelchur.ch – Im Zentrum befinden sich zahlreiche Restaurants
Passugg:	– Gasthaus zur Mühle, +41 (0)81 252 37 85, muehle-passugg.ch
Churwalden:	– Hotel Pradotel, +41 (0)81 382 17 35, pradotel.ch – Restaurant Hemmi, +41 (0)78 231 3188, hemmichurwalden.ch – Restaurant Portal, +41 (0)81 356 20 39, pradaschier.ch – Hofladen 7099 Egga, 7099egga.ch
Parpan:	– Hotel Alpina, +41 (0)81 382 01 01, hotelalpinaparpan.ch – Hotel Bestzeit, +41 (0)81 354 00 54, bestzeit.ch – Hotel Stätzerhorn, +41 (0)81 382 11 74, hotel-staetzerhorn.ch – Kafikonsum, +41 (0)81 356 26 26, kafikonsum.ch
Valbella:	– Jugendherberge, valbella@youthhostel.ch, +41 (0)81 384 12 08
Lenzerheide:	– Hotel Dieschen, +41 (0)81 385 20 22, hotel-dieschen.ch – Hotel Collina, +41 (0)81 385 00 85, hotelcollina.ch – Hotel Schweizerhof, +41 (0)81 385 25 25, schweizerhof-lenzerheide.ch

Tipps und Infos

- Chur: Stadtführungen , Chur Tourismus, +41 (0)81 252 18 18, chur.graubuenden.ch
- Chur: Churer Hausberg Brambrüesch, churbergbahnen.ch. Abkürzung nach Churwalden.
- Chur: Römische Funde am Seilerbahnweg 17. Schlüssel Chur Tourismus im Bahnhof
- Passugg: EHL Hotelfachschule Passugg im ehem. Kurhaus, ssth.ch
- Malix: Burgruine Strassberg, +41 (0)81 252 81 92, fredy.kessler@bluewin.ch
- Passugg: Allegra Passugger Mineralquellen AG, allegra-passugger.ch
- Churwalden: Bergbahnen Pradaschier. pradaschier.ch
- Churwalden: Bischi.ch – die Naturtrocknerei, Führung auf Anmeldung, +41 (0)81 382 11 39
- Parpan: Natur-Fleischtrocknerei Brügger, Führung auf Anmeldung, +41 (0)81 382 11 36
- Lenzerheide: Wellness H2Lai im Sportzentrum, +41 (0)81 385 21 85

Kirchen und Klöster, wilde Wasser und heilende Quellen

Etappe 1: Chur – Churwalden – Lenzerheide

Chur liegt am Nordfuss der Alpenpässe Julier, Septimer, Splügen und San Bernardino. Aufgrund dieser günstigen Lage erlangte Chur bereits zur Römerzeit grosse Bedeutung. Eine erste schriftliche Erwähnung findet die Stadt als «curia» im römischen Verzeichnis des Strassennetzes, entstanden um 280 n.Chr. Die römische Siedlung «curia» wird südlich der Plessur, im heutigen Welschdörfli verortet. Hier stiess man auch auf urgeschichtliche Siedlungen, von der Jungsteinzeit über die Bronze- bis in die Eisenzeit.

Wenden wir uns dem Sitz des Churer Bischofs zu. Auch auf dem Hof von Chur konnten Siedlungen aus der Spätbronze (1300–800 v. Chr.) und aus der älteren Eisenzeit (800–450 v. Chr.) nachgewiesen werden. In der Nähe, auf dem Areal Marsöl stiess man im Jahr 2000 gar auf Funde aus der späteren Altsteinzeit (ca. 12000–9000 v. Chr.). Heute steht hier das Restaurant Marsöl, gebaut 1909/10 im Auftrag des damaligen Bischofs, und lädt mit seiner Gartenterrasse, mit Blick über die Stadt, und in Gehdistanz zum Bahnhof zum kulinarischen Genuss.

Der Hof war durch eine spätrömische Wehrmauer (4. Jh.) gesichert. Aus dieser römischen Siedlung entwickelte sich der Bischofssitz von Chur mit der ersten Bischofskirche (5. Jh.). Ein Besuch der Kathedrale (1154–1270) ist ein interessanter

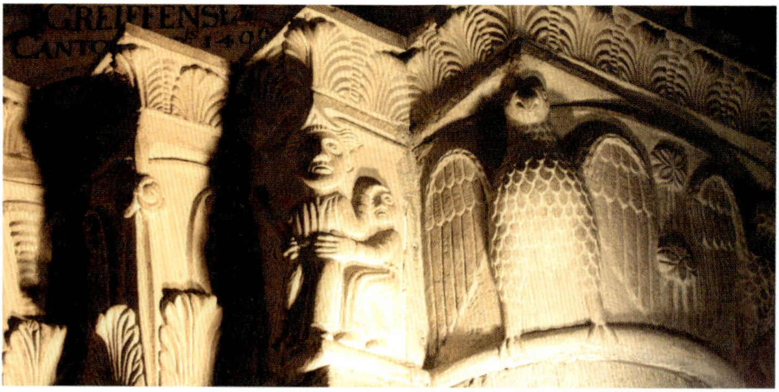

Kathedrale Chur, Ausschnitt eines Kapitells aus dem Vorgängerbau (8. Jh.), freigelegt bei Restaurierungsarbeiten

Einstieg in die Via Sett. Im 10./11. Jahrhundert gewann der Bischof von Chur an Einfluss. Nicht nur kirchliche, sondern auch weltliche Aufgaben wurden vom Bischof übernommen, so u. a. die Sicherung des Weges über den Septimer nach Italien. Im Mittelalter, zur Blütezeit des Passverkehrs über den Septimer, erreichten Händler, Reisende und Pilger Chur von Norden her, auf der Deutschen Strasse, über den Luzisteig und durch das Bünder Rheintal. Beim Untertor betraten sie die Stadt. Am südlichen Ende bildet die Plessur, die aus dem Schanfigg Richtung Rhein fliesst, eine natürliche Grenze. Durchs Obertor und über die Plessurbrücke ging die Reise in den Süden weiter. Hier verfügte der Churer Bischof seit 952 den Transit- und Marktzoll (ivs GR 23.1). Heute, rund 1000 Jahre nach der Blütezeit des Septimers, folgen wir den Spuren des Bischofsweges über den Septimer nach Chiavenna.

Frühmorgens verlassen wir die Altstadt von Chur über den Martins- und den Arcasplatz. Die Via Sett führt entlang der Plessur talaufwärts. Auf der Höhe der Sportanlagen Sand überqueren wir den Plessur-Bach und wandern auf der orographisch linken Seite weiter. Nach der Sassal-Brücke (Mineralquelle) wandern wir auf der Strasse zum Meiersboden. Hinter der Brücke über die Rabiosa, die hier die Gemeindegrenze zwischen Chur und Churwalden bildet, stehen das Kost- und Maschinenhaus der ehemaligen Baumwollspinnerei Chur, ein kurzlebiges bündnerisches Industrieunternehmen der frühen Industrialisierung (1850–1865). Die 21'600 Spindeln, welche mit Wasserkraft aus der Rabiosa betrieben wurden, verstummten bereits im Jahr 1886, als am 28. April ein Feuer ausbrach und die Fabrik vollständig zerstörte. Mit der heute noch bestehenden Druckleitung baute die Stadt Chur in der Folge ein Elektrizitätswerk, das Chur den ersten Strom lieferte.

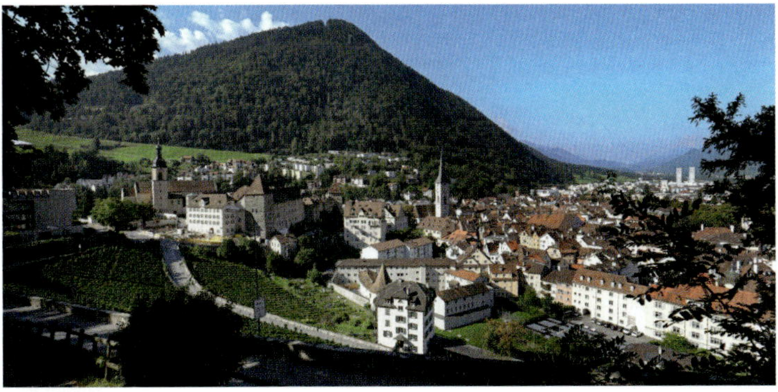

Blick auf Chur. Links im Bild der Hof, Sitz des Churer Bischofs. Im Hintergrund der Churer Hausberg Pizoggel, wo früher der Passweg durch den steilen Nordhang Richtung Churwalden führte
Foto: Chur Tourismus

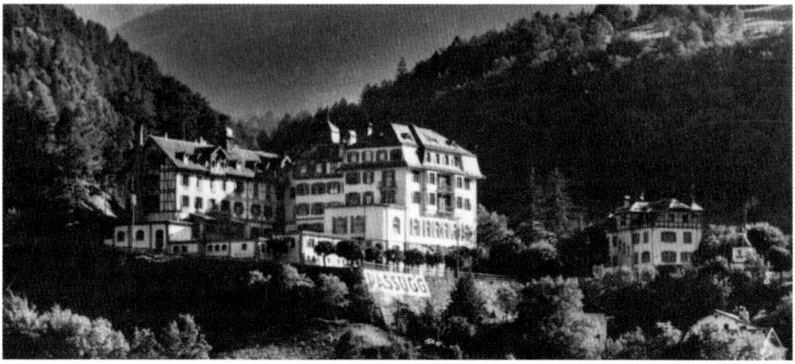

Kurhaus Passugg, Baubeginn um 1885. Die Heilkraft der Mineralquellen überzeugte seinerzeit auch Friedrich Nietzsche (1844-1900) und August Bebel (1840-1913)

Nun verlassen wir den Talboden der Plessur und folgen der Rabiosa hinauf ins Churwaldnertal. Zuerst führt der Weg steil durch den «Buochwald» nach Passugg (778 m). Schon stehen wir vor dem markanten, ehemaligen Kurhaus (ab1883). Heute befindet sich hier eine renommierte Ausbildungsstätte für angehende Hoteliers, die EHL Hotelfachschule Passugg.

Aber werfen wir noch einen Blick zurück. Bereits im Jahr 1562 berichtet der Zürcher Naturforscher Konrad Gessner von einer Sauerquelle in der Rabiosaschlucht. Nachdem die Quellen infolge Verschüttung in Vergessenheit geraten waren, werden diese von Sattelmeister Anton Ulrich Sprecher im Jahr 1863 wiederentdeckt. 1875 erwirbt Theophil von Sprecher die Quellen und begründet deren Nutzung als Heil- und Mineralwasser. Eine erste Trink- und Abfüllhalle wird tief in der Schlucht gebaut, aber später durch Steinschlag zerstört. 1949 erfolgt ein Neubau der Trinkhalle in der Rabiosaschlucht. Die Abfüllanlage selbst wird am heutigen Standort gebaut und laufend erweitert. Der Kurbetrieb erlebte seine Blütezeit Ende des 19. / Anfang des 20. Jh. Nach der Erweiterung (1910) durch den Architekten Emanuel von Tscharner stieg die Bettenzahl auf 220. Die Heilkräfte der Passugger Mineralquellen erkannte 1872 auch Friedrich Nietzsche auf einem Spaziergang von Chur in die Rabiosaschlucht. Nitzsche litt unter so starken Kopfschmerzen, dass er bereits als 34-Jähriger seine Philologieprofessur aufgeben musste. 1979 musste der Kurbetrieb eingestellt werden. Nach Wechseln in der Unternehmung schreibt seit 2005 die Allegra Passugger Mineralquellen AG, ein Bündner Unternehmen, die Geschichte des «Passuggers» erfolgreich fort. Neben der Produktion des Mineralwassers aus der Theophil-Quelle, das mit Kohlensäure angereichert wird, erfolgt in Passugg auch die Abfüllung des stillen Wassers aus der Allegra-Quelle bei Malix – seit 2010 zu 100% mit Ökostrom.

1

Die Via Sett führt nun hinunter zur Rabiosaschlucht, wo wir uns im Gasthaus zur Mühle ein Glas «Passugger» gönnen. Leider ist der Wanderweg zur ehemaligen Trinkhalle aufgrund von Steinschlaggefahr gesperrt. Von einer Begehung wird dringend abgeraten. Wir begnügen uns mit einem kurzen Wegstück hinein in die Rabiosaschlucht, bevor die Via Sett die vorderste Brücke quert und talaufwärts führt. Der Weg ist abwechslungsreich. Mit geringer Steigung geht es durch Buchenwald, entlang von Hecken und über offenes Wiesland zum Weiler Palfrei und weiter zur Burgruine Strassberg, am südlichen Dorfausgang von Malix. Der älteste Teil der Burg stammt aus der 2. Hälfte des 12. Jh. (s. S. 13). Im 13. Jh. gelangte die Burg der Ministerialen von Strassberg in den Besitz der Freiherren von Vaz. Auf einem schmalen Fussweg steigen wir hinauf zur Burgruine. Der Standort bietet eine gute Sicht und lädt ein, nach Spuren der Vergangenheit zu suchen und eine Verpflegungsrast einzulegen.

Bereits in römischer Zeit war das Churwaldnertal besiedelt, wie Funde im Oberdorf von Malix belegen (s. S. 119). Noch heute sichtbar sind Spuren aus dem frühen bis späten Mittelalter. Das Churwaldnertal verfügte im Spätmittelalter über zwei herrschaftliche Zentren, die Burg Strassberg und das Kloster Churwalden. Zur Landschaft Churwalden gehörte auch Tschiertschen, nordöstlich des Gürgaletsch (2441 m), auf der orographisch linken Talseite des Schanfigg. Die Freiherren von Vaz förderten die Ansiedlung der Walser um 1400 auf den Sonnenterrassen der rechten Talseite des Churwaldnertals. Denn die noch schwach besiedelten und waldreichen Höhenlagen mussten gerodet werden, um Verbindungswege zu sichern und offenzuhalten. Ursprüngliche Walserhöfe sind Runcalier, Grida, Pradaschier sowie Höfe am Oberberg. Im Churwaldnertal erfolgte bereits früh eine Durchmischung

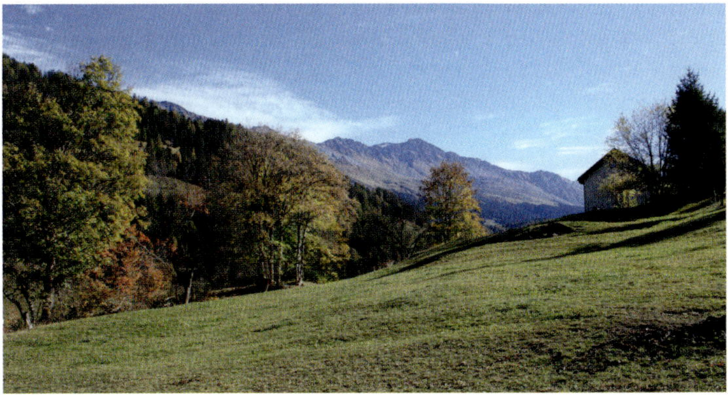

Herbststimmung im Churwaldnertal

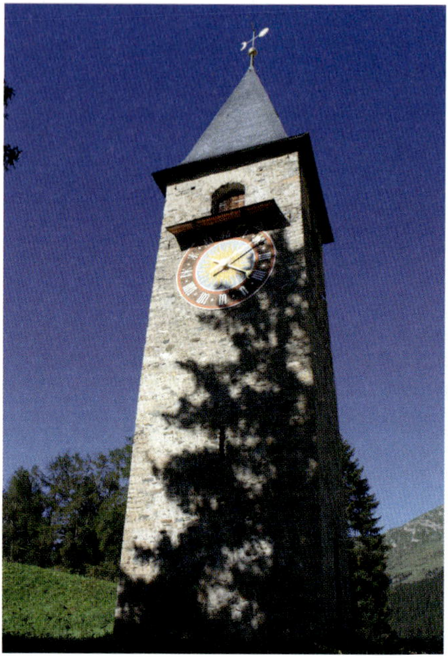

Der Kirchturm von Parpan steht frei und weitherum sichtbar auf einem Hügel

von romanischen und walserischen Geschlechtern. Wir entdecken deutsche Flurnamen wie Rüti, Stettli oder Underem Tschuggen neben romanischen wie Palfrei, Lax, Fanülla – ehemalige Klosterhöfe. Wir blicken noch einmal nordwärts: Zwischen Chur und Malix führt die Via Sett nicht auf der historischen Route. «Von Chur (590 m) stieg die Strasse recht steil und viel direkter als heute am östlichen Hang des Pizoggel (Dreibündenstein) nach Malix (1115 m)», schreibt Ingrid H. Ringel in ihrer Studie «Der Septimer im Mittelalter». Der alte Weg führte hinauf zum Kloster St. Hilarien oberhalb des Rosenhügels, über Städeli, Kapelle und Kreuz nach Malix.

Wir steigen von der Anhöhe der Burg herunter und folgen der Via Sett durch ein Waldstück. Bei der nächsten Waldlichtung gelangen wir zum Hof «Wiss Hus». Der Wanderweg führt jetzt oberhalb des «Höfli» ein Stück am Eggabach entlang und zieht dann hinauf auf die Strasse, die wir ein paar Schritte entlangwandern. Beim Weiler Egga steht die gedeckte Holzbrücke über das Eggatobel, erbaut 1837. Wir wandern weiter zum Weiler Lax. Der Name weist auf einen kleinen See am südlichen Ausgang des Weilers hin, entstanden durch Stauung einer sehr starken Quelle (Schorta, 1999). Ob er bereits dem Kloster zur Fischzucht diente? Gesichert scheint hingegen, dass aufgrund der Lage, der stattlichen alten Häuser und der direkten Wegverbindung zum Kloster Churwalden, der Transitweg vor dem Bau der Kommerzialstrasse durch Lax führte. Der Weg ist teils hohlwegartig, Pflästerungen sind noch da und dort erkennbar, und Trockenmauern säumen den Weg bis hinauf zum Kloster Churwalden. (IVS 23.1.2)

Das Kloster Churwalden (s. S. 120) war ein wichtiger Etappenort an der Oberen Strasse. Die erste Kirche geht auf das Jahr 1149 zurück, als hier eine Marienkirche (in silva Augeria) gebaut wurde. Gestiftet von den Freiherren von Vaz, wurde diese in den Folgejahren zum Prämonstratenser Kloster Churwalden (1164) ausgebaut. Zum Kloster gehörte auch ein Hospiz für die Reisenden. An der Septimerroute war Churwalden Teilhaber der Port (Transportgenossenschaft) Lantsch/Lenz. Bei der «Brugg» befand sich die ehemalige Sust (Warenlager). Die Via Sett führt nach der Wititobelbrücke rechts hinauf. Bevor wir ins Witiwägli einbiegen, fällt der Blick auf die Schulhaus-Anlage, mit den drei tempelartigen Neubauten (1979–1983) des Architekten Peter Zumthor.

Bekanntheit erlangte das Churwaldnertal durch die Herstellung von luftgetrocknetem Bündnerfleisch, eine Spezialiät aus Rindfleisch, die ursprünglich der Konservierung des Fleisches diente. Das Klima und der frische Bergwind bieten ideale Bedingungen für die drei- bis sechsmonatige Naturtrocknung.

Unvermittelt stehen wir vor den eindrücklichen Bauwerken der Architekten Ritter & Schumacher. Das sogenannte Portal und der Busterminal sind Drehscheibe des öffentlichen Verkehrs sowie Bahneinstieg in die Region Lenzerheide-Arosa und den Erlebnisberg Pradaschier. Immer der Routennummer 64 folgend, stehen wir kurz darauf vor dem Freibad Churwalden. Ein Sprung ins erfrischende Nass ist bei guter Witterung von Juni bis August sehr zu empfehlen. Dem Stätzerbach entlang verlassen wir Churwalden. Beim Stettli und am südlichen Ausgang des Stettlitobels verläuft der Wanderweg auf der historischen Route, bevor wir beim Weiler «Im Loch» auf die Strasse wechseln. Nach wenigen Schritten biegen wir rechts ab und folgen der Via Sett durch Wälder und über Alpweiden, vorbei an Parpan. Dies ist für den Wandergenuss ein guter Entscheid. In früheren Zeiten lag aber auch Parpan an der Septimerroute. Der Flurname Obertor erinnert noch an die Grenze zwischen den Territorien Churwalden und Obervaz. In Parpan steht auch das Schlössli,

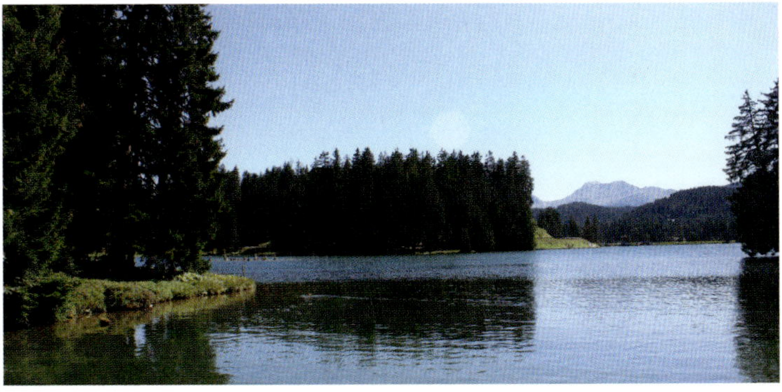

Der Heidsee lädt ein zum Verweilen

ein Patrizierhaus aus dem 16. Jahrhundert mit Malereien des Wandermalers Hans Ardüser (1591) (s. S. 35). Das Haus gelangte 1603 in den Besitz der einflussreichen Familie Buol und ist heute in Privatbesitz. Eine weitere Sehenswürdigkeit befindet sich gleich nebenan, die reformierte Kirche St. Anna (1489) mit freistehendem Kirchturm (1633).

Die Parpaner Höhe (1508 m) bildet den Übergang in die einst ausgedehnte Maiensäss-Landschaft der Obervazer Bauern, eine Hochebene, die früheren Reisenden oft mit ihrer ungebremsten Rauhheit entgegenschlug. Starke Winde, Wetterwechsel und Schneestürme wurden von den Reisenden gefürchtet. (Ludescher, 2007) Auch sprachlich, politisch und konfessionell bildete die Parpaner Höhe lange Zeit eine Grenze.

Auf der Höhe von Acl' Alva wandern wir auf der rechten Talseite weiter südwärts und nähern uns unserem ersten Etappenziel, der Lenzerheide. Wir überqueren noch einmal die Strasse und stehen am Ufer des Sees. Der Heidsee ist ein Landschaftsjuwel, hervorgegangen aus einem Teich, später gestaut für die Wasserkraft und schliesslich zugunsten der Natur und Landschaft nicht mehr für die Stromgewinnung genutzt, ein Verzicht der Gemeinde Vaz/Obervaz, über den sich jährlich viele Erholungssuchende freuen.

Literatur:

- Domenic Cantieni, Die Baumwollspinnerei Meiersboden. In: Kennst du Chur? Band 3, 1976.
- Armon Fontana, Chur. Der Stadtführer. Desertina Verlag, Chur 2003.
- Joachim Jung. Von Basel nach Sils-Maria. Friedrich Nietzsche in der Schweiz. Bündner Monatsblatt 5, 2004.
- Fritz Ludescher, Vom Maiensäss zum Kurort. 125 Jahre Kurhaus und Kurort Lenzerheide. Cancas Verlag 2007.
- Nicola G. Markoff, Fritz Brüesch, Land und Leute von Churwalden. Ein Bauerndorf im Wandel der Zeit. Terra Grischuna Buchverlag, Chur 1985.
- Helmut Tiefenthaler, Wege in die Vergangenheit im Alpenrheintal. Tyrolia Verlag 2007.
- Kultour. Wegweiser zu Spuren und Zeugen der Vergangenheit. Verkauf Gemeinde Churwalden.
- Passugger. Das Buch Nr. 1. Allegra Passugger Mineralquellen AG. 2008 Passugg.
- Georg Jäger, Friedrich Nietzsche in der Rabiosaschlucht. In: Pro Tschiertschen-Praden, Mitteilungen 8. Juli 2015.
- Jürg Rageth, Chur – Welschdörfli, Schutzbau Areal Ackermann. Urgeschichtliche und römische Funde und Befunde. Archäologischer Dienst Graubünden, Chur 1998.

Ausblick von der Kirche St. Maria, Lantsch/Lenz in den regionalen Naturpark Parc Ela

Foto: Lorenz A. Fischer

Lenzerheide – Lantsch/Lenz – Alvaschein – Tiefencastel

2

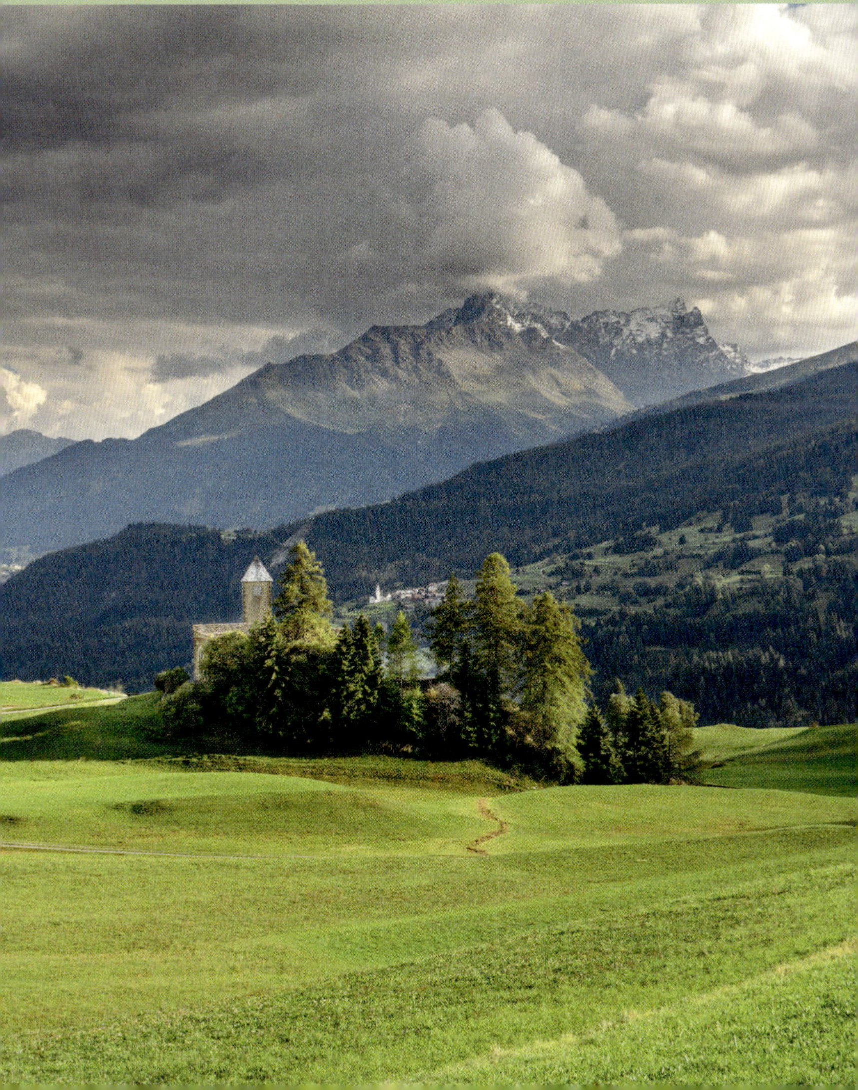

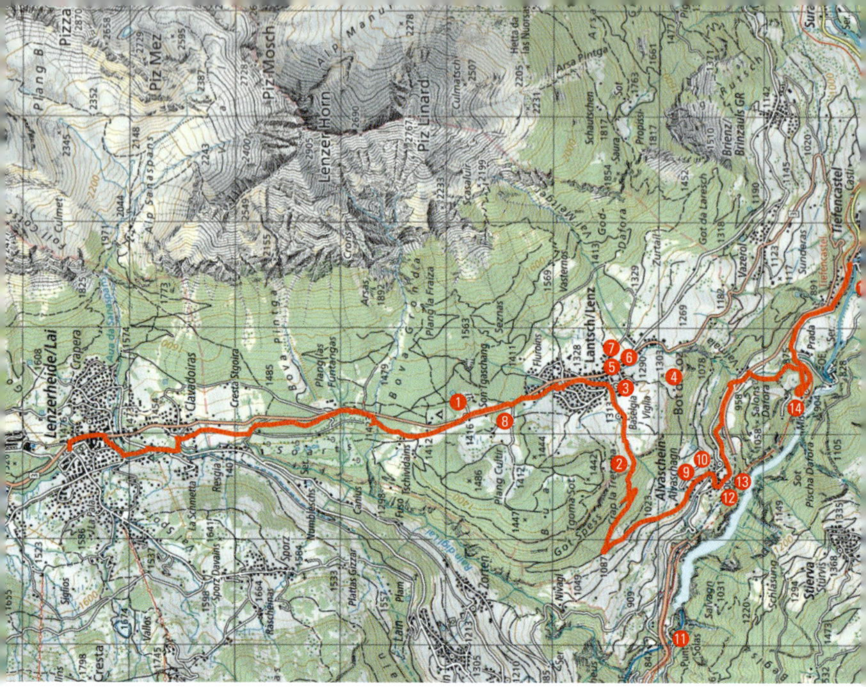

Lenzerheide – Lantsch/Lenz – Alvaschein – Tiefencastel

Tourencharakter

Aussichtsreiche Bergwanderung in den regionalen Naturpark Parc Ela
Technik/Kondition: mittel (Bergwanderweg)/leicht

Aufstieg:	120 m	Abstieg:	740 m
Distanz:	13 km	Zeit:	3 h 15

Abseits der Via Sett

- Lantsch – Alvaschein via Bot da Loz
- Zusatzschlaufe nach Vaz/Obervaz: Alvaschein – Nivagl – Zorten. Ortmuseum in Zorten, Führung auf Anfrage: +41 (0)81 385 21 59, museumvaz-lenzerheide.ch

Sehenswertes

Lantsch/Lenz:	❶ St. Cassiankapelle (14. Jh.) Früherer Bau auf der gegenüberliegenden Strassenseite: Stefanskirche (6./7. Jh.), Standort der Fundamentreste und des Gräberfeldes mit einem Holzkreuz markiert

	❷ Begräbniskirche St. Maria (9. Jh.), Friedhof mit kunstvollen schmiedeisernen Grabkreuzen, Schlüssel zur Marienkirche bei der Mesmerin, Hilaria Simeon erhältlich, +41 (0)81 681 21 56
	❸ Parrkirche St. Antonius von Padua (1658–60)
	❹ Bot da Loz, Hügelkuppe südl. von Lantsch/Lenz mit eisenzeitlichen Funden
	❺ Tgeasa la Tor, Turmhaus (12./13. Jh.), Sitz der Herren von Lantsch, ehem. freistehend
	❻ Tgeasa Amilcar (1694, Beeli von Belfort) 1987/88 Umbau durch Architekt Rudolf Olgiati
	❼ Haus Müller mit Fassadenmalereien (1592) des Wandermalers Hans Ardüser
	❽ Biathlonarena, Architekt Pablo Horvath 2013
Alvaschein:	❾ Kirche St. Joseph (1653–55), Friedhofanlage von 1679
	❿ Schulhaus und Mehrzweckhalle (1990–91), Bearth & Deplazes
	⓫ Solis-Viadukt (1902), Steinbrücke der Rhätischen Bahn, 85 m hoch, Spannweite 42 m
	⓬ Ortsbild von nationaler Bedeutung (ISOS)
	⓭ Wohnhaus mit Fassadenmalerei von Franz Appenzäller (um 1580) u. Hans Ardüser (um 1600)
	⓮ Karolingische Kirche St. Peter Mistail, erbaut um 800
Tiefencastel:	⓯ Kath. Pfarrkirche St. Stephan, stattliche Barockkirche (neu erbaut 1650–1652), Vorgängerbau um 1343

Verpflegung, Unterkunft

Lantsch/Lenz:	– Restaurant und Camping St. Cassian, +41 (0)81 384 14 57, st-cassian.ch
	– Nordic Hostel, +41 (0)81 659 11 00, biathlon-arena-lenzerheide.ch
	– Hotel Sarain, +41 (0)81 384 06 13, huettenzauber.ch
	– Hotel La Tgoma, +41 (0)81 681 12 78, latgoma.ch
	– Hotel Garni Cualmet, +41 (0)81 659 11 00, biathlon-arena-lenzerheide.ch
Alvaschein:	– Gasthaus zum Alpenblick, +41 (0)81 681 11 62
	– Restaurant Solisbrücke, +41 (0)81 681 12 58, www.solisbruecke.ch
Tiefencastel:	– Hotel Albula & Julier, +41 (0)81 659 04 00, www.albula-julier.ch
	– Hotel Rätia, +41 (0)81 637 00 10, www-hotel-raetia.ch

Tipps und Infos

- Lenzherheide: Kuhvilla Clavadoiras, Schaubauernhof, +41 (0)81 384 26 05, kuhvilla.ch
- Lantsch/Lenz: Wasch- und Backhäuser, Führung Verein Pro Pastroins, +41 (0)81 633 26 73
- Lantsch/Lenz Tourismus, +41 (0)81 385 57 85, Voia da Bual 1 (Nordic House)
- Lantsch/Lenz: Hofladen La Tarogna mit Parc Ela-Produkten, hof-ulber.ch
- Lantsch/Lenz: Feldlabor Alpine Biodiversität, ein Parc Ela-Bildungsangebot, +41 (0)81 508 01 16, parc-ela.ch

St. Cassian, La Tor, Bot da Loz und Mistail – Wandern im Sog der Geschichte

Etappe 2: Lenzerheide – Lantsch/Lenz – Alvaschein – Mistail – Tiefencastel

Wer am Vorabend durch das Ortszentrum der Lenzerheide schlendert, wundert sich vielleicht über das städtische Ambiente und freut sich über einen Drink in der Flaniermeile, der Voa Principala. An die ehemalige Maiensäss-Landschaft der Obervazer Bauern erinnert hier nichts mehr. Vergessen wir aber nicht, dass wir auf der Septimer-/Julierroute unterwegs sind. Über die Lenzerheide herrschte bereits zur Römerzeit, vor allem aber seit dem Mittelalter, reger Verkehr. Säumer, Pilger und Händler nutzten die direkte Nord-Süd-Verbindung über die Alpen. Ab 1840, als der Bau der Kommerzialstrasse bis an die Landesgrenze im Bergell beendet war, verkehrten regelmässig Pferdekutschen. Lange Zeit war die Alte Post (heute Hotel Danis) die einzige Herberge. Für Reisende ins Engadin wurde die Lenzerheide erst mit

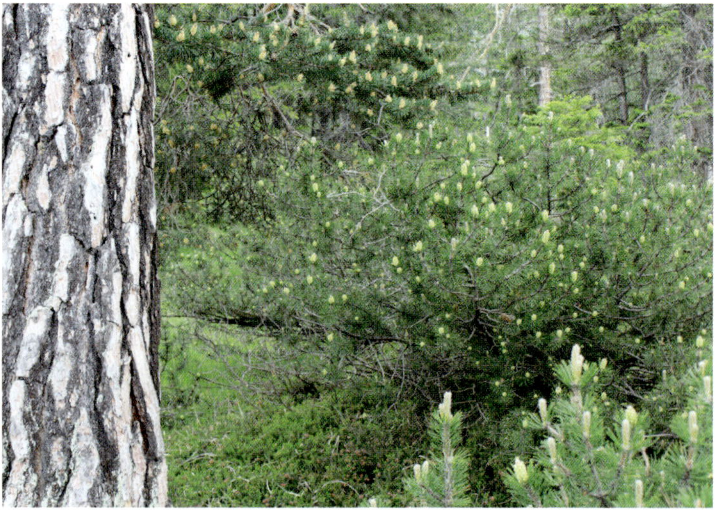

Legföhren-Bestand bei Soarts, Lenzerheide

der Eröffnung des Hotel Kurhaus im Jahr 1882 attraktiv. Wo einst Hütten und Ställe standen, entwickelte sich ein pulsierender Ferienort. Mit dem Bau der Kirche San Carlo (1884) und einer Schule entstand schliesslich ein neues Dorf der Gemeinde Vaz/Obervaz.

Die zweite Etappe führt durch lichte Wälder und blumenreiche Trockenwiesen. Zu unserer linken Seite erheben sich die schroffen Gipfel des Schwarz-, Weiss-, Rot- und Lenzerhorns. Auf der rechten Seite liegen die sanften Schieferberge Stätzerhorn, Danis, Scalottas und Crap la Pala. Am Rothorn befanden sich zahlreiche Erzgruben. Bis zum verhängnisvollen Bergsturz von Plurs/Piuro liess die Adelsfamilie Vertemate-Franchi (siehe Etappe 7) hier Erz abbauen (ca. 1200–1600). Die Sage vom flüssigen Gold weiss zu berichten, dass «vor Zeiten, während vieler Jahre, aus den Adern des Parpaner Rothorns täglich eine Mass reinen Goldes floss, das in Gefässen gesammelt und allwöchentlich mit Saumtieren nach Plurs im Bergell abgeführt wurde. Die Goldquelle sei aber anno 1618 zur selben Stunde, in der ein gewaltiger Bergsturz das Städtchen Plurs verschüttete und alle seine Bewohner unter sich begrub, ebenfalls versiegt, und man habe sie seither nie mehr auffinden können.» (Krähenbühl)

Wir folgen der Via Sett vorbei am Gemeindehaus Vaz/Obervaz und wandern Richtung Campingplatz Gravas, zum Bauernhof «Kuhvilla» in Clavadoiras und durch Wiesland südwärts. Der Weg wird von Lesesteinhaufen gesäumt. Bis Resgia verläuft die Via Sett auf dem alten Saumweg. Danach verlassen wir diesen, da sich hier inzwischen der Golfplatz befindet. Bei Resgia betreten wir nicht nur Boden der

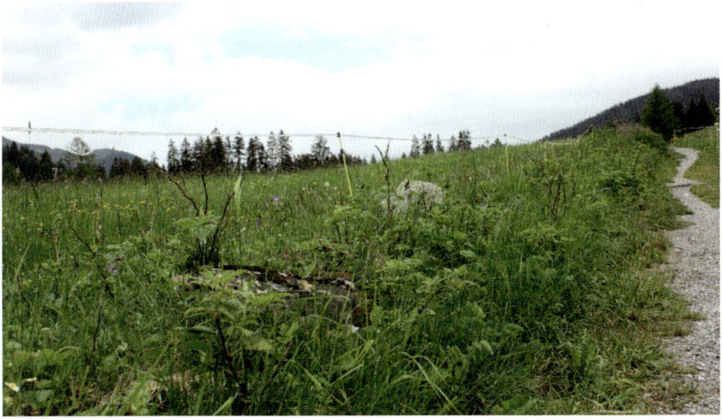

Zwischen Lenzerheide und Lantsch/Lenz verläuft die Via Sett teilweise auf dem historischen Wegtrassee

Gemeinde Lantsch/Lenz, wir setzen auch den ersten Fuss in den Naturpark Parc Ela, durch den wir auf den Etappen zwei bis fünf, bis auf die Septimer Passhöhe, wandern werden (s. S. 40).

Nach der Überquerung der Bova Gronda führt der alte Saumweg zu den Maiensässen bei Tschividains und weiter zur Kapelle St. Cassian (siehe Jäger, S. 15), die direkt an der Hauptstrasse steht. Bis kurz vor Lantsch nehmen wir den Wanderweg parallel zur Strasse. Rechterhand, im Gebiet Bual, liegt das Nordic House. Ein Abstecher lohnt sich nicht nur für eine Stärkung im Bistro, denn nordwestlich der Biathlon Arena erstreckt sich das Moorgebiet Bual, ein artenreiches Kleinseggenried. Vor den ersten Häusern von Lantsch biegen wir rechts in einen Fussweg ein, der uns dem Dorfbach entlang direkt ins Zentrum bringt.

Zeugnis der bevorzugten Lage sind u. a. archäologische Funde am Bot da Loz, einer markanten Hügelkuppe südlich von Lantsch. Hier wurden bei Grabungen eisenzeitliche Siedlungshorizonte und römische Funde freigelegt. (s. S. 120). Bereits im churrätischen Reichsgutsurbar aus dem Jahr 831 werden in Lantsch ein Königshof und zwei «tabernae» (Gasthöfe) genannt. (Ringel, S. 31). Und aus einer Urkunde von 1594 geht hervor, dass Lantsch seit mehr als 300 Jahren für Zoll, Fuhrleit und

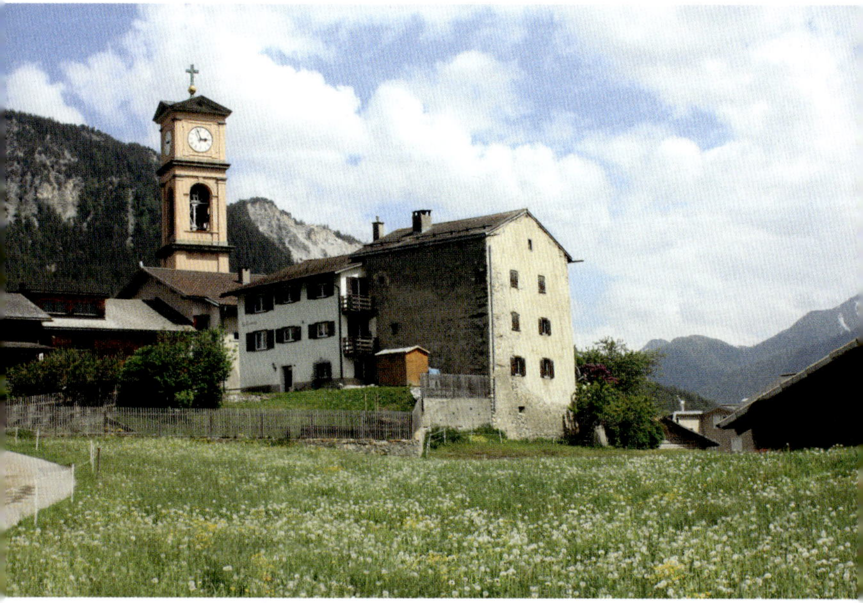

Ehemals freistehende Tgeasa la Tor/Turmhaus (12./13. Jh.) in Lantsch/Lenz

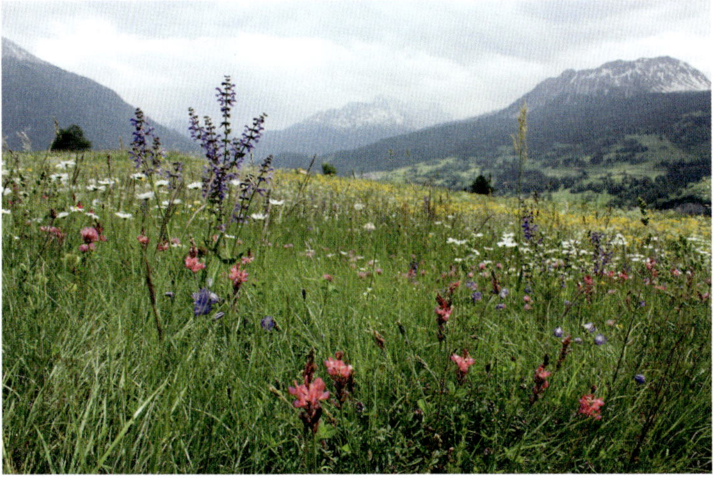

Artenreiche Wiesen bei Lantsch/Lenz mit Piz Toissa im Hintergrund

Strassenunterhalt zuständig sei, also bereits vor 1294 (Lantsch/Lenz, 2009). Lantsch war nicht nur Porte und Zollstation an der Oberen Strasse, sondern auch Weggabelung Richtung Albulapass. Auf die ehemals grosse verkehrspolitische Bedeutung als Passdorf weist noch heute das Gemeindewappen hin, das ein Saumpferd, bepackt mit Fässern, zeigt.

Bei der Kirche St. Antonius, im Gebiet Sumvoi, erblicken wir die «Tgeasa la Tor», einen vierstöckigen mittelalterlicher Wohnturm. Wir machen einen Abstecher an die Voia Principala, an der im Jahr 1587 die neue Sust gebaut wurde. An seiner Stelle befindet sich heute der Parkplatz des Hotel Cualmet. An der Hauptstrasse zu entdecken sind die «Tgeasa Amilcar» (1694) und die Fassadenmalereien von Hans Ardüser. Ardüser (1557–1618) kam auf dem Hof Ardüsch in Davos Glaris zur Welt. Sein Vater war Baumeister des Davoser Rathauses, Landammann in Davos und Nachfahre der ersten Walser in Davos. Hans Ardüser arbeitete im Winter als Lehrer und im Sommer als Wandermaler. Entlang der Via Sett entdecken wir seine wertvollen Fassadenmalereien auch an einem Wohnhaus in Alvaschein.

Die Via Sett führt uns aus Lantsch hinaus zur Begräbniskirche St. Maria, die dem Dorf an bester Aussichtslage vorgelagert ist. Der Kirchenbau stammt teils aus dem 9. Jh. Der Friedhof mit den kunstvollen schmiedeisernen Grabkreuzen ist kulturhistorisch sehr bedeutend. In der Kirche sind spätmittelalterliche Fresken erhalten geblieben. Auf einem Wiesenweg erreichen wir die Geländekante und Gemeindegrenze von Lantsch und Albula/Alvra. Der Weg zieht nun in den Steilhang

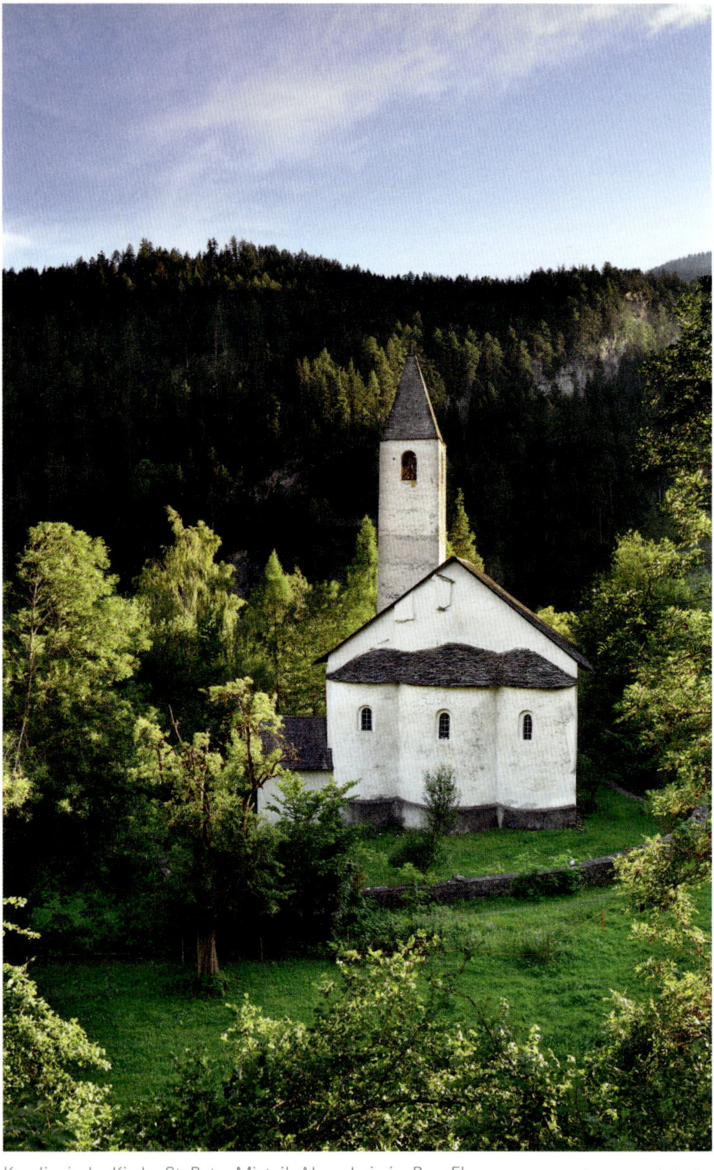

Karolingische Kirche St. Peter Mistail, Alvaschein im Parc Ela Foto: Lorenz A. Fischer

des Got Spess und mündet beim Punkt 1160 m in ein Fahrsträsschen, das nach Alvaschein führt. Das Dorf verfügt über einen intakten Dorfkern und zählt zu den neun Dörfern im Parc Ela mit einem Ortsbild von nationaler Bedeutung (ISOS). Wir entdecken das stattliche Wohnhaus mit den Fassadenmalereien von Franz Appenzäller und Hans Ardüser.

Durch die Wiesen von Alvaschein folgen wir dem Wanderweg hinunter zur Kantonsstrasse. Diese überqueren wir nach wenigen Metern und folgen dem Wegweiser nach Mistail. Wir umgehen den Hügel Salons auf seiner Ostseite und steigen hinunter zum Hof und zur Kirche Mistail (901 m), die auf einer Felsterrasse über der Albula gebaut wurde. Das Blätterdach der Bäume, die den Weg hinunter zur Kirche säumen, gibt einen ersten Blick frei auf die drei Apsiden und den schmalen Turm der Kirche St. Peter. Entrückt steht sie da, die schlichte Kirche, die so manches Jahrhundert ohne grosse Schäden und Eingriffe überstanden hat. Vorbei am Hof mit den schnatternden Gänsen treten wir durchs Tor der Kirchenmauer und öffnen die Kirchentür. Der breite Kirchenraum erinnert eher an einen Saal als ein Kirchenschiff. Die Malereien an den Wänden und in der mittleren Apside treten uns unmittelbar entgegen. Vier Schichten von Wandmalereien konnten nachgewiesen werden. Von den ersten, aus der karolingischen Zeit stammenden Malereien, sind nur mehr spärliche Reste vorhanden. Aber auch die besser erhaltenen Malereien aus der Zeit um 1400 sind beeindruckend. Insbesondere der heilige Christophorus mit dem Jesuskind im Arm. Das Gemälde beansprucht die gesamte Raumhöhe. Die Kirche gehörte zum Frauenkloster Mistail (lat. monasterium). Der karolingische Baustil geht auf die Zeit Karls des Grossen (8.–10. Jh.) zurück. Das einstige Frauenkloster Mistail zählt zu den frühen Gründungen entlang der Bündner Passwege wie auch die Klöster Pfäfers, Disentis und Churwalden. Diese Klöster boten den Reisenden Schutz und Unterkunft noch vor dem Bau der ersten Hospize. Das Kloster Mistail wurde bereits im 12.Jahrhundert wieder aufgegeben. Der Turm stammt aus dem 14.Jahrhundert, als die Kirche St. Peter als Wallfahrtsort eine neue Blütezeit erlebte. Wir schreiten durchs Tor hinaus und wandern Richtung Tiefencastel. Nach wenigen Schritten zeigt sich die Albulabahnlinie der Rhätischen Bahn (RhB), die hier kühn entlang der Felsen und durch Tunnel die Schinschlucht bezwingt und Teil der UNESCO-Welterbe-Strecke ist. Bei Prada (877 m) wechseln wir auf die Südseite des Bahntrassees. Dieses flache Wiesland, das heute auch einer Baumschule Platz bietet, bildete einst die wirtschaftliche Basis des Klosters Mistail. In Prada befand sich einer der vier bischöflichen Grosshöfe «ob Churwalden». Dazu zählten neben Prada Savognin, Riom und Salouf. Wie aus einer Urkunde aus dem 12. Jahrhundert hervorgeht, mussten die Höfe in Savognin und Prada eine stattliche Menge von Korn, Weizen, Bohnen, Käse, Butter, Eier, Fleisch, Wolltuch, Schweine und Hirschfell abliefern. Dazu war der Meier (der bischöfliche Gutsverwalter) von Savognin verpflichtet, vier Säumer und der Meier von Prada fünf Säumer für Transportdienste nach Chiavenna und ins Vinschgau bereitzustellen (Bundi, 1989, S. 520).

Das kurze Wegstück von Prada bis zum Bahnhof Tiefencastel legen wir im Nu zurück. Seit dem Bau der RhB-Linie Thusis – Albula – St. Moritz wurde Tiefencastel erneut zu einem wichtigen Verkehrsknotenpunkt. Wir haben unser Etappenziel bei-

Zusatzschlaufe nach Vaz/Obervaz:
Bevor wir Alvaschein erreichen, zweigt bei Punkt 1023 m, im Gebiet Pruel, ein heckengesäumter Feldweg Richtung Obervaz ab. Wer genügend Zeit hat, dem sei dieser Abstecher sehr empfohlen. Zwischen Alvaschein und Nivagl deckt sich der historische mit dem aktuellen Wegverlauf. Eine bergseitige Grasböschung, dazwischen zwei kürzere Abschnitte mit Hecken, säumen den Weg durch das Alvascheiner Wiesland, vorwiegend artenreiche Trockenrasen. Wiesensalbei und Margriten blühen um die Wette, Orchideen wie die Mückenhandwurz oder die seltenere Insektenorchis runden das Bouquet ab. Die sonnenexponierte, trockene Lage und die reich strukturierte Heckenlandschaft sind ein willkommenes Habitat für selten gewordene Kleintiere und Vögel. So bieten sie auch dem Neuntöter Schutz und Nahrung.

Nach rund zwanzig Minuten erreichen wir den Weiler Nivagl. Hier stand die Löwenburg, die erste Burg der Freiherren von Vaz. Überwachsene Spuren im Gelände sind noch sichtbar. Sie stammt aus dem 10./11. Jh. und zählt zu den ältesten Burganlagen Rätiens. Die Freiherren von Vaz bewohnten sie aber nur kurze Zeit. Bereits um 1200 wurde die Burg Belfort Hauptsitz. Die Freiherren von Vaz waren im Hochmittelalter das bedeutendste Adelsgeschlecht in Graubünden. Sie prägten vom 12. bis zum 14. Jh. die Bündner Geschichte. Bereits auf der ersten Etappe sind wir durch eines ihrer Machtzentren, das Churwaldnertal, gewandert. In Nivagl befand sich auch die Wohnstätte der Familie Moser (siehe «Fahrende in Graubünden», S.47). Von Nivagl folgen wir dem Wanderweg über die Brücke und auf einem der schönsten historischen Fusswege, «von weit herum sichtbar – als langes, heckengesäumtes Wegband durch die Wiesen- und Ackerlandschaft» der «Terranaira» hinauf nach Zorten. (ivs, GR 181.1.1, H. Gredig 1994). Die sonnige Lage der Dörfer von Obervaz weist ein mildes Klima aus und ermöglicht den Ackerbau, im Gegensatz zur hoch gelegenen Lenzerheide.

nahe erreicht. Noch steht uns ein kurzer Abstieg ins Dorfzentrum bevor, denn Tiefencastel (851 m) liegt am Zusammenfluss der Julia und Albula. Von der Anhöhe beim Bahnhof blicken wir aber zuerst hinüber zur Barockkirche St. Stephan (1652), damals zum Zentrum der Kapuzinermission für die Region Albula-Surses gehörig. Bereits im Jahr 831 wird Tiefencastel/Casti als «In Castello Impitinis», Sitz des königliche Verwalters, bezeichnet. Seit 2015 ist Casti Hauptort der Gemeinde Albula/ Alvra, hervorgegangen aus dem Zusammenschluss der Gemeinden Alvaneu, Alvaschein, Brienz/Brinzauls, Mon, Stierva und Surava. Bei der historischen Albulabrücke, vor den beiden Hotelbauten, bleiben wir nochmals stehen und stellen uns vor, wie es war, als um 1835 die ersten Postkutschen von Chur ins Engadin diese Zollbrücke passierten.

Literatur:

- Lantsch/Lenz – ein Bergdorf einst und heute. Gemeinde Lantsch/Lenz 2009.
- Joseph Willimann – die Grabkreuze von Lenz. Hrsg. R. Carisch, J. Huber, P. Kamer, B. Simeon, NZN-Buchverlag Zürich, 2. Aufl. 1989.
- Krähenbühl Hans, Die roten Hörner von Arosa, Parpan und Lenz. In: bk11
- Weitere Literatur, siehe Seiten 187–189

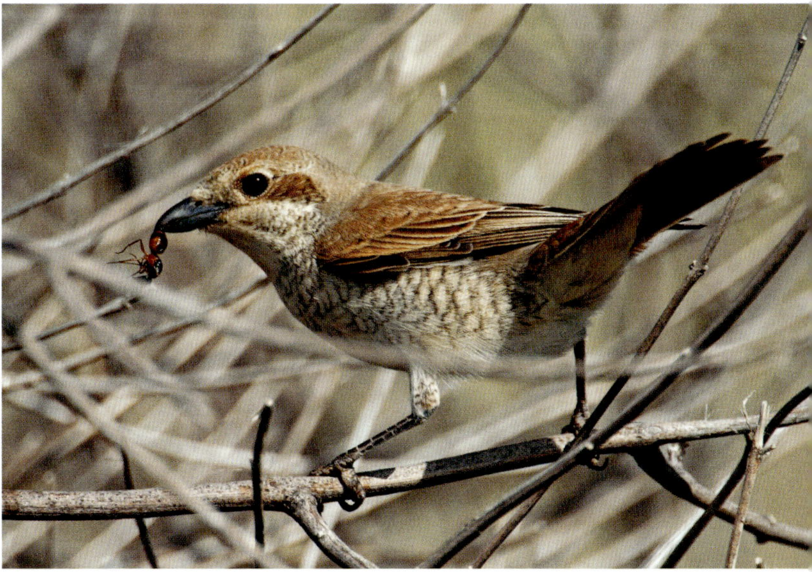

Das Neuntöter-Weibchen auf Futtersuche in seinem Revier

Parc Ela – igl pi grond parc natural dalla Svizra – il più grande parco naturale della Svizzera – der grösste Naturpark der Schweiz

Judith Burri

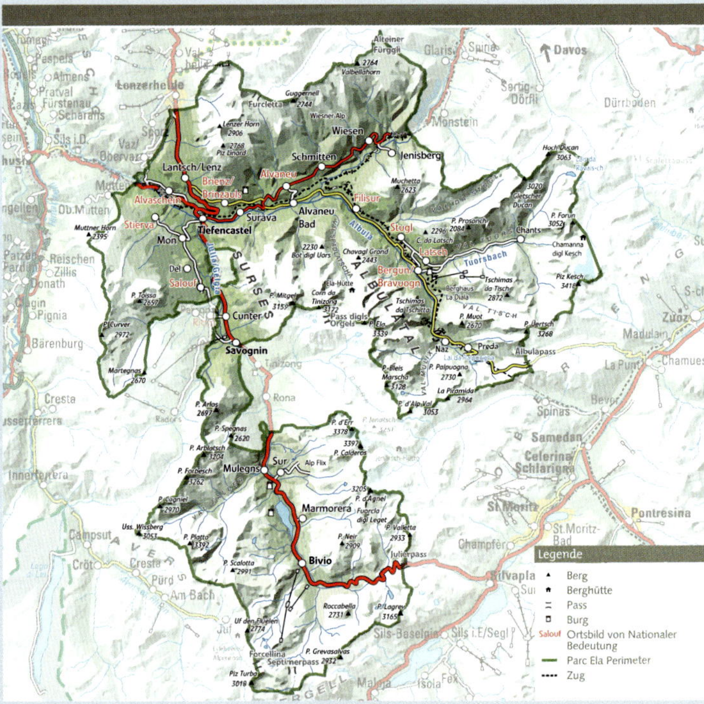

Mit 548 Quadratkilometern ist der Parc Ela doppelt so gross wie der Kanton Nidwalden

Der Parc Ela liegt im Herzen Graubündens und vereint die drei Sprachkulturen Romanisch, Deutsch und Italienisch. Mit steilen Berggipfeln und weiten Landschaften, umgeben von Gletschern und Bergseen, bietet der Park noch echtes Wildnisgefühl. In den Tälern erinnern historische Dörfer und barocke Kirchen an die frühere Bedeutung der Handelsrouten über die Alpenpässe Albula, Julier und Septimer. Die Natur, die Menschen und ihre Produkte machen den Parc Ela unverwechselbar!

Die Via Sett führt von Lantsch/Lenz bis zur Septimer-Passhöhe mitten durch den Parc Ela. Der Septimer ist neben dem Julier und Albula einer der drei historisch bedeutenden Alpenpässe im Parkgebiet. Römische Karrengeleise und Säulen am Julier, mittelalterliche Burgen wie jene von Riom, barocke Kirchen wie Son Martegn in Savognin, Hotels aus der Postkutschenzeit wie das Posthotel Löwen in Mulegns und historische Dorfbilder wie jenes von Salouf – sie alle zeugen von der reichen Pass-Geschichte.

Über die Pässe brachten die Menschen ihre Güter, aber auch ihre Geschichten und ihre Sprache über die Berge. In vielen Dörfern unterhalten sich die Menschen bis heute mehrheitlich auf Rätoromanisch, vor allem im Surses (Oberhalbstein) hat das rätoromanische Idiom Surmiran einen hohen Stellenwert. Das aus dem Volkslatein entstandene Rätoromanische ist seit 1938 die vierte Nationalsprache der Schweiz. Eine Besonderheit ist Bivio. Es ist das einzige Dorf nördlich der Alpen, in dem aufgrund seiner Verbindung ins Bergell teilweise noch Italienisch gesprochen wird.

Der ausserordentliche kulturelle Reichtum des Parc Ela ist in eine vielfältige Natur eingebettet. Vom tiefsten Punkt in der Schinschlucht mit 745 Metern bis zum höchsten Punkt Piz Kesch auf 3418 Metern ändern sich Farben und Formen der Landschaft immer wieder. Der Naturpark bietet sanfte Heckenlandschaften, blühende Trockenwiesen, schroffe Schluchten, urchige Föhrenwälder, karge Landschaften mit Gletschern und Bergseen sowie imposante Weitblicke von hohen Gipfeln. Die grosse Vielfalt an Lebensräumen resultiert in einer aussergewöhnlich hohen Vielfalt an Pflanzen und Tieren.

Im Albulatal: UNESCO-Welterbe Rhätische Bahn

Die über hundert Jahre alte Schmalspurbahn fährt durch den Parc Ela über den Albulapass ins Engadin und über den Bernina ins Val Poschiavo. Die Rhätische Bahn ist ein einzigartiges Beispiel für eine Eisenbahn, die harmonisch in eine Hochgebirgslandschaft integriert ist. Seit Juli 2008 zählt sie zum UNESCO-Welterbe. Das Paradestück der Bahnpionierzeit bietet architektonische Meisterwerke wie das Landwasserviadukt bei Filisur und die Kehrtunnel zwischen Bergün und Preda.

Das Bahmuseum Albula in Bergün vermittelt in multimedial gestalteten Räumen Historisches und Aktuelles zur spektakulären Bahnstrecke sowie Informationen zur Baugeschichte. Weitere Informationen: www.rhb.ch

Zwischen dem Albulatal und Surses: Erdgeschichte erleben

Mitten im Parc Ela – an den drei Bergünerstöcken Piz Ela, Tinzenhorn und Piz Mitgel – haben vor 200 Millionen Jahren Saurier ihre Spuren hinterlassen. Die fossilen Fussabdrücke von Raubsauriern auf dem Gipfel des Piz Ela sind die äl-

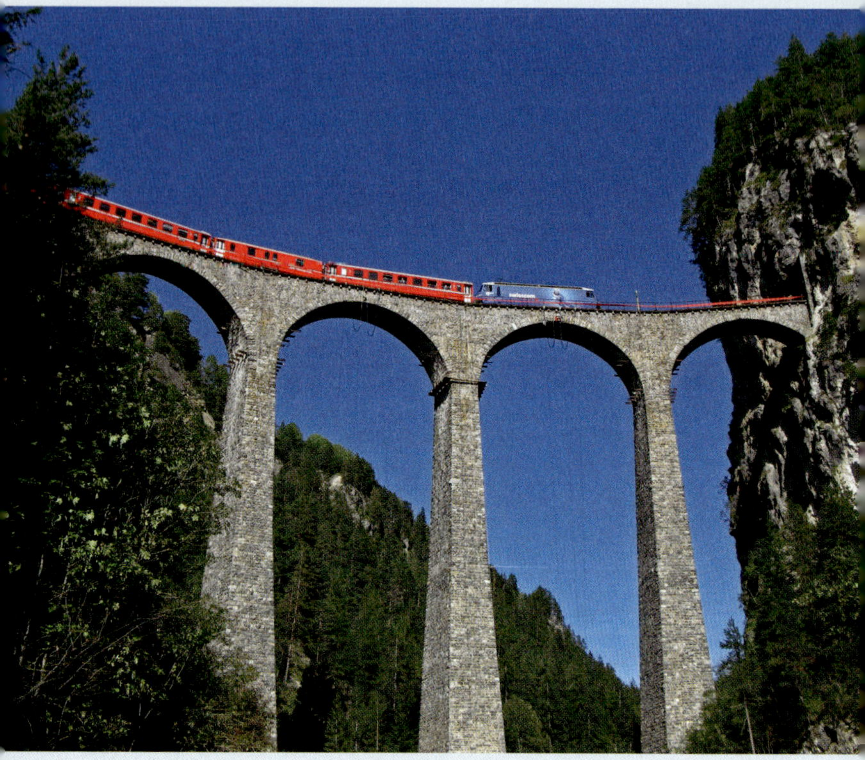

Landwasser-Viadukt auf der UNESCO-Welterbestrecke der Rhätischen Bahn

testen und höchstgelegenen der Welt. Der Dolomit des Tinzenhorns barg zudem das fossile Skelett eines bis 2006 unbekannten Flugsauriers. Er erhielt den Namen «Raeticodactylus filisurensis», was übersetzt «Bündner Finger von Filisur» heisst. Ein Besuch der Saurierspuren ist jedoch nur für Personen mit Bergerfahrung möglich.

Vor etwa 160 Millionen Jahren zerbrach der Urkontinent Pangäa, und das tiefe Urmeer Tethys trennte die europäische von der afrikanischen Kontinentalplatte. 60 Millionen Jahre später drifteten die beiden Kontinente wieder gegeneinander, und die Alpen falteten sich auf. Spuren davon sind noch heute auf der Exploratour vom Julierhospiz über die Fuorcla digl Leget nach Bivio zu sehen. Dort liegt eine Zone frei, die normalerweise verborgen ist – der ehemalige Übergang vom Kontinent in den Ozean.

Leben und arbeiten im Naturpark

Im Parc Ela leben 5250 Menschen in sechs Gemeinden: Albula/Alvra, Bergün Filisur, Davos-Wiesen, Lantsch/Lenz, Schmitten, Surses. Ihre Probleme und Herausforderungen sind typisch für eine abgelegene Bergregion. Die Region ist strukturschwach und von Abwanderung betroffen, der ehemalige Wirtschaftsmotor (Winter-)Tourismus stockt. Für die einheimische Bevölkerung ist der Parc Ela deshalb auch ein Zukunftsprojekt. Das Kapital der Region – die Natur, die Landschaft und die Kultur – soll erhalten und respektvoll genutzt werden, um Einkommen in der Region zu schaffen.

Der Name Ela oder Piz Ela – Parc Ela

Namensgeber des Parc Ela ist der Piz Ela. Der Dolomitgipfel erhebt sich zwischen dem Albulatal und dem Surses auf 3'339 m ü. M. «Ela» ist Rätoromanisch und heisst auf Deutsch «Flügel». Erhalten hat der Berg den Namen wegen seiner charakteristischen Flügelform.

Wir sind Park! Nous ischan igl parc! Siamo un parco!

«Wir sind Park», hiess es am Parc-Ela-Fest 2012 bei der offiziellen Übergabe des Labels «Regionaler Naturpark von nationaler Bedeutung» durch Bundesrat Johann Schneider-Ammann an den Trägerverein des Parc Ela. Das Naturpark-Label wurde für 10 Jahre bis 2021 vergeben, dann können die Gemeinden und die Bevölkerung nochmals darüber befinden, ob sie weiterhin Naturpark sein wollen.

Begonnen hat der Aufbau des Parc Ela um die Jahrtausendwende, als der Regionalverband Mittelbünden die Idee eines Naturparks im Albulatal und Surses lancierte. Eine Charta legte schliesslich die Ziele fest: den Sommertourismus stärken, Arbeitsplätze sichern, lokale Produkte vermarkten, die Natur und Landschaft erhalten und aufwerten sowie die Zusammenarbeit zwischen den Tälern fördern. Die damals in der Charta definierten Ziele sind bis heute gültig.

Regionale Naturpärke eröffnen ländlichen Regionen mit ursprünglichen Natur- und Kulturlandschaften neue Entwicklungsmöglichkeiten. Ein Naturpark nach Schweizer Gesetzgebung bringt keine neuen, strikteren Schutzbestimmungen. Er ist vielmehr das Bekenntnis der Bevölkerung, aktiv einen Ausgleich zwischen Schutz und Nutzen zu finden. Dazu erhalten sie finanzielle Unterstützung von Bund und Kanton. Ein Schweizer Naturpark umfasst deshalb nicht nur entlegene, unberührte Naturräume, sondern ganze Regionen mitsamt ihren Siedlungen und Entwicklungsgebieten: Berge und Einöden genauso wie Alpweiden, Dörfer, Gewerbebetriebe, Skilifte und Stauseen.

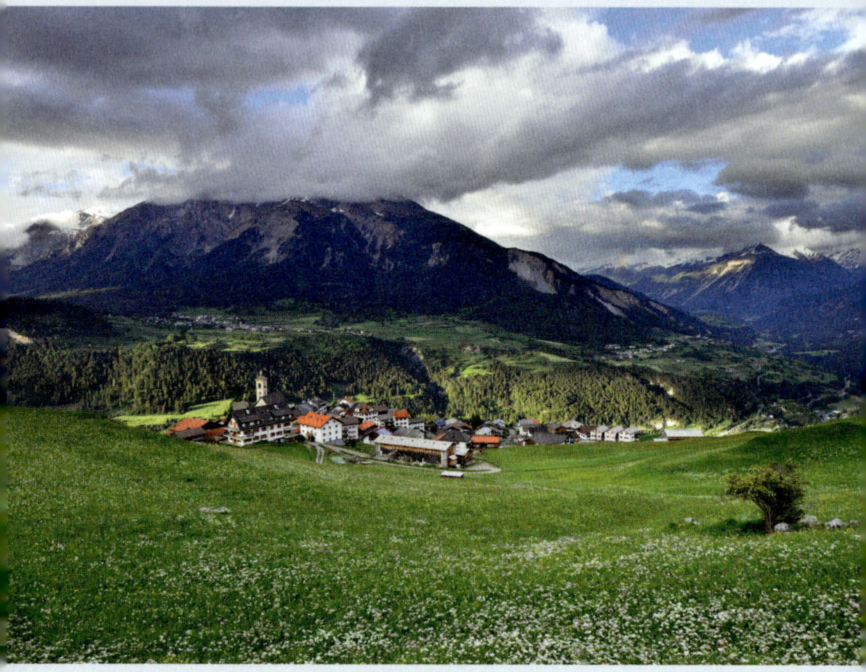

Blick von Stierva auf Lantsch/Lenz im Parc Ela Foto: Lorenz A. Fischer

Natur und Kultur sind das Kapital des Naturparks

Im Naturpark sind Natur und Kultur das Kapital für die Wirtschaft, insbesondere im nachhaltigen Tourismus. Die Tourismus Savognin Bivio Albula AG, Bergün Filisur Tourismus und der Verein Parc Ela arbeiten deshalb eng zusammen. Gemeinsame Produktgestaltung und Verkauf kurbeln den Sommertourismus nachhaltig an. Themenwege, Smartphone-Apps, geführte Exkursionen und Veranstaltungen bringen die aussergewöhnliche Natur und Kultur der Region den Einheimischen und Gästen näher.

Viele Projekte im Parc Ela zielen deshalb auch auf die Aufwertung von Natur und Landschaft oder die Erhaltung wertvoller Ortsbilder und Kulturgüter. Gemeinsam mit Partnern engagiert er sich für Zukunftsprojekte wie das Posthotel Löwen in Mulegns, Segantini in Savognin oder die Inszenierung des Landwasserviadukts.

Würden die Bauern ihr Land nicht mehr bewirtschaften, würde es verbuschen und zuwachsen. Wo die Mittel oder die Arbeitskraft für die Kulturlandpflege fehlen, organisiert der Verein Parc Ela Natureinsätze für Gruppen, Schulen und Firmen. Diese Einsätze dienen der Natur – bringen aber auch Gäste in die Region und sind eine gute Möglichkeit, ihnen die Natur, aber auch das Leben und Arbeiten in einer Bergregion näherzubringen.

Regionale Wirtschaft stärken mit dem Parc Ela-Label

Um die Vermarktung und Förderung regionaler Produkte und Betriebe zu unterstützen, vergibt der Verein Parc Ela seit 2009 ein Parc-Ela-Label.

Über ein Dutzend Produzentinnen und Produzenten veredeln Ausgangsstoffe aus dem Naturpark zu lokalen Spezialitäten und kunstvollem Handwerk. Sie bekennen sich damit zum Parc Ela, seiner Natur und der Region als Wohn- und Arbeitsort. Neben Schmuck aus Stein oder Holz tragen auch Schafwollprodukte, Holzmöbel und Lebensmittel wie Salsiz, Frischfleisch, Käse und Kartoffeln das Parc-Ela-Label.

Hotels und Restaurants erhalten das Parc-Ela-Partnerlabel, wenn sie die Werte des Parc Ela wie Nachhaltigkeit und Regionalität leben und als Botschafter für den Naturpark auftreten. Sie achten auf hohe Qualität und beziehen ihre Rohstoffe möglichst aus der Region.

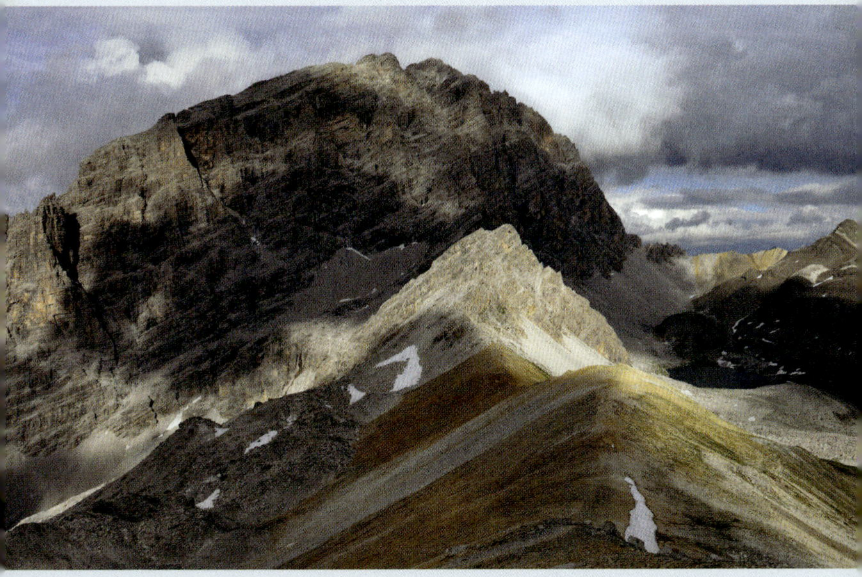

Piz Ela — Foto: Lorenz A. Fischer

Der Verein Parc Ela

Der am 31. Mai 2005 gegründete Trägerverein des Naturparks kümmert sich seit über 15 Jahren um die Umsetzung und Weiterentwicklung des Parkkonzepts. Mitglieder sind alle Parkgemeinden, Privatpersonen und Firmen. Finanziert wird der Verein von Bund und Kanton, den Gemeinden sowie diversen weiteren Geldgebern.

Der Verein Parc Ela setzt in enger Zusammenarbeit mit Institutionen und Menschen aus der Parkregion eine Vielzahl von Projekten um. Sie zielen auf die Förderung der regionalen Wirtschaft, sanfte Mobilität, Bildung, Förderung der Forschung sowie Erhalt, Aufwertung und Vermittlung von Natur und Kultur im Parkgebiet.

Tiefencastel – Eingangstor in den Parc Ela

Der Verein Parc Ela hat seinen Sitz im Bahnhof Tiefencastel. Gäste erhalten dort auch Auskünfte über den Parc Ela und können sich mit Lesestoff zur Natur und Kultur im Parkgebiet eindecken.

Verein Parc Ela
Stradung 11
Im Bahnhof
CH-7450 Tiefencastel
Infos: +41 (0)81 659 16 18
Management: +41 (0)81 508 01 12
www.parc-ela.ch / info@parc-ela.ch

Nivagl war nicht nur Standort der ersten Burg der Freiherren von Vaz. Hier wohnte im 20. Jahrhundert auch die Familie Moser. Im Kellergeschoss lebten neun Kinder auf engstem Raum mit ihren Eltern, während im oberen Stock die Grosseltern wohnten. Das Einkommen der Familie war bescheiden. Der Vater arbeitete hin und wieder als Waldarbeiter. Die Familie durfte aber auf Unterstützung der Nachbarn und des Pfarrers zählen, der insbesondere auch die Kinder förderte. Trotzdem lebte die Familie in ärmlichen Verhältnissen. Dies erzählt Jeanette Nussbaumer in ihrem Buch «Die Kellerkinder von Nivagl». Die Familie Moser sind Bürger von Obervaz, wo die Grosseltern im Jahr 1938 sesshaft wurden und das Haus in Nivagl bauten. Der Grossvater war Sattler und zog anfangs noch mit der Familie im Pferdewagen von Hof zu Hof und reparierte das Saumzeug und andere Lederwaren. Der Neni, für die Kinder Vaterersatz, nahm Jeanette oft mit, wenn er in späteren Jahren in den Dörfern Geschirr verkaufte, während der Vater, vom Leben überfordert, seinem Kummer oft mit Alkohol begegnete.

Bereits im 18. Jahrhundert erhielten Jenische in Obervaz das Bürgerrecht. Aufgrund der verwandtschaftlichen Beziehungen wurde Mitte des 19. Jahrhunderts, als das eidgenössische Gesetz betreffend der Heimatlosigkeit umgesetzt wurde, vielen Obervazer Jenischen das Bürgerrecht zugesprochen. Kinderreiche Familien waren noch in der ersten Hälfte des letzten Jahrhunderts keine Ausnahme. Familien mit zehn und mehr Kindern waren auch unter den Sesshaften die Regel. Noch

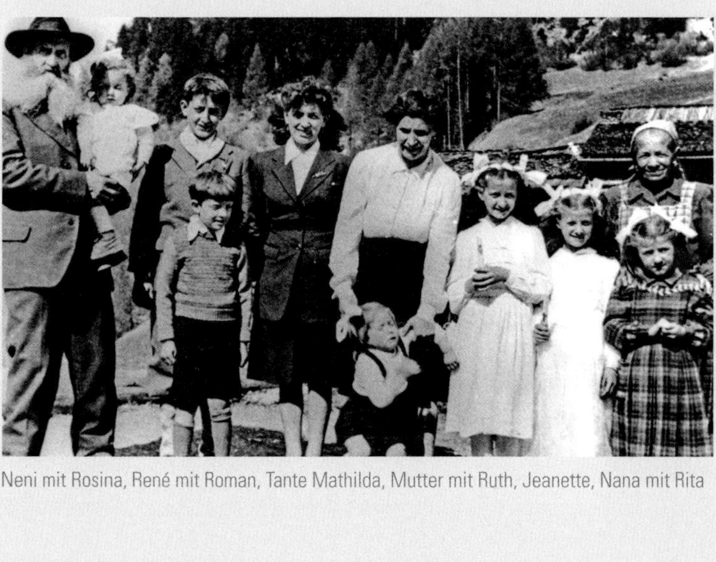

Neni mit Rosina, René mit Roman, Tante Mathilda, Mutter mit Ruth, Jeanette, Nana mit Rita

heute erinnern sich Einheimische daran, dass oft nicht genug zu essen da war für die hungrigen Kinder.

Die jenischen Familien in der Schweiz wurden ab Anfang des 20. Jahrhunderts zum Ziel staatlich und gesellschaftlich sanktionierter Massnahmen, die bezweckten insbesondere die Kinder zu sesshaften und «brauchbaren» Menschen zu machen. Im Rahmen des «Hilfswerks für die Kinder der Landstrasse» (1926–1973) der Stiftung Pro Juventute wurden viele jenische Kinder ihren Eltern ohne deren Zustimmung weggenommen und in Waisenhäusern, Heimen oder Pflegefamilien untergebracht. In Graubünden konnte das «Hilfswerk» auf die Unterstützung von Behörden und Psychiatrie zählen, die Wegnahmen wurden durch den sogenannten «Vagantenkredit» finanziert. Die Stiftung Pro Juventute war hoch angesehen, und Mitarbeitende des Hilfswerks waren lange Zeit überzeugt, etwas Gutes für die Gesellschaft, ja für die Kinder, zu leisten. Erst Kritik am «Hilfswerk für die Kinder der Landstrasse» führte nach Jahren des Leids zu einer neuen Wahrnehmung der Jenischen in der Bündner Öffentlichkeit. Ob die Jenischen heute als Teil der Bündner Geschichte und Kultur anerkannt werden? Ob Vorurteile inzwischen abgebaut wurden? Es wäre längst an der Zeit.

Die Bündner Volksmusik wurde massgeblich durch jenische Musiker beeinflusst. Denken wir nur an die Fränzli-Musik, geprägt durch den jenischen Geiger Franz Waser, die heute mit grossem Erfolg von den Ils Fränzlis da Tschlin weitergespielt wird. Aus Obervaz stammte der Klarinettist Paul «Pauli» Kollegger (1872–1927), bekannt für sein grosses musikalisches Repertoire. Jenische Klänge und Rhythmen finden sich auch in der Musik von Stephan Eicher. Im Film «unerhört jenisch, 2017» gehen die Resgisseurinnen auf musikalische und soziale Spurensuche in Obervaz. Erich Eicher, Stephans Bruder, durchstöbert Archive und findet ihre Wurzeln bei Fränzli Waser und Pauli Kollegger.

Jenische wohnen seit Jahrhunderten in der Schweiz. Sie waren früher vor allem als Korber, fahrende Händler oder Musiker unterwegs und erfüllten in ländlichen Gegenden eine wichtige wirtschaftliche und gesellschaftliche Funktion. Die Mehrheit der Jenischen ist inzwischen sesshaft.

Heute sind die Fahrenden in der Schweiz als nationale Minderheit anerkannt, und die jenische Sprache hat seit 1997 den kulturellen Status einer Minderheitensprache. Im Kanton Graubünden wurde ihnen durch die Ausstellung und das gleichnamige Buch «Puur und Kessler» eine neue Stimme gegeben – sachlich, fundiert und informativ. Die Stiftung «Zukunft für Schweizer Fahrende» leistet einen weiteren wichtigen Bestandteil zum Verständnis der Fahrenden.

Literatur:

– Nussbaumer 2006, Puur und Kessler 2008, www.stiftung-fahrende.ch.

Tiefencastel – Mon – Salouf – Riom – Savognin

3

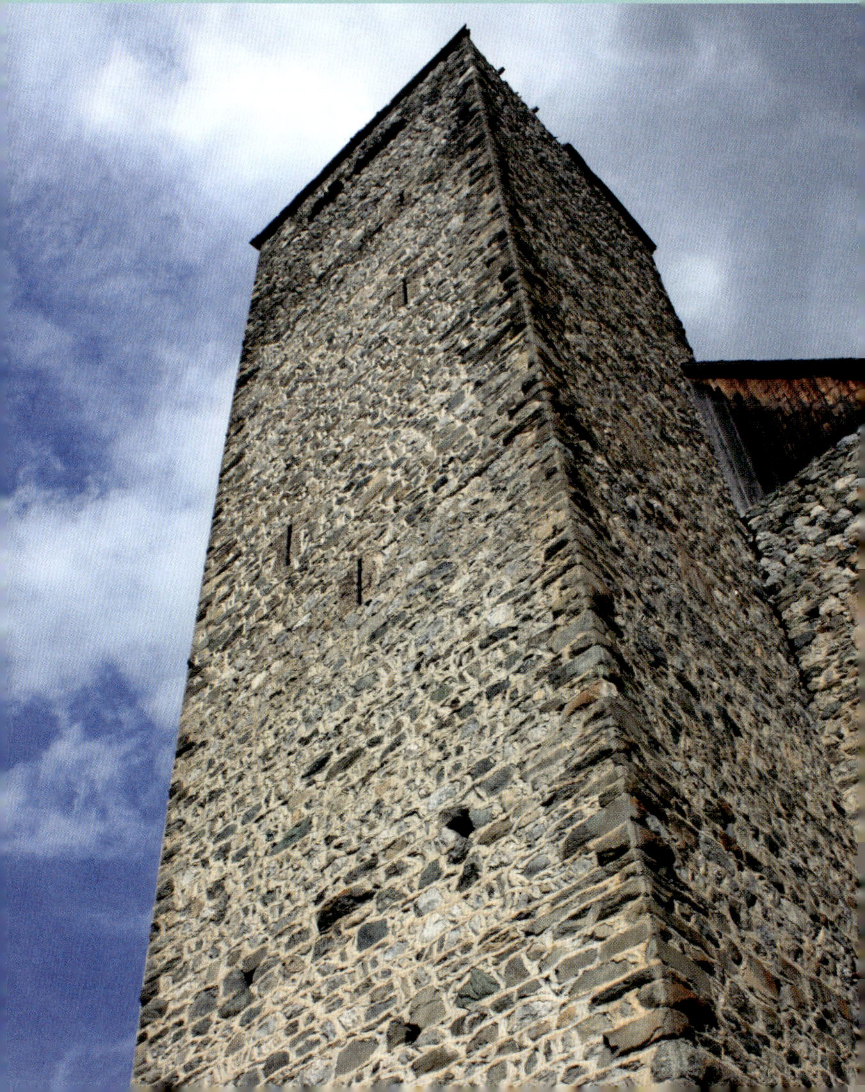

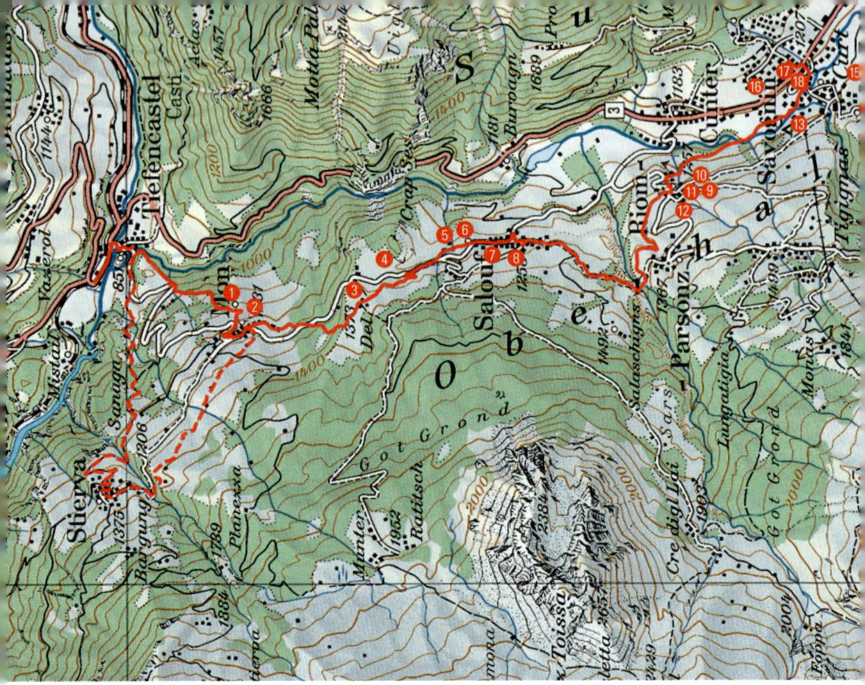

Tiefencastel – Mon – Salouf – Riom – Savognin

Tourencharakter

Aussichtsreiche Wanderung auf Feldwegen durch eine vielfältige Kulturlandschaft mit Ackerterrassen und prähistorischen Siedlungsplätzen
Technik/Kondition: mittel (Bergwanderweg)/mittel

Aufstieg: 780 m Abstieg: 420 m
Distanz: 12 km Zeit: 4 h

Abseits der Via Sett

- Tiefencastel – Stierva* – Mon (2 h): *Spätgotische Kirche St. Maria Magdalena
- Salouf – Ziteil* – Salouf (5,5 h): *Wallfahrtskirche St. Mariä Heimsuchung

Sehenswertes

Mon:	❶ Romanische Kirche St. Cosmas und Damian, neu geweiht 1351
	❷ Kirche St. Franziskus, hochbarock, 1643–48 erbaut
Del:	❸ Kapelle St. Rochus, geweiht 1595
Motta Vallac:	❹ Felsenkuppe mit bronzezeitlichen und römischen Funden
Salouf:	❺ Ehemalige Getreidemühle

	❻ Pfarrkirche St. Georg (erwähnt 1290), Wandmalereien (um 1370), Schlüssel im Pfarrhaus
	❼ Ehemaliges Kapuziner-Hospiz, heute Pfarrhaus
	❽ Brotbackhaus «Pastregl vigl»
Riom:	❾ Mutatio Riom, ehem. römische Herberge mit Stallungen
	❿ Casti da Riom (13. Jh.), Origen Festival cultural, www.origen.ch
	⓫ Kulturzentrum/Center Cultural Sontga Crousch, Villa Carisch, Clavadeira
	⓬ Kirche St. Laurentius, älteste Talkirche (um 840), Neubau 1677
Savognin:	⓭ Punt Crap, Steinbogenbrücke (1682) über die Julia/Gelgia
	⓮ Kirche Son Martegn (ca. 1370), Neubau 1677 mit Kuppelmalerei (La Gloria del Paradiso, 1681) von Carlo Nuvolone
	⓯ Kirche Nossadonna, geweiht 1643
	⓰ Kirche Son Mitgel, Neubau 1658–1663 an Stelle mittelalt. Kirche
	⓱ Regionalmuseum (Haus um 1512), www.museumsavognin.ch
	⓲ Wohnhaus Peterelli, ehem. Wohnstätte Giovanni Segantinis

Verpflegung, Unterkunft

Mon:	– Ustareia da Mon, +41 (0)81 630 74 58, www.7458.ch
	– Molas Sot (1419 m), 200 m oberhalb Mon, Maiensäss-Stall, Selbstversorgung, +41 (0)81 659 16 16, www.savognin.ch
Salouf:	– Hotel Ela, Veia Pulens 15, +41 (0)81 669 11 11, www.hotel-ela.ch
	– Gasthaus Alpina, +41 (0)81 684 26 04, www.gasthaus-alpina.ch
Riom:	– Ustareia/Restaurant Taratsch, +41 (0)81 684 12 69, www.taratsch.ch
	– Café Carisch, +41 (0)81 637 16 82; Hotel Frisch am Dorfplatz, +41 (0)81 659 15 15,
Savognin:	– Hotel Piz Mitgel, +41 (0)81 684 11 61, www.hotel-pizmitgel-savognin.ch
	– Hotel Romana, +41 (0)81 684 15 44, www.hotel-romana.ch
	– Hotel Danilo Pianta, +41 (0)81 659 11 59, www.danilo.ch
	– Hotel Bela Riva, +41 (0)81 684 24 25, www.bela-riva.ch
	– Weitere Unterkünfte: +41 (0)81 659 16 16, www.savognin.ch

Tipps und Infos

- Atelier Poss, Altes Schulhaus Riom, +41 (0) 81 637 14 80, www.poss.ch
- Gemüsekobold: Frische Produkte aus den Gärten im Surses. Infos + Bestellung: Anna Bompadre, Riom, +41 (0)79 478 71 14
- Tourismus Savognin Bivio Albula AG, +41 (0)81 659 16 16, www.savognin.ch
- Parc Ela Infostelle Savognin, +41 (0)81 659 16 18, info@parc-ela.ch, www.parc-ela.ch
- «Kultur-Spaziergang durchs Dorf» erhältlich bei Savognin Tourismus
- Dorfspaziergang «Segantini in Savognin», www.parc-ela.ch
- Kunstgalerie Sala Segantini, +41 (0)79 671 38 55, www.savognin.ch
- Nossa Caschareia-Bergkäserei, +41 (0)81 684 14 63, www.nossa-caschareia.ch
- Mazlaria Peduzzi, +41 (0)81 637 17 37, www.metzgerei-peduzzi.ch
- Artisanat, +41 (0)81 684 33 55, www.buendner-steinschmuck.ch

Sakrallandschaft Surses

Etappe 3: Tiefencastel – Mon – Salouf – Riom – Savognin

Durch Tiefencastel (851 m) zwängen sich keine Autos mehr, seit 1999 der Bau der Dorfumfahrung vollendet wurde. So macht es uns auch nichts aus, die wenigen Meter auf der alten Julierstrasse zu wandern. Nach wenigen Schritten stehen wir vor dem Bildstock Sontg Ambriesch. Hier stand gemäss Urkunde von 831 die einstige Pfarrkirche St. Ambrosius, direkt an der Julier-/Septimer-Passstrasse. Wir wandern über die Julia/Gelgia-Brücke. Ein Blick zurück überrascht, denn Tiefencastel liegt nicht mehr tief unten, sondern auf den Felsen am Rande der Julia. Auf dem Kirchhügel stand einst ein römisches Kastell. Um 840 wird gar eine befestigte Siedlung mit Königshof genannt.

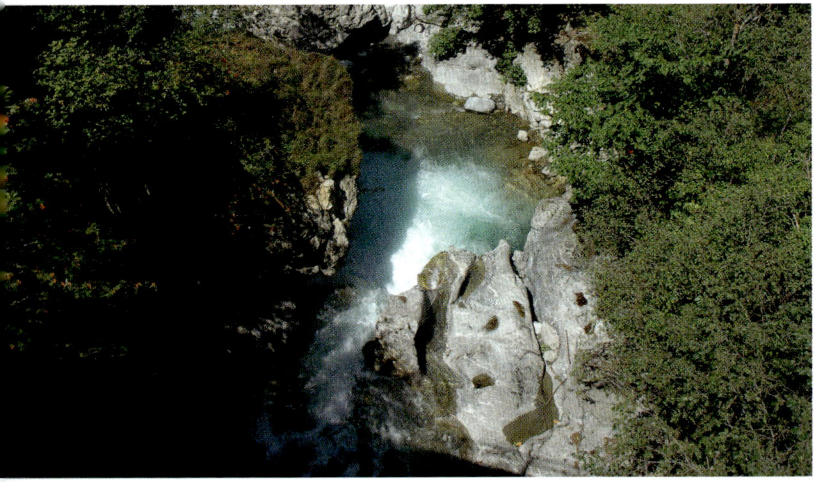

Blick auf den Talfluss, die Julia/Gelgia bei Tiefencastel

Die Nummer 64 der Via Sett weist uns den Weg in südlicher Richtung durch den steil zur Julia abfallenden Wald. Überraschende Tiefblicke und kleine Waldlichtungen wechseln sich ab. Immer wieder schweift unser Blick in die Ferne zu den Kirchen St. Stephan-Tiefencastel, St. Peter-Mistail und St. Maria-Lantsch/Lenz. Der schöne Wanderweg führt auf der Ostseite der Felskuppe Plattas (963 m) entlang. Beim Punkt 947 m treffen wir auf die Strasse nach Mon. Umgeben von Wald

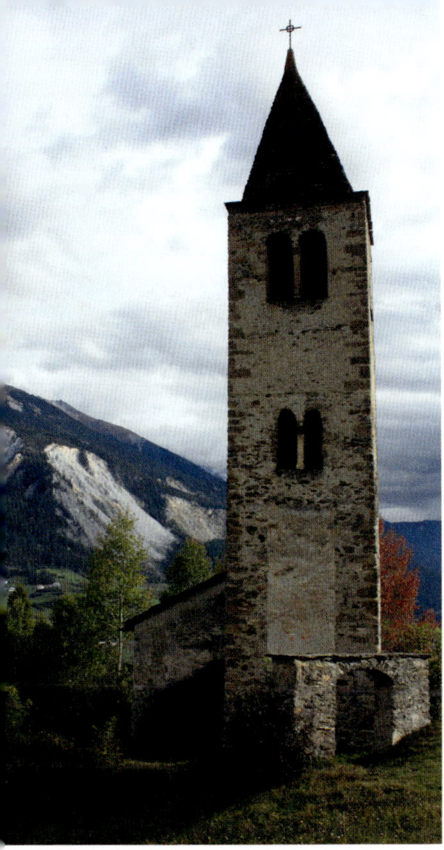

Romanische Kirche St. Cosmas und Damian in Mon

und steilen Felspartien ist der Plattas nur von der südwestlichen Seite her begehbar. Ausgrabungen brachten bronzezeitliche Funde und Siedlungsspuren ans Tageslicht.
Oberhalb der Kurve verlassen wir die Fahrstrasse wieder und folgen dem Wanderweg in Richtung Mon. Steil führt der Weg hinauf. Unsere Schritte werden gemächlicher, der Atem geht kürzer. Da und dort sind kleine Lichtungen in den Wald geschlagen, die uns einen Ausblick und zahlreichen Pflanzen neuen Lebensraum ermöglichen. In Gedanken versunken stehen wir plötzlich vor der bedeutenden frühromanischen Kirche St. Cosmas und Damian. Die Kirche gehörte bis 1468 dem Kloster Pfäfers. Im Inneren fällt das Licht durch das kleine Butzenscheibenfenster, das in die meterdicke Mauer der Apsis eingelassen ist. Neben weiteren Wandmalereien sind über dem südlichen Seitenaltar die drei Heiligen S. Barbara, S. Caterina und S. Dorotea gemalt. Der hohe Turm der Kirche St. Cosmas und Damian steht markant in der Landschaft. Er ist ein weit herum erkennbares Zeichen, eine frühe Wegmarkierung für die Reisenden. Auch wir halten inne. Der Blick schweift über das sanft abfallende Gelände, die Wiesen, die Hecken und die kleinen Moore. Es ist eine Kulturlandschaft, die nicht nur gefällt, sondern auch Lebensraum bietet. Damit dies so bleibt, sind Pflegemassnahmen nötig – eine aufwendige Arbeit, der sich die Landwirte im Rahmen des ökologischen Ausgleichs annehmen, unterstützt durch den Verein Parc Ela.

Eine naturbelassene Fahrstrasse führt hinauf nach Mon (1231 m). Wiederum lädt eine Kirche zur Besichtigung ein. Es ist die reich dekorierte Kirche St. Franziskus, erbaut im Auftrag der Kapuzinermission in Tiefencastel. Die Kirche zählt zu

den schönsten Barockräumen Graubündens und enthält eine historisch wertvolle Orgel von 1690. Zusammen mit dem stattlichen Pfarrhaus umrahmt sie einen markanten Vorplatz. Zur Zeit der Römer bis um 1400 führte die Obere Strasse durch Mon zu den Pässen Septimer und Julier. Das traditionelle Bauerndorf ist bis heute geprägt von der Landwirtschaft. Eine Werkstätte für Landmaschinen zählt dazu. Wir wandern durch die Gassen und sehen da und dort die alten Backöfen.
Da trägt ein Haus die Jahreszahl 1618. Mancher Säumer mit seinen Saumtieren und ihrer Last, mancher Pilger in einfachem Gewand auf seinem Weg nach Rom mag an diesem Haus vorbeigezogen sein.

Zwei Häuser stehen nahe zusammen. Ein Torbogen verbindet sie. Dahinter öffnet sich der Dorfplatz. Es herrscht wenig Betrieb heute. Aber die Grosszügigkeit des Platzes und die stattlichen Wohnhäuser erzählen von lebhaften Zeiten.

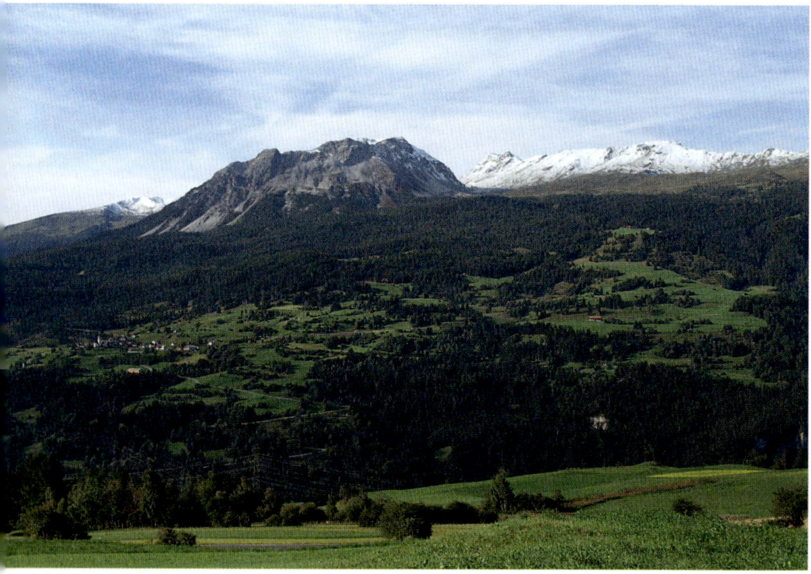

Blick auf den waldreichen Piz Toissa (2657 m) und die Heckenlandschaft von Mon

Am Dorfausgang stehen drei moderne Zentralställe. Danach führt der Wanderweg über Waldweiden hinauf zur Lichtung Crousch. Vor uns erstreckt sich Weideland und dahinter ein waldreiches Gebiet, das sich bis unter den Gipfel des Piz Toissa (2657 m) zieht und mit seinem lückigen Bergföhrenbestand und den zahlreichen Beerensträuchern im Unterwuchs ein ideales Habitat für Auerwild bildet.

Auf einer Naturstrasse, gesäumt von ausgesprochen schönen und gut erhaltenen Trockenmauern, erreichen wir den Weiler Del (1373 m). Zur rechten Seite stehen wenige Häuser und Ställe, zur linken Seite steht, etwas abseits, die dem Pestheiligen St. Rochus geweihte Kapelle Son Roc. Das historische Dorf Del zählte mehr als 200 Einwohner, bevor sich die Pest im Jahr 1580 ihre Opfer holte.
Zwischen Del und Salouf ist ein kurzes Stück einer sehr frühen Weganlage erkennbar. Noch warten wir darauf, dass der Wanderweg zwischen Del und Salouf auf der alten Römerstrasse, westlich des Motta Vallac verläuft. Hier befindet sich ein

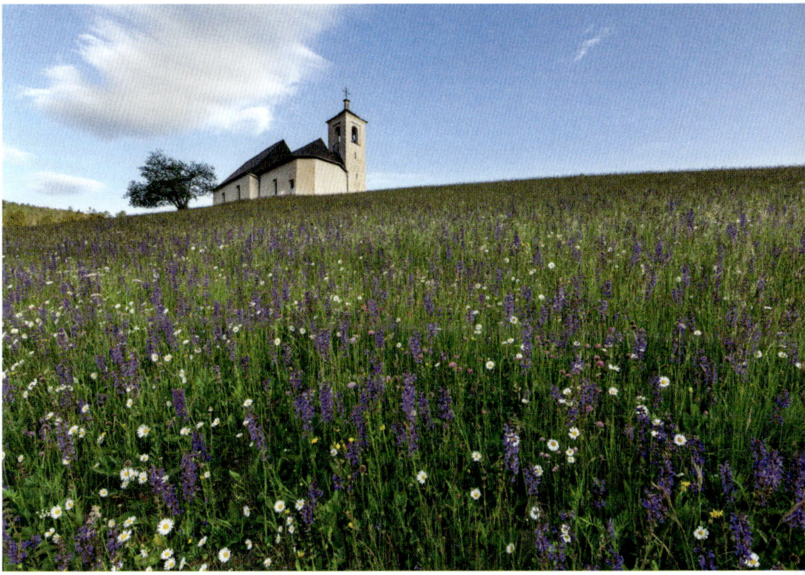

Die St. Rochus-Kapelle in Del bei Salouf ist dem Schutzpatron gegen die Pest, dem Heiligen Rochus, geweiht Foto: Lorenz A. Fischer

prähistorischer Siedlungsplatz. Funde aus der Bronze- und aus der Eisenzeit (siehe Jürg Rageth, S. 125) bestätigen die günstige Lage. Der Motta Vallac wie auch der Plattas bei Tiefencastel sind vom Gletscher geprägte Felsen, sogenannte Rundhöcker. Sie bilden zusammen mit den erosiven Seitenflüssen und den bewirtschafteten Terrassen eine eindrückliche Kulturlandschaft.
Unser Weg führt ein kurzes Stück der Strasse entlang. Beim Wegweiser weist eine Holztafel den Weg zur Mühle Salouf 1877 am Balandegn-Bach. An ihrer Stelle stand bereits früher eine einfache Mühle. Nachdem das Wasserrad 1974 seinen

Dienst endgültig versagte, wurde auf Initiative des Gönnervereins Pro Mühle Salouf eine Restauration durchgeführt. Alle Mühleteile wurden originalgetreu neu angefertigt, sodass die Mühle ihren Betrieb schon bald wieder aufnehmen konnte. Wir stehen und staunen. Das Wasser des Balandegn-Bachs schiesst bei unserem Besuch ungenutzt talwärts. Was lange Zeit zu fast jedem Dorf bis auf eine Höhe von rund 1400 m gehörte, ist heute Seltenheit geworden. Die Mühle Salouf war eine der letzten wasserbetriebenen Mühlen. Bis ins Jahr 2010 wurde hier das Getreide der Vereinigung Gran Alpin gemahlen. 2011 wurde die Mühle abgebaut und nach Promontogno zur Molino Scartazzini (S. 151), der einzigen Handelsmühle im Kanton Graubünden, gebracht. In Promontogno werden seither auf der Saloufer Mühle Spezialmehle gemahlen.

Etwa 200 Meter unterhalb des Weilers Panaglia, bei Flex/Flecs, nutzte auch das Eisenwerk am Stein die konstante Wasserkraft des Balandegn-Baches zur Eisenverhüttung (S. 68). Das Quellgebiet des Baches liegt in einer Eishöhle mitten im Lärchenwald, unterhalb Chistinotbet (1735 m). Aufgrund des ganzjährig vorhandenen Eises in der Höhle ist das Wasser aussergewöhnlich kalt und wurde früher zu Heilzwecken verwendet.

Zwischen Panaglia und der Kirche St. Georg in Salouf wandern wir ein kurzes Stück auf dem historischen Weg. Der schöne Flurweg wird entlang des letzten Grundstücks vor der Kirche von einer langen Trockenmauer gesäumt. Diese wurde in gemeinsamer Arbeit der ehem. Gemeinde Salouf, der Kirchgemeinde und des Vereins Parc Ela saniert. Die Wegoberfläche ist inzwischen geteert. Das hindert uns aber nicht daran, einen Hauch der Vergangenheit zu spüren. Römische Kaufleute, Säumer, Pilger, aber auch die Schwabenkinder folgten diesem Weg. Salouf stellte dem Bistum Chur im Spätmittelalter 15 Säumer, wie aus dem Einkünfterodel (1290–1298) hervorgeht. Später dann, zwischen ca. 1700 und 1914, arbeiteten viele Kinder aus Graubünden saisonal in Oberschwaben (heute Baden-Württemberg und bayrisches Allgäu). Auch Familien aus Obervaz, Mon und Salouf versuchten, mit der Schwabengängerei der Armut Einhalt zu gebieten (S. 71).

Die Kirche St. Georg bietet eine schöne Aussicht. In südlicher Richtung weitet sich das Tal. Wir blicken auf Ackerterrassen, die heute mehrheitlich als Wiesen bewirtschaftet werden. Die Julia/Gelgia wird im Staubecken von Burvagn zurückgehalten. Bäume und Sträucher schaffen eine kleinräumige Kulturlandschaft. In nördlicher Richtung, auf der Höhe des Motta Vallac, erkennen wir auf der gegenüberliegenden Talseite den Felsriegel Crap Ses im engen Flusstal der Julia/Gelgia. Dieser stellte das grösste Hindernis dar auf der Oberen Strasse. Funde aus der Bronze- und Römerzeit in der Crap-Ses-Schlucht weisen darauf hin, dass es neben der Route über Mon – Del – Salouf – Riom auch Varianten durch die Schlucht gegeben hat. Der Crap Ses bildet auch eine geografische Grenze. Das Gebiet unterhalb des «Steins» wird im Surmiran sot sés genannt und das Gebiet oberhalb des «Steins» sur sés.

Bei der Kirche St. Georg zweigt eine Strasse ab zur Feriensiedlung Pulens. Dort steht auch das Hotel «Ela». Wer sich mehr Zeit nehmen möchte, der Vergangenheit und Gegenwart dieser aussichtsreichen Bergdörfer auf die Spur zu kommen, dem sei eine Nacht im Hotel «Ela» empfohlen. Auf der Veia Principala wandern wir nun ins Dorfzentrum von Salouf. Rechterhand liegt das schöne Pfarrhaus, ein hoher Bau mit steilem Dach, das ehemalige Kapuzinerhospiz. Gegenüber steht, als Denkmal in Holz geschnitzt, der vielseitig tätige Pater Alexander Lozza (1880–1953) mit einer erlegten Gams über der Schulter. Er war Dichter, Denker, Pater, Jäger und insbesondere auch Verfechter der romanischen Sprache. Sein grosser Wortschatz und seine bildhafte Sprache machten seine in Surmiran verfassten Kurzgeschichten und Gedichte weitherum bekannt. Viele seiner Texte wurden vertont (S. 64).

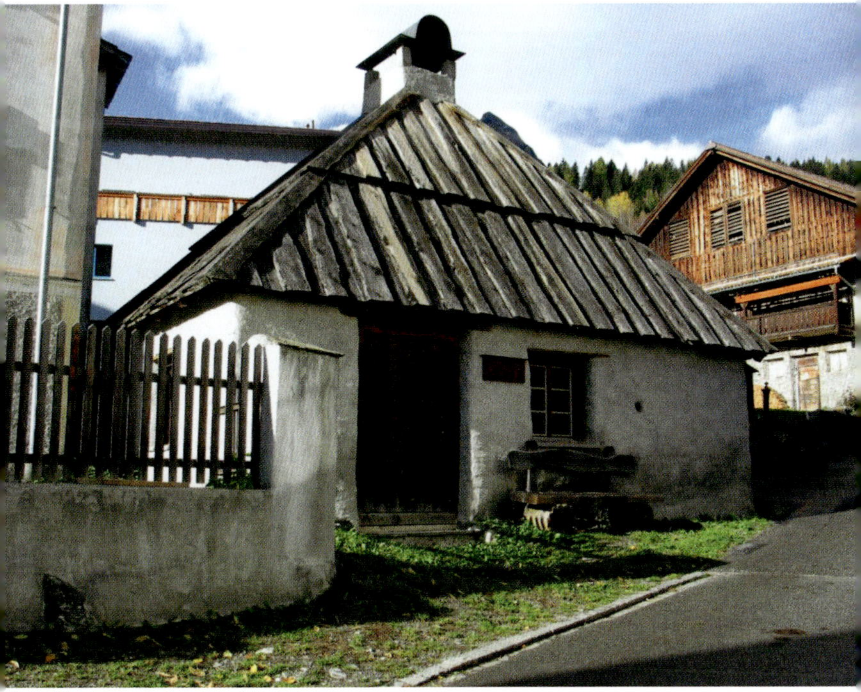

Gemeinschafts-Backhaus mit Walmdach in Salouf

Von Salouf führt ein Pilgerweg zum Wallfahrtsort Ziteil (2434 m), seiner jahrelangen Wirkstätte. Duri Lozza (1920–2012) trat in die Fussstapfen seines Onkels Alexander. Duri wuchs im Weiler Cresta bei Marmorera auf. Er ist einer der Söhne des Auswanderers Flurin Lozza (S. 88). Mithilfe von Kollekten aus dem Tal konnte Duri das Gymnasium besuchen und wurde später ebenfalls Pfarrer von Salouf. Auch Flurin Lozza pilgerte jeweils vor seinen saisonalen Auswanderungen zum Wallfahrtsort Ziteil. Der Wallfahrtsort Ziteil, am Fusse des Piz Curvér (2971 m) gelegen, geht auf eine Legende zurück. In der Nähe von Ziteil soll im Sommer 1580 zwei Hirtenkindern die heilige Maria erschienen sein. Rom anerkannte die Wundererscheinung jedoch nicht offiziell an, da sie zwei Kindern widerfahren sein soll. An der Beliebtheit des Wallfahrtsortes bei den Gläubigen ändert die Haltung der Kirche nichts.

Ein paar Schritte weiter steht das Haus der Familie Devonas. Mario Devonas steht im Garten und erzählt von seinem Haus La Noda, das auf der Fassade alle Familienzeichen von Salouf vereinigt. Mario, der letzte Geisshirt von Salouf (1957), besorgt uns den Schlüssel zum Backhaus Pastregl vigl am Platz. Im kleinen Back-

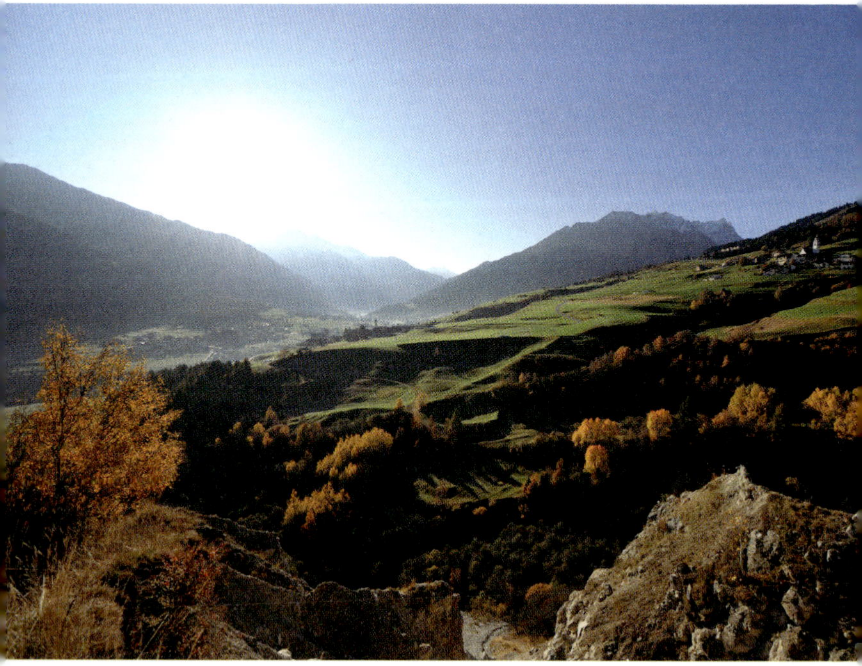

Blick ins Surses

Foto: Lorenz A. Fischer

haus herrscht nach der Renovation von 1991 wieder Betrieb. Der Holzbackofen verströmt an manchen Tagen im Jahr den Duft von frischem Brot.

Das Dorf mit seinen stattlichen Wohnhäusern und den mittelalterlichen Wohntürmen verfügt über einen intakten Dorfkern und ist eines der neun Dörfer mit Ortsbildern von nationaler Bedeutung im Parc Ela. Die Via Sett führt weiter durchs Oberdorf und mündet dann in eine kleine Fahrstrasse. Der Blick schweift auf die gegenüberliegende Talseite, wo in einer Linie aufgereiht die Hütten und Ställe der Maiensäss-Siedlung Promastgel (1689 m) stehen. Stetig wandern wir aufwärts, dabei wäre doch Riom mit seiner von Weitem sichtbaren Burg in greifbarer Nähe, aber der Wildbach Adont lässt sich nicht an beliebiger Stelle überqueren. Wir nehmen es gelassen und erreichen bald die Brücke. Der Adont hat im weichen Bündner Schiefer ganze Arbeit geleistet. Jahr für Jahr weichen auch Regen und Schnee die steilen Hänge weiter auf. Das lockere Gestein wird ins Bachbett getragen. Der Bach schwemmt das Material laufend fort. Ruignas nennen die Einheimischen das vom Adont geschaffene Erosionsgebiet mit den Erdpyramiden.

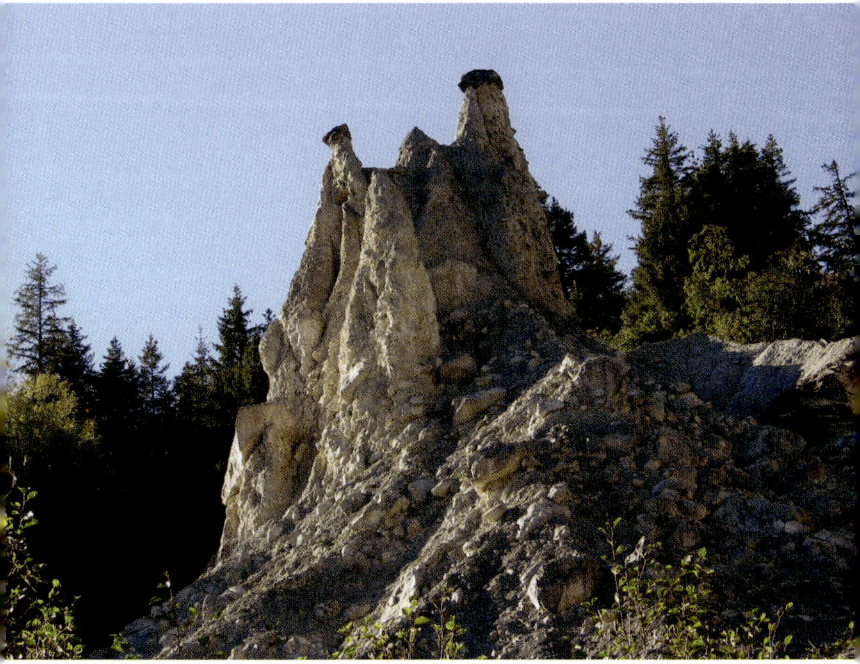

Erdpyramiden säumen das Bachbett des Adont

Kurz nach der Brücke verlassen wir die Fahrstrasse und folgen dem Wiesenweg, der unterhalb Parsonz direkt nach Riom führt. Zwischen den Heuwiesen erkennen wir da und dort einen kleinen Getreideacker. Hier wird wieder Braugerste angepflanzt. Für eine gesicherte Abnahme der Braugerste hat die Genossenschaft der Bündner Bio-Getreidebauern Gran Alpin mit den Brauereien Locher in Appenzell, Bieraria Tschlin und Brauerei Monstein Verträge abgeschlossen.

Beim Dorfeingang steht das Kulturzentrum Sontga Crousch des erfolgreichen Origen Festival Cultural. Das Kulturzentrum vereint Ausstellungsräume, Proberaum, Werkstätte und Verwaltung unter einem Dach. Im Frühjahr 2012 konnte Origen das stattliche Anwesen Carisch kaufen. Geboren als viertes Kind einer Bauernfamilie, emigrierte Lurintg Maria Carisch nach Paris, von wo er mit 44 Jahren als vermögender Mann nach Riom zurückkehrte. Bevor er Wohnhaus und Stallungen errichten liess, baute er an der Julia eine Mühle, eine Sägerei und eine Scheune, um das benötigte Baumaterial aus dem eigenen Betrieb beschaffen zu können. Dank des sorgfältigen Umgangs mit der historischen Bausubstanz durch die Klostergemeinschaft Schwestern von Menzingen, die den Grosshof 1930 kaufte, hat das Anwesen seinen ursprünglichen Charakter erhalten. Der ideenreiche Intendant Giovanni Netzer hat auch dem dazugehörigen herrschaftlichen Stall, der Clavadeira, neues Leben eingehaucht. 2018 erhielt die Stiftung «Nova Fundaziun Origen» den Wakkerpreis für die besonderen Leistungen im Bereich Ortsbild- und Siedlungsentwicklung in Riom. Mit dem Projekt Malancuneia geht das Engagement von Giovanni Netzer und seiner Kulturstiftung in die nächste Runde. Vier leerstehende Gebäude im Ortszentrum werden dank einer neuen Nutzung wieder Teil des Dorfleben.

Am markanten Schulhaus von Riom vorbei wandern wir durchs Dorf und haben dabei stets die Burg Rätia Ampla im Blickfeld. Im Gebiet Cadra, im unteren Teil des heutigen Riom, stand einst die römische Mutatio, eine Herberge mit Stallungen. Oberhalb der Mutatio wurden Holzhütten aus dem Frühmittelalter ausgegraben. Ob sie zum einstigen Königshof «villa in Riamio» gehörten? Die Ausgrabungen zählen zu den wertvollsten im Surses und zeugen von der Bedeutung dieser Transitroute aus dem Bodenseeraum über den Septimer/Julier nach Chiavenna/Como und Venedig. Zahlreiche Fundgegenstände sind in Chur und Zürich ausgestellt.

Dass Riom auch im Frühmittelalter eine wichtige Funktion hatte, darauf weist der Eintrag im churrätischen Reichsgutsurbar hin. Hier wird Riom um 840 als königliches Eigengut und Verwaltungszentrum erwähnt. Auch während der bischöflichen Herrschaft (1258–1552) war Riom Verwaltungszentrum, während sich in Salouf und Savognin je ein Grosshof des Bistums Chur befand.

Nach wenigen Schritten stehen wir vor der Burg Riom (Rätia Ampla). Erbaut im 13. Jahrhundert, wurde sie ab dem 16. Jahrhundert nur noch als Tagungsort der

Landsgemeinde genutzt. Auf der Burg wohnte Benedikt (Benedetg) Fontana, einer der Bündner Anführer in der Schlacht an der Calven im Münstertal 1499. Fontana fiel und wurde später in einer sagenhaften Überlieferung zum Mythos und vor allem im 19. Jahrhundert als Bündner Nationalheld gefeiert. Nach dem Dorfbrand von 1865 wurde der Dachstuhl der Burg für den Wiederaufbau des Dorfes genutzt. Nach der Jungbürgerfeier, die während vieler Jahre jeweils in der Burg stattgefunden hatte, kehrte mit dem Origen-Festival im Jahr 2006 wieder Leben in die mächtige Burg zurück. Die Theaterinfrastruktur wurde als eigenständiger, komplett rückbaubarer «Bau im Bau» in die denkmalgeschützte Substanz eingefügt und bietet 220 Zuschauern Platz.

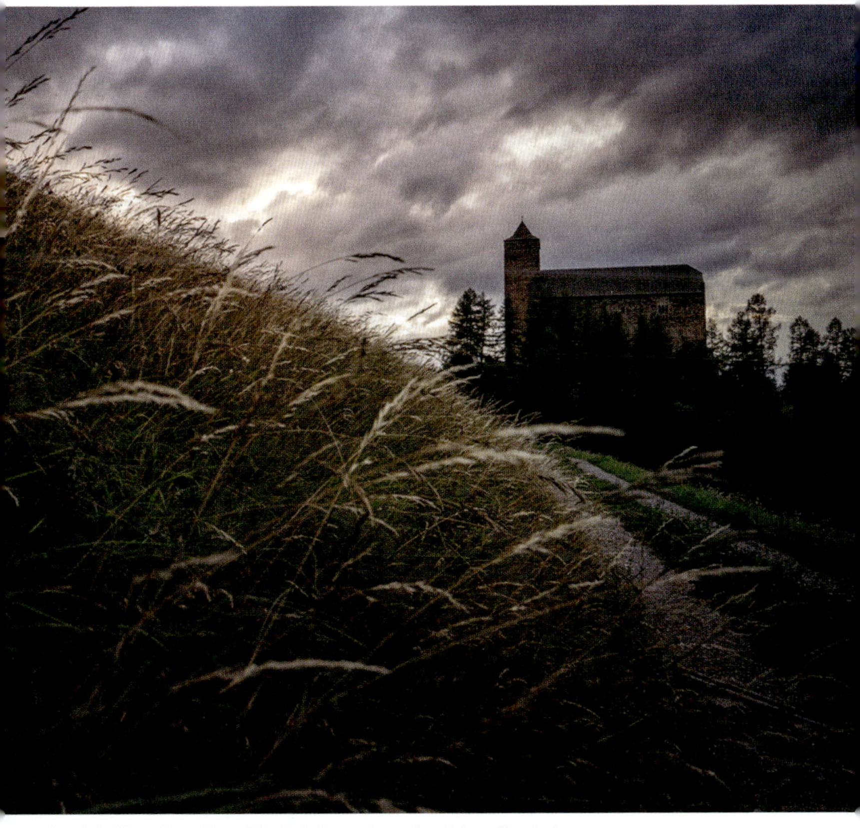

Casti da Riom/Burg Riom (13. Jh.), Stammhaus des Origen Festival Foto: Origen Festival Cultural

Die Via Sett führt nun hinunter zur Julia/Gelgia. Was für ein überraschendes Bild präsentiert sich hier dem Wandernden. Das lebhafte Zentrum Savognin ist nur noch wenige Schritte entfernt, und doch sehen wir nur Wiesen, Wald und dahinter den markanten Dolomitgipfel des Piz Mitgel. Auf einer Höhe von über 3000 m ü. M. fand Wanderleiter Andy Niedermann fossile Dinosaurierspuren. Die gut erhaltenen Spuren weisen eine Länge von bis zu 65 cm auf und sind bis zu 50 cm breit. Das Alter der Spuren wird auf 200 bis 210 Millionen Jahre geschätzt. Eine lebensgrosse Nachbildung dieses Carnivoren steht seit 2012 im Bündner Naturmuseum in Chur.

Nach wenigen Schritten entlang der Julia/Gelgia liegt vor uns der kleine Badesee Lai Barnagn, eine Freizeitanlage mit viel Charme. Im Winter, bei abgelassenem Wasser befindet sich hier der Parkplatz der Bergbahnen.

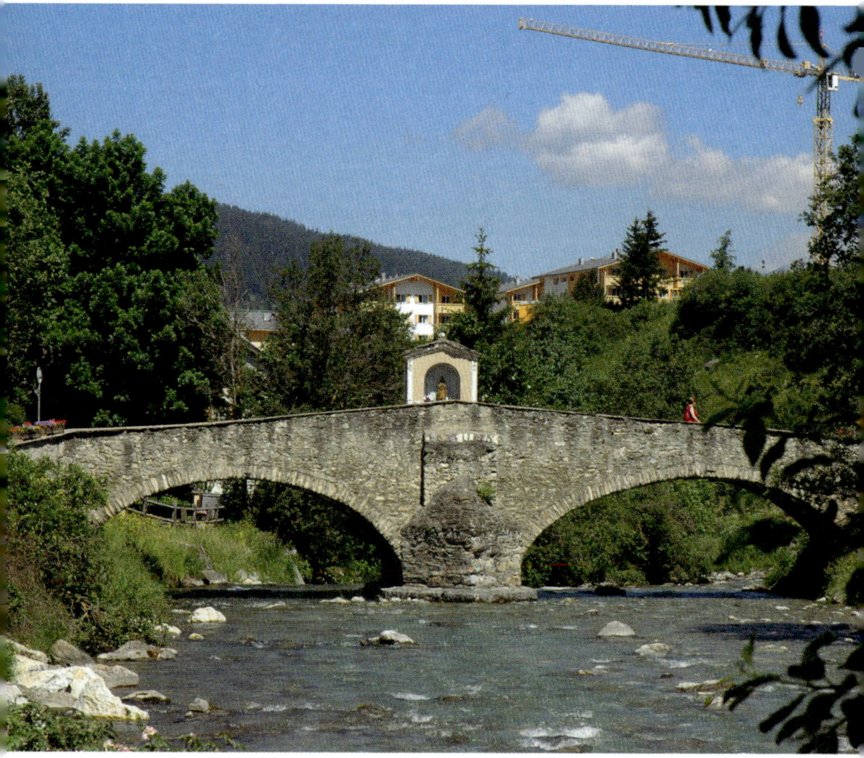

Punt Crap, die historische Steinbrücke (1682) über die Julia/Gelgia in Savognin

Vorbei an den weidenden Kühen nehmen wir die letzten Meter ins Dorf unter die Füsse. Bei der Punt Crap, der zweibogigen Steinbrücke (1682) über die Julia/Gelgia bleiben wir stehen. Eine schönere Annäherung an Savognin (1206 m) gibt es nicht. Ob wir zuerst unser Nachtlager beziehen oder sogleich rechts hinauf zur St.-Martins-Kirche/Son Martegn gehen? Jedenfalls werden wir uns den Besuch einer der schönsten Barockkirchen Graubündens nicht nehmen lassen. Die drei Savogniner Barockkirchen Son Martegn, Nossadonna und Son Mitgel sind Zeugnis des gegenreformatorischen Wirkens der Kapuzinerpater (rätor. «pader caputschign») im Surses, im 17. Jh.

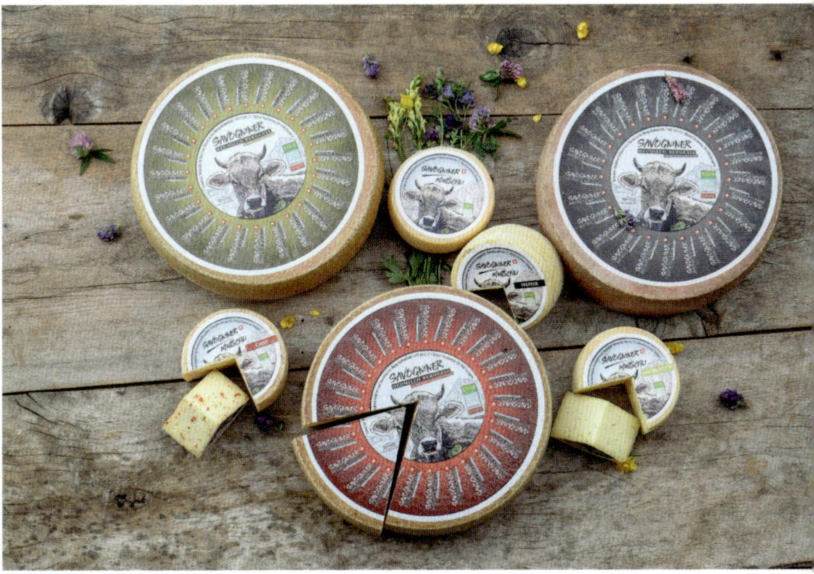

In Savognin wird die lokale Heu-Milch wieder zu Savogniner Bergkäse veredelt, ausgezeichnet mit dem Parc-Ela-Label, erhältlich in der Bergkäserei «Nossa Caschareia» in Savognin

Foto: Lorenz A. Fischer

Pater Alexander Lozza (1880–1953)

Linard Candreia

Marmorera war am Ende des Jahres 1902 ein grosses Primizfest angesagt. Flurins Bruder Constantin durfte künftig als Pater Alexander die Messe lesen. Allzu gern wäre Flurin beim grossen Fest dabei gewesen. Doch er hatte nun wieder eine «feste» Stelle im Café «Coq d'or», das unter neuer Führung war. Doch Flurin kam ein guter Einfall, was das Geschenk zur «Messa novela» (Primizmesse) anbelangte: Fünfzig Orangen aus Paris trafen rechtzeitig in Marmorera ein. So etwas Exotisches hatten noch nicht alle gesehen…

Doch nach anfänglicher Skepsis konnte sich doch der eine oder andere Bauer, die eine oder andere Bäuerin überwinden und die saftigen Orangen vorsichtig probieren. – Ganz anders wars im benachbarten Albulatal zugegangen. Es kursierte die Geschichte der Schwestern Baba und Marieva Candreia, die in einem Hotel im ligurischen Nervi arbeiteten und Bananen nach Stierva geschickt hatten. Doch im abgelegenen Albulataler Bergdorf wusste man nicht so recht, was damit zu tun sei; man vergrub die Bananen schliesslich im Garten und hoffte, dass dann wohl irgendetwas daraus wachsen werde…

Constantin war am 29. Juni 1880 als zwölftes Kind der Lukrezia und des Duri Lozza-Florinetti in Castigl zur Welt gekommen, war somit etwa zehn Jahre jünger als sein Bruder Flurin. Mutter Lukrezia machte sich damals Sorgen aller Art um ihre wachsende Familie und weinte oft. Doch Tante Vilianta meinte allen Ernstes über den Neugeborenen:

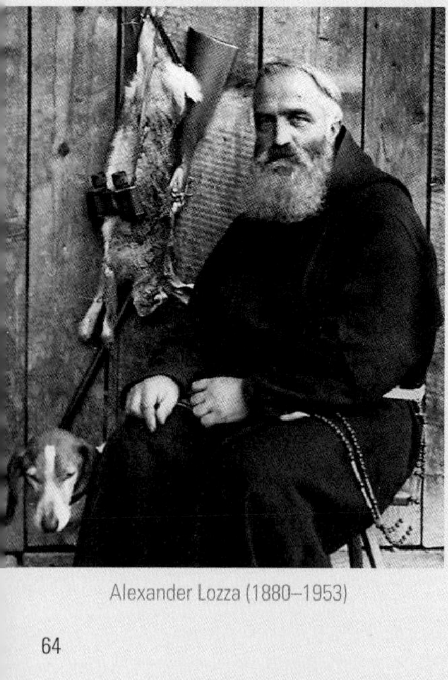

Alexander Lozza (1880–1953)

«Betg crida, quist cò davainta franc in bon spirituel – Weine nicht, der hier wird sicher ein guter Pfarrer.»

Die Gotte vergass auf dem Weg zur Taufe den nicht alltäglichen Namen des Kleinen und bat den Götti um Hilfe. Dieser wusste nur so ungefähr Bescheid:

«Oh Gott, so etwas wie Konstantinopel…»

Was die Gesundheit des Constantin anbelangte, waren die ersten Kommentare jedoch wenig ermutigend. Eine alte Frau

liess während der Taufe sogar verlauten, dass der hagere Säugling noch gleichentags sterben würde:
«Quist cò na vesa betg la duman.»

Er überlebte aber, und mit 14 verliess Constantin in Begleitung eines wohlhabenden Landsmannes Castigl Richtung Süden. Das Ziel: ein Kapuzinerkloster in Genua. Er sollte tatsächlich das werden, was Tante Vilianta vorausgesagt hatte, nämlich Pfarrer (rom. spirituel).

«Cun quitordesch onns am onigl pacheto per l'Italia – Mit 14 Jahren hat man mich für Italien gepackt.»

Was das Heimweh betraf, erging es Constantin in Ligurien nicht besser als seinen ausgewanderten Geschwistern in Frankreich und Spanien. Ein Sonnenuntergang am Meer war halt nicht mit demjenigen in den Bergen zu vergleichen, die schäumend weissen Meereswellen glichen nicht den schneebedeckten Bergen, und der Genueser Dialekt tönte anders als das wohlklingendere Romanisch von Marmorera.

Vieles war anders. Vor allem waren es die Berge, nach denen er sich innigst sehnte, und um doch etwas näher bei seinen Bergen zu sein, hatte Constantin ein winziges Loch in eine Wand seiner lausigen Klosterzelle gebohrt, sodass er in den düsteren Momenten gegen Norden gucken konnte, nach Marmorera, und bis nach Castigl/Marmorera, in den Garten seiner lieben Mutter hinein…

Das Leben im Kapuzinerkloster war hart. Da hiess es gehorchen, ohne zu widersprechen. Kleinste Vergehen wurden bestraft. Wie ein Albtraum und demütigend erschien es Constantin, dass die Schuldigen im schlimmsten Fall mit der Zunge ein Kreuz auf den dreckigen Fussboden lecken mussten.

Die Jahre in der Ferne hinterliessen jedenfalls ihre Spuren und strapazierten die Gesundheit des Berglers stark. Von Zeit zu Zeit war er ganz deprimiert.

Später, da Constantin als Kapuzinerpater in seiner Heimat wirkte, bekam er von seinem Vater den Übernamen «stravagant» (frz. extravagant): Nicht etwa, weil er auch für längere Zeit in Frankreich gewesen wäre, nein, er wurde so genannt und weit herum bekannt, weil er für einen Seelsorger untypische Hobbys hatte.
Da wäre mal seine Fussballbegeisterung zu nennen.

Pater Alexander (wie er jetzt hiess) besass als langjähriger Seelsorger von Salouf/Oberhalbstein und Kustos vom bekannten Pilgerort Ziteil nämlich ein Radiogerät, um Spiele zu verfolgen, musste aber während der Fussballreportagen regelmässig Herztabletten zu sich nehmen, denn er konnte sich bei einem Fehler seiner Lieblingsmannschaft extrem aufregen. Ab und zu lag auch ein Fussballmatch mit den Knaben im Dorf drin, dann war der Vorteil aber nicht selten auf der Seite des Kapuziners, denn dieser konnte in brenzligen Situationen den Ball einfach unter der langen braunen Kutte verstecken und die Kinder damit echt in Verlegenheit bringen.

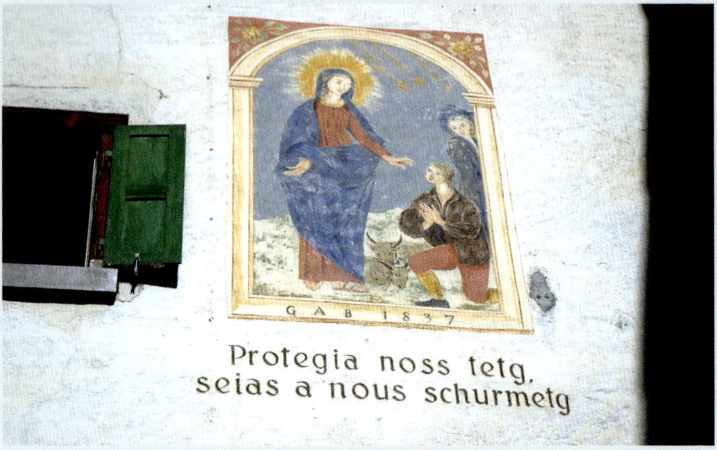

Fresko an einer Hauswand in Salouf mit dem Ziteiler Motiv

Bruder Niclà hatte ihm geraten, auf die Jagd zu gehen. So könne er doch am besten depressive, zermürbende Gedanken vergessen und sich über die Naturschönheiten so richtig freuen.

Pater Alexander wurde aber nicht nur ein gewöhnlicher Jäger, sondern war gelegentlich auch ein Wilderer. Er gab dies, wenn es sein musste, offen zu, sogar von der Kanzel: Wildern sei doch keine Sünde, erwischt zu werden hingegen schon. Seine Schäflein nahmen das ihrem Seelsorger gar nicht übel, denn mehrheitlich herrschte im Land der Drei Bünde sowieso die Meinung, dass das Wild nicht dem Staat gehörte und dieser sich gefälligst nicht in die Jagd einmischen sollte.

Pater Alexander griff wie sein Bruder Flurin aber auch regelmässig zur Feder. Mit Erfolg: Er hat sich nämlich mit seinen Gedichten und Novellen einen Namen gemacht und avancierte zum grossen Förderer der rätoromanischen Sprache und Kultur. Wo und wann entstanden jedoch seine schönsten Gedichte? Klar, auf der Jagd. *(Aus: Linard Candreia, Zurück nach Marmorera. Über das kurze Leben des Auswanderers und Saisonniers Flurin Lozza [1870–1919] und seine Zeit. Desertina Verlag, Chur 2009, 2. Auflage)*

Quellen:

- Las Novelas von P. Alexander Lozza, ediziun da ser Duri Loza, 1961.
- Verschiedene Geschichten von P. Alexander Lozza im Igl Noss Sulom Mittelbündner Periodika.
- Prominenzas en l'anecdota, Gion Deplazes, Ediziuns Desertina, 1987.
- Mündliche Überlieferungen, u. a. von Vincenz Sonder, Romanischlehrer am Bündner Lehrerseminar in Chur.

Fundstellen und Zeugen der Bergbautätigkeit im Surses

Das Surses blickt auf eine über 3000 Jahre alte Bergbaugeschichte zurück. Neben der grossen Bedeutung der Passübergänge Julier und Septimer könnte das Vorhandensein von Kupfer- und Eisenvererzungen die frühe Besiedlung des Surses gefördert haben.

Zeugen des bronzezeitlichen Kupferabbaus (2200–800 v. Chr.) sind Schlackendeponien. Diese weisen auf ehemalige Verhüttungsplätze hin, zum Beispiel auf der Alp Natons. Auf dem Padnal zeugen Giessformen, Schlacken und Erzstücke von der Bronzeverarbeitung. Auf Caschligns oberhalb Cunter wurde eine Giessform aus Bronze für ein Lappenbeil gefunden. Einzelne Fundstellen weisen gar Fragmente von Blasbalgdüsen auf. Beim Bau des Staudamms Castiletto bei Marmorera wurden Schlackendeponien, mit Steinen ausgekleidete Gruben und Ofenkeramik freigelegt, die auf eine Eisenverhüttung hinweisen.

Die Eisen- und Kupfervererzungen sind grösstenteils an Grüngesteine (Ophiolithe) gebunden. Deshalb liegen die meisten Vererzungen in den Serpentiniten der Plattadecke. Dazu gehört auch die Vererzungszone Gruba. Die Manganlagerstätten Parsettens und Falottas dagegen sind an Radiolarite gebunden. Mangan

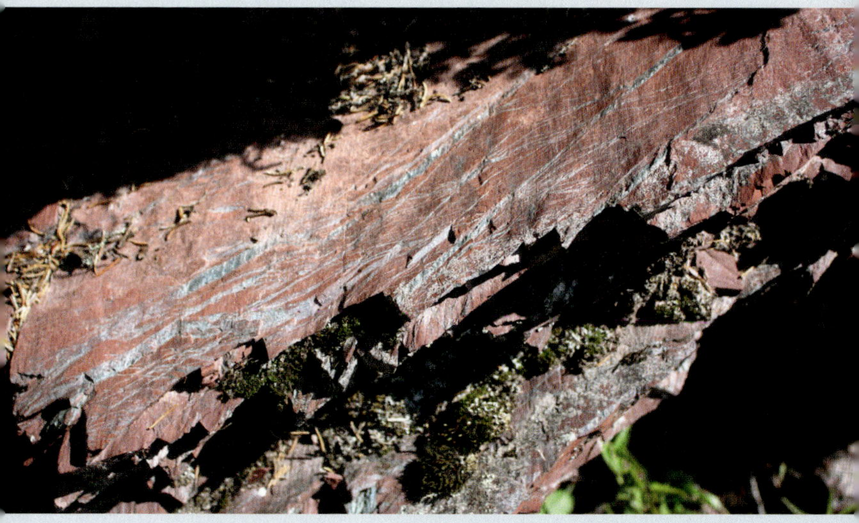

Radiolarit. Das Kieselsäure-Skelett der Strahlentierchen (Radiolarien) bildet das Ausgangsmaterial dieses Gesteins

wurde im Surses erst im 19. und 20. Jahrhundert in grösseren Mengen abgebaut. Es diente als Zusatzstoff bei der Stahlherstellung.

Das Eisenwerk am Stein

Das Eisenwerk am Stein, ist ein Zeugnis des Bergbaus aus dem frühen 19. Jahrhundert. Ein Talweg führte damals der Julia/Gelgia entlang von Tiefencastel nach Flex/Flecs (1127 m), Salouf. Hier kaufte Martin Versell im Jahr 1828 von der Gemeinde ein Waldstück mit dem Recht, das Holz zu schlagen und das Wasser des Balandegn-Bachcs zu nutzen. In einer wirtschaftlich schwierigen Zeit wurde er verpflichtet, einheimische Arbeitskräfte einzustellen. Das einstige Eisenschmelzwerk verfügte über ein Wohnhaus, einen Stall, ein Kohlemagazin, einen Hoch- oder Flossofen, eine obere und eine untere Hammerschmiede mit Frischofen sowie Stützmauern und Wasserkanäle.

Als das Eisenwerk am Stein in den Jahren 1979–1984 gesichert wurde, kamen mehrere Eisenbarren zum Vorschein. Einer davon wiegt über 60 Kilo und weist mit seinem hohen Anteil an Schwefel auf die Abbaustätte Gruba hin. Mit dessen Betreiber, Bauer & Co., arbeitete Martin Versell eng zusammen. Das Eisenwerk am Stein ging bereits 1848 in Konkurs. Der Import von kostengünstigem Eisen machte den Erzabbau unrentabel. Das Eisenwerk am Stein erlebte als Schmiede nochmals eine kurze Blütezeit in den Jahren 1866–1909. Danach wurde das Werk aufgegeben.

Die Erzgruben der Tinzener Ochsenalp/Avagna

Die Familie derer von Marmels, die in ihrer Felsenburg über dem heutigen Staudamm Castiletto bei Marmorera residierte, besass Bergrechte im ganzen Tal. Aus einer schriftlichen Vereinbarung aufgrund einer Streitigkeit aus dem Jahr 1338 geht hervor, dass sie am Isenberg der ze Tinzen, genannt Emede, Bergbau betrieben. Dank der weiteren Beschreibung konnte das Abbaugebiet identifiziert werden. Am südlichen Ende des Alpgebietes Demat, auf 2470 m ü. M., liegt Avagna bzw. die Tinzener Ochsenalp mit den Erzgruben, den verfallenen Stollen, den Überresten einer Knappenhütte sowie einer grossen Ausbruchhalde.

Der Abbau von Manganerz bei Parsettens

In den Gruben von Parsettens, in der hinteren Val d'Err, wurde mit Unterbrüchen Manganerz abgebaut. Dabei wurde das Manganerz anfangs zur Herstellung von mineralischen Farbstoffen verwendet. Erst Mitte des 19. Jahrhunderts wurde daraus Eisen gewonnen. Die Grube wurde aber bald stillgelegt und erst während der beiden Weltkriege wieder in Betrieb genommen. Damals transportierte man das Erz mühsam mit Ochsen und Pferden nach Tinizong und weiter nach Tiefencastel zum Bahnverlad auf die Rhätische Bahn, welche die Fracht nach Landquart brachte. Hier wurde es auf die Normalspurbahn (SBB) umgeladen. Die Verhüttung erfolgte während des Zweiten Weltkrieges in Gerlafingen im Kanton Solothurn und in Wimmis im Kanton Bern.

Falotta

Falotta (2455 m) ist die bedeutendste Manganlagerstätte im Surses. Hier wurden in den Sommermonaten 1944 und 1945 1767 Tonnen Manganerz abgebaut. Der Transport erfolgte mittels Seilbahn von der Grube Falotta hinunter auf die Alp digl Plaz und von hier mit einer zweiten Seilbahn nach Rona, von wo das Manganerz mit Lastwagen weiterverfrachtet wurde. Nach dem Zweiten Weltkrieg endete die Zeit des Erzabbaus. Neuere Messungen ergaben aber, dass noch rund 70 000 Tonnen Erz mit einem Mangangehalt von rund 30 Prozent anstehen. Die hohen Abbaukosten machen einen weiteren Abbau zurzeit jedoch unrentabel.

Gruba

Gut erkennbar sind die niedrigen Stolleneingänge und die darunterliegenden Ausbruchhalden beim Erzabbaugebiet Gruba. Nachdem sich das Churer Unternehmen Bauer & Co. von der Gemeinde Sur die Nutzungsrechte beschafft hatte, baute es hier zwischen 1827 und 1847 Eisen-Kupfererz ab. Der stunden- und tagelange Ge-

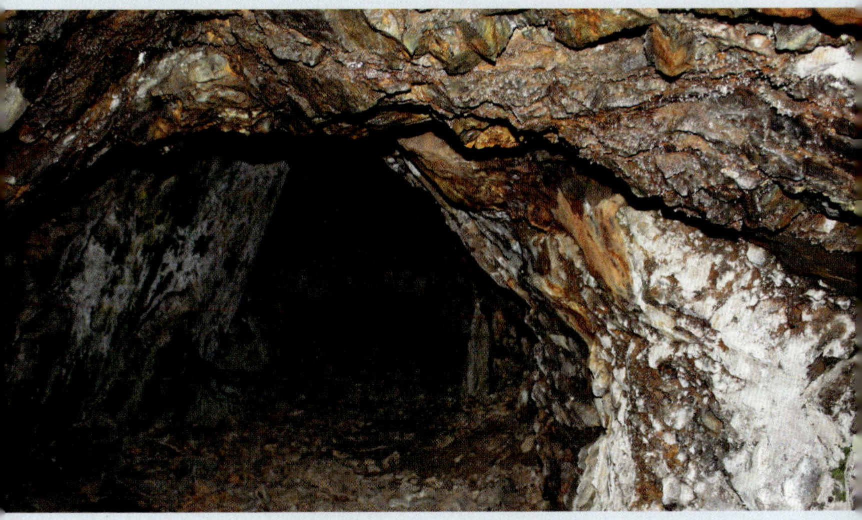

Stolleneingang beim ehemaligen Erzabbaugebiet Gruba , im Abstieg von der Alp Flix Richtung Marmorera

steinsabbau von Hand zehrte an den Kräften. Neben der Ausbruchhalde entdecken wir die Grundmauern der ehemaligen Pochhütte. Hier wurden die erzhaltigen Steine (Roherz) vor dem Abtransport zertrümmert und vom tauben Gestein getrennt. Der Abtransport erfolgte auf Schlitten den steilen Weg hinunter nach Furnatsch. Die Gruba fasziniert: Die grosse Ausbruchhalde schimmert rötlich-braun. An den Rändern suchen Lärchen und Arven nach Halt, zwischen dem Ausbruchmaterial wächst Bärlapp. Seit der Archäologische Dienst Graubünden und die Universität Zürich hier Grabungsarbeiten durchführen, ist wieder Betrieb eingekehrt. Zu den neuen Funden zählt u. a. ein Verhüttungsofen bei Gruba und ein Röstbett bei der Alp Natons. Hammerschläge und Rufe sind längst verklungen.

Literatur:

- Brun 1999
- www.bergbau-gr.ch
- bergbauprojekt.blogspot.com

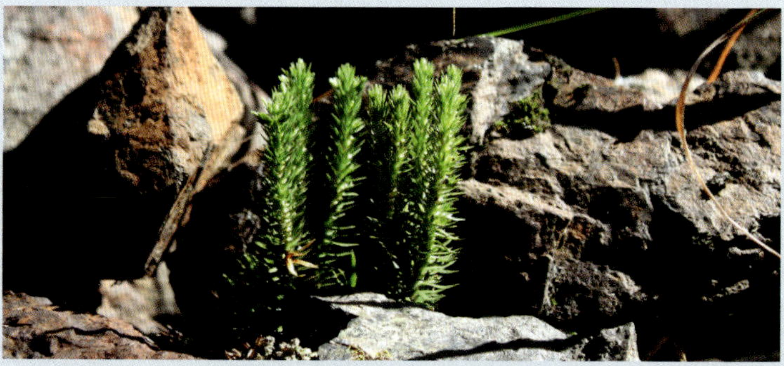

Bärlapp ist auf dem sauren Boden der Abraumhalde heimisch

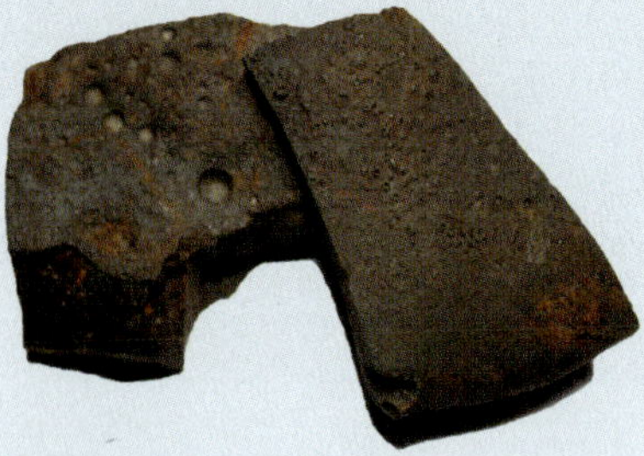

Prähistorische Schlackenstücke, Fundstelle Alp Natons

Urbanus Fidelis, viereinhalbjährig, Schwabengänger

In Graubünden liegen erste Dokumente über die Schwabengängerei gegen Ende des 18. Jahrhunderts vor. Während vieler Jahrzehnte gehörte diese saisonale Auswanderung – grösstenteils aus den katholischen Gegenden – zum Los der Kinder aus armen Familien. Diese besonders eindrückliche und oft auch traurige Tradition, Kinder über den Sommer ins Schwabenland zu schicken, fand erst nach dem Ersten Weltkrieg ein Ende. Aus der Zeit vor 1700 sind andere Formen der saisonalen Auswanderung bekannt, z. B. die temporäre Emigration von Mägden und Knechten. Attraktiver für junge Männer waren die nicht saisonalen fremden Solddienste. Auch als Zuckerbäcker suchten viele Bündner dauerhaft ein Auskommen, oft waren auch Kinder dabei. Was bei der Schwabengängerei aber überrascht, ist die Tatsache, dass bereits kleine Kinder Arbeitsstellen in der Fremde annehmen mussten.

Die Kinder zogen zumeist Mitte März aus den Bergregionen an die Kindermärkte am Bodensee, wo sie sich zur Arbeit auf Grossbauernhöfen verdingten. Viel Leid war damit verbunden, denn meistens zogen die Kinder unfreiwillig in ein ihnen unbekanntes, auch sprachlich fremdes Gebiet. Sie wurden von ihren Familien aus

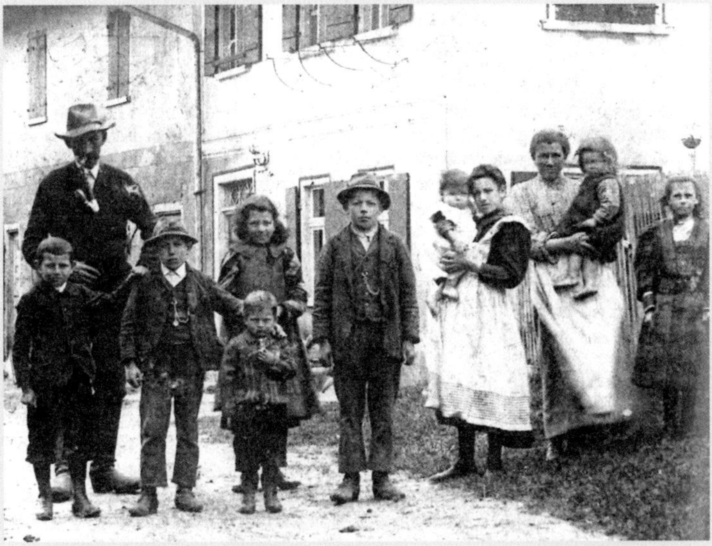

Schwabenkinder aus Domat/Ems, erkennbar an den breitrandigen Hüten (1907/08)

purer Not weggeschickt. Das Bevölkerungswachstum und die erbliche Aufteilung der bäuerlichen Betriebe (Realteilung) führten zu vermehrter Armut.

Neben der harten Arbeit kam das Fremdsein der Romanisch sprechenden Kinder dazu, und oft herrschten raue Sitten unter Knechten und Mägden. Manch ein Kind musste Gewalt und Missbrauch erfahren. In Graubünden war man mit der Schwabengängerei überfordert, obschon man sie als beschämend empfand. Die ersten Bemühungen zur Eindämmung der saisonalen Auswanderung von Kindern bestanden im Beharren auf der Schulpflicht unter Androhung von Geldstrafen.

Neben der Ostschweiz waren insbesondere Tirol (A) und Vorarlberg (A) von der Schwabengängerei betroffen, wo sie eine Nebenerscheinung der Landarbeiter-Wanderung von Erwachsenen war. Die Kinder aus Graubünden legten die rund 200 Kilometer in Gruppen, begleitet von einem Führer oder einer Führerin, grösstenteils zu Fuss zurück. Sie waren ungenügend gekleidet und auf Almosen angewiesen. Aus der Zeit in der Fremde sind allen das Heimweh und die kalten, schmerzenden Füsse in Erinnerung geblieben. Die Schuhe mussten bei Antritt der Stelle abgegeben werden. Meistens erst um Martini (11.11.) reisten die Kinder in zweifach neuen Kleidern und Schuhen, dem sogenannten «Doppelt Häs» nach Hause. Lohn gab es nur selten.

Eine «Kindheit» im heutigen Sinne kannte die damalige Zeit nicht. Kinder waren kleine Erwachsene und somit wichtige Arbeitskräfte. Der Gedanke wiegt schwer, dass die Schwabenkinder in der Fremde auf sich allein gestellt waren. Wir denken insbesondere an Urbanus Fidelis Battaglia (*12.10.1840), der bereits mit viereinhalb Jahren, am 5. März 1845, in Schwarzenbach, Gemeinde Neuravensburg, seine erste Stelle antrat (www.schwabenkinder.eu). Zehn Jungen und drei Mädchen aus Salouf teilten sein Schicksal zwischen 1843 und 1914. Es gab damals weder eine Sozialfürsorge noch gesetzliche Bestimmungen zum Schutz von Kindern und ihrem Wohlergehen.

Literatur:

- Lampert 2010, Leuenberger u. Seglias 2008, Seglias 2004, Bühler 1975
- Hessenberger, Abschied von den Bergen. Der Weg der Schwabenkinder. Heimatschutzverein Montafon 2017
- Bereuter, Schwabenkinder-Wege Schweiz und Lichtenstein. Rother 2014
- Mai, Das verkaufte Glück. Der lange Weg der Schwabenkinder. Ravensburger 2013

Surmeir unter dem Einfluss der Kapuzinerpater

Romano Plaz

Im Sumeir sind Kirchen und Kapellen kaum zu übersehen. Sie bilden die Wahrzeichen der einzelnen Gemeinden und sind Zeugen kultureller Verwurzelung der Bevölkerung. Besonders im 17. Jh. verzeichnen wir eine rege Bautätigkeit. So konnte der Churer Bischof Johann Flugi an einem einzigen Tag im Umkreis von drei Stunden sechs Kirchen neu einweihen. Bischof Johann VI Flugi v. Aspermont (1636–1661), Vertreter der Gegenreformation, war der erste Churer Bischof im Geiste des Konzils von Trient.

In Savognin wurden innert 37 Jahren drei Kirchen neu- oder umgebaut. Warum diese Bautätigkeit? Es war die Zeit nach der Reformation, das Surmeir stand unter dem Einfluss des Bischofs von Chur, und dieser wollte um jeden Preis der Reformation entgegenwirken. So bat er Carlo Borromeo, Erzbischof von Mailand, um Unterstützung. Dieser sandte die Kapuzinerpater ins Land, vorwiegend aus den Provinzen von Bergamo und Mailand, mit dem Auftrag, die hiesige Bevölkerung zu vermehrter Religiosität zu bewegen. Die Kapuziner Pater nutzten die Gelegenheit, die bestehenden Sakralbauten zu erweitern oder neu zu erstellen. Bei verschiedenen Kirchen können wir noch gut die Zeitepochen verfolgen, so z. B. bei der Kirche St. Georg in Salouf, einer gotischen Kirche mit einem romanischen Turm und barocken Stilelementen. Vorwiegend hat sich aber der Barockbau durchgesetzt. Barocke Bauten fallen vor allem durch ihre dekorative Architektonik an der Hauptfassade und am Turm auf. Entsprechend ist meist auch die Innendekoration mit Altar und Raumgestaltung. Bedeutendster Barockbau in Graubünden ist die St. Martins-Kirche in Savognin. Auf über 100 Quadratmetern hat Carlo Nuvolone aus Mailand, Panfilo genannt, unter der Kuppel das Deckengemälde «La Gloria del Paradiso» erstellt. Der Bau des Kapellenwegs in Savognin und die steinerne Juliabrücke Punt crap wurden durch die Kapuziner veranlasst.

Die Kapuziner beeinflussten das kirchliche, das kulturelle, aber auch das Alltagsleben im Tal. Heute noch gelebte kirchliche Bräuche stammen mehrheitlich aus der Zeit der Kapuziner. Während die Reformierten die Kirchenbücher in die jeweilige Volkssprache übersetzten, hatten die Kapuzinermönche den Katechismus aus dem Italienischen ins rätoromanische Surmiran übersetzt. Gleichzeitig besorgten sie auch den Schulunterricht, der hauptsächlich aus Lesen des Katechismus, Singen und Rechnen bestand. Das Surmeir, d. h. die Region Surses, Albulatal und Obervaz, wurde während rund 300 Jahren durch die Kapuzinerpater geprägt.

Peder Cadotsch (1922–2002)

Flours sper veia
Vei tantas flours dasper la veia
tg'am regaleschan en surreir.
Mies mang carsigna las pi belas,
el less gugent en pêr culeir.

Ma las flourignas permavangas
èn mengias giovnas per mureir.
Ed i'reteir igl mang tandia,
per betg tgi stoptgan gio pireir.

Blumen am Wegrand
Er sieht so viele Blumen am Wegrand,
die ihn erfreuen und die er gerne pflücken würde.
Aber er verzichtet,
denn die jungen Frühlingsblumen dürfen nicht schon sterben.

Peder Cadotsch von Savognin war einer der bedeutendsten Dichter in Surmeir (Mittelbünden).

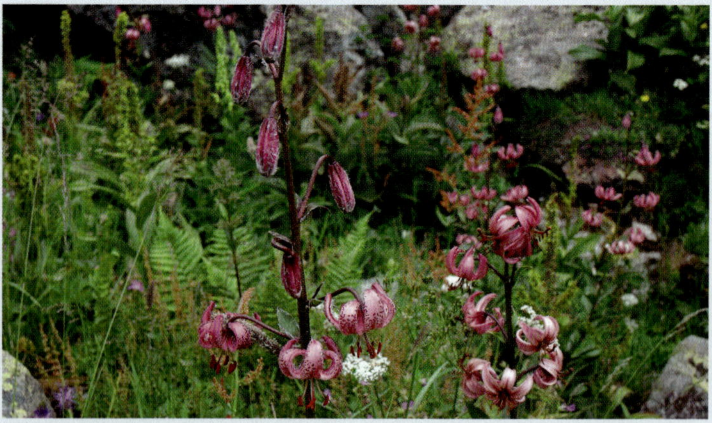

Türkenbund am Wegrand auf der Via Sett

Arvenbestand südlich der Alp Natons

Savognin – Alp digl Plaz – Alp Flix – Alp Natons – Bivio

4

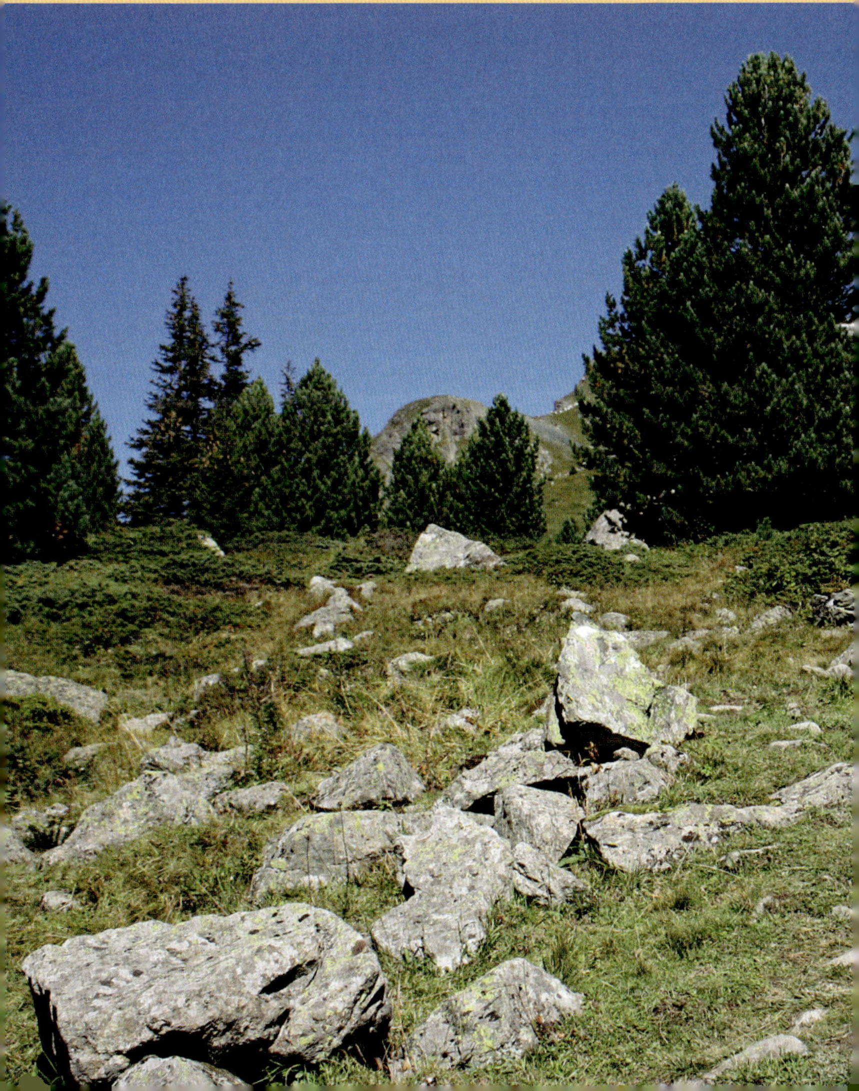

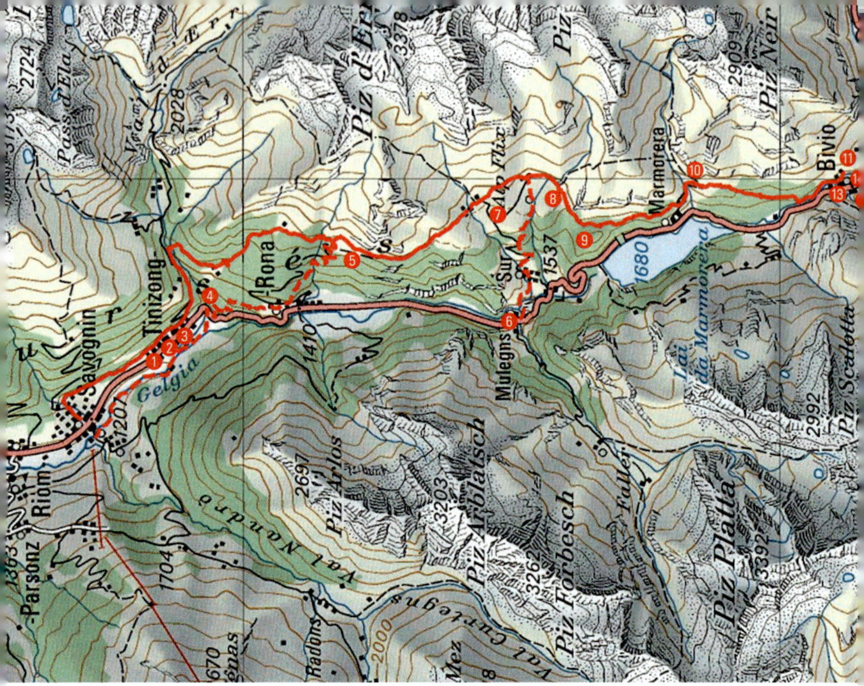

Savognin – Alp digl Plaz – Alp Flix – Alp Natons – Bivio

Tourencharakter

Bergwanderung auf der Alpstufe durch schöne Gebirgswälder und intakte Moorlandschaften.
Technik/Kondition: mittel (Bergwanderwege)/schwer

Aufstieg: 1400 m Abstieg: 860 m
Distanz: 21 km Zeit: 7 h 15

Abseits der Via Sett

- Savognin – Tinizong – Ruegna – Alp digl Plaz (2,5 h): Teil der historischen Septimerroute, erbaut 1387 durch den Bergeller Jacobus Castelmur
- Alp Flix – Sur – Mulegns* (1,15 h): *Posthotel Löwe, ehem. Pferdewechselstation

Sehenswertes

Tinizong:

1. Barockkirche St. Blasius (Neubau 1643–1663), Vorgängerbau karolingische Saalkirche (9. Jh.), Umbau im 14. Jh.
2. Ehemaliges Pfarrhaus, erbaut 1648 als Kapuzinerhospiz
3. Gemeindehaus, Architekt Pablo Horvàth (2000)
4. Vorindustrielle Gewerbeanlage Mulegn am Ragn d'Err

Alp digl Plaz:	❺ Galtvieh-Alp, ehem. Umschlagplatz der Erzgewinnung
Mulegns:	❻ Posthotel Löwe (2. Hälfte 19. Jh.), Original-Bausubstanz Eingang ins Val Faller mit Tga (1922 m), Naturwaldreservat
Alp Flix:	❼ Ursprüngliche Walsersiedlung auf rund 2000 m ü. M. Einzigartige Moorlandschaft, Forschungsplatz Biodiversität
	❽ Kapelle San Roc, 14. Jh., Mitte 17. Jh. neu erbaut
	❾ Erzabbaugebiet Gruba
Alp Natons:	❿ Schöner Arvenbestand, bronzezeitliches Bergbaugebiet
Bivio:	⓫ Ehemalige Sust, heute Garage des Kantons Graubünden
	⓬ Kath. Kirche St. Gallus, erwähnt 1219, neu geweiht 1518, spätgotischer Flügelaltar von Ivo Striegel, Memmingen
	⓭ Reformierte Kirche 1660–1670
	⓮ Hotel Post, nach Brand 1878 aufgebaut von Giacomo Lanz, Inschrift im Hotel von Rodolfo Fasciati (1781)

Verpflegung, Unterkunft

Alp Flix:	– Cotti Agricultura, +41 (0)81 637 12 16, www.agrotour.ch
	– Berghaus Piz Platta, +41 (0)81 659 19 29, www.flix.ch
Bivio:	– Hotel Solaria, +41 (0)81 684 51 07, www.hotelsolariabivio.ch
	– Hotel Post, +41 (0)81 659 10 00, www.hotelpost-bivio.ch
	– Hotel Grischuna, +41 (0)81 659 12 12, www.grischuna-bivio.ch
	– Biohof Salis, +41 (0)81 684 55 70, www.biohofsalis.ch

Tipps und Infos

- Bus Alpin Sur–Alp Flix, Res., +41 (0)79 408 08 08, www.busalpin.ch
- Forschung Biodiversität Alp Flix, www.schatzinselalpflix.ch
- Geführte Wanderungen, Victoria Spinas, +41 (0)81 684 16 95, www.alp-flix.ch
- Forscherparcours Alp Flix für Kinder (7–12 J.), www.parc-ela.ch
- Alles über die Walser: Walservereinigung Graubünden, www.walserverein-gr.ch
- Flixer Schafkäse, Arnika-Salbe und mehr, Claudia Cotti, +41 (0)81 684 53 04, www.berghandwerk.ch
- Exploratour, geologische Bergwanderung, www.parc-ela.ch
- Pferdetrekking, Genny Torriani, +41 (0)81 684 51 07, www.hotelsolariabivio.ch
- Felsenfest, Markt in Bivio (jährlich), www.parc-ela.ch

Artenvielfalt auf Alpstufe, abseits der historischen Route

Etappe 4: Savognin – Alp Flix – Alp Natons – Bivio

Bei der Postautohaltestelle Savognin Posta (1206 m) blicken wir nochmals nach Norden. Schnurgerade legte La Nicca die Strasse mitten durchs Dorf. Zahlreiche Häuser mussten weichen. Die obere und untere Strasse, auf denen sich einst das geschäftige Leben abspielte, verloren ihre Bedeutung. Richard La Nicca, geboren 1794 in Safien-Neukirch, wurde zum prägenden Gestalter der Verkehrswege in Graubünden in der ersten Hälfte des 19. Jahrhunderts. Als Kantonsingenieur baute er im Auftrag der Bündner Regierung zwischen 1820 und 1840 die Strasse von Chur über den Julierpass. Die befahrbare Strasse wurde zur Lebensader für das Surses. Dass dabei der Dorfkern von Savognin mit dem zunehmenden Verkehr seine dörfliche Einheit verlieren würde, ahnte beim Strassenbau noch niemand. Es sollten nochmals knapp hundert Jahre verstreichen, bis das erste Automobil durch Savognin fuhr. Heute ist der Transitverkehr eine grosse Belastung für das Dorf.

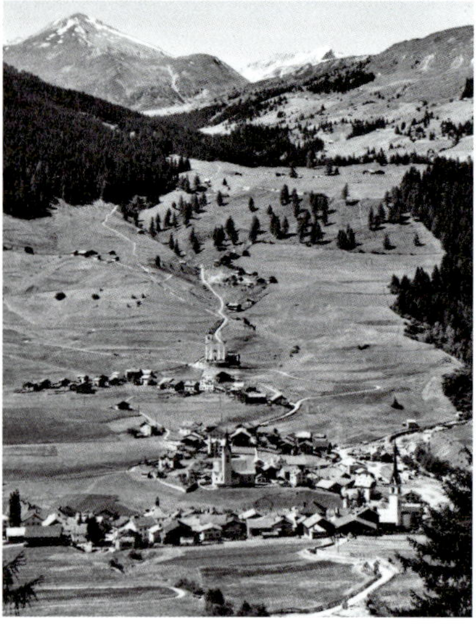

Savognin um 1950 mit den gut erkennbaren, kleinräumigen Ackerterrassen

Wir folgen der Strasse ein kurzes Stück nordwärts. Rechterhand liegt, zurückversetzt, das Haus Peterelli, in dem der Künstler Giovanni Segantini von 1886 bis 1894 mit seiner Familie lebte (s. S. 102).

Vor der Kirche Son Mitgel weist uns die Nummer 64 der Via Sett bergwärts. Wir steigen die Treppe hoch und folgen dem Kreuzweg, erstellt im 17. Jh. durch die Kapuziner, bis zur Abzweigung. Geschlossene Fensterläden da und dort. Der Aufstieg zum Tourismusort begann in Savognin um 1960. Der Bau von Hotels, Ferienwohnungen und Seilbahnen hat das Ortsbild tiefgreifend verändert.

Und obwohl nur noch gut die Hälfte der Einwohner das Surmiran spricht, überwiegt das Rätoromanisch des Surses in der Öffentlichkeit. Ob in der Bäckerei, auf der Strasse oder auf dem Pausenplatz, man wird mit einem herzlichen *bundé* begrüsst. Romanisch wird an der Primarschule unterrichtet. Die zahlreichen Männerchöre im Surses pflegen das romanische Liedergut, die Lia Rumantscha führt eine Geschäftsstelle in Savognin und das Radio Rumantsch eine Regionalredaktion. Das Surmiran ist Amts- und Alltagssprache der Gemeinde Surses.

Am Fusse des Piz Mitgel erstreckt sich das Naturwaldreservat La Niva. Der Wald stockt auf Bergsturzmaterial. Die letzte flächendeckende Nutzung des Waldes geschah vor über 50 Jahren. Heute weist dieser schöne Bergföhrenwald eine vielfältige Struktur auf. Wir wandern den Hangfuss entlang und zweigen beim Wegweiser *Savognin Soras* (1280 m) nach Süden ab in Richtung Alp Flix und Bivio. Unmittelbar oberhalb der letzten Ferienhäuser öffnet sich ein schöner Blick auf Savognin und den Piz Curvér mit der Wallfahrtskirche Ziteil sowie dem vorgelagerten Dolomitgipfel Piz Toissa.

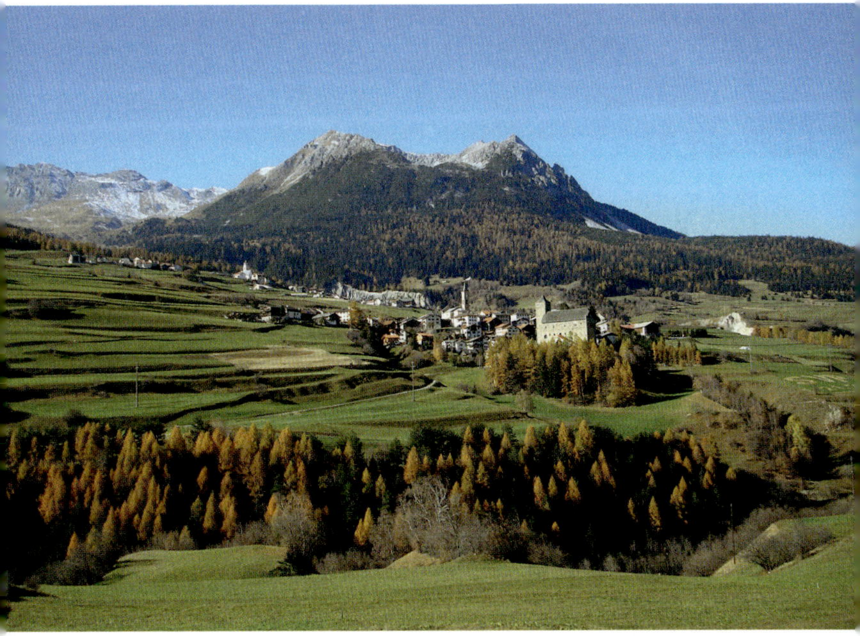

Blick auf Riom mit den charakteristischen Ackerterrassen, im Vordergrund die Casti da Riom/ Burg Rätia Ampla

Die Ferienhäuser bei *igls Lareschs* waren aber nicht die letzten, sondern die ersten, die den touristischen Aufschwung nach Savognin bringen sollten. 1959 publizierte die damalige Gemeinde Savognin in der NZZ ein Inserat zum Verkauf von Bauland. Das Inserat verhallte vorerst erfolglos. Zum Preis von unter einem Franken pro Quadratmeter konnte trotzdem kurz darauf die erste Feriensiedlung gebaut werden. Es war der Beginn einer intensiven Zweitwohnungs-Bautätigkeit. Zweitwohnungen sind für die Bergkantone eine bedeutende Wertschöpfungsquelle. Sie bringen aber auch massive Nebeneffekte mit sich wie einen übermässigen Landschaftsverbrauch, hohe Infrastrukturkosten, eine nur geringe Auslastung über das Jahr, die Umnutzung von Hotelbetten sowie den Verlust an erschwinglichem Wohnraum für die einheimische Bevölkerung. Über Jahre hinweg suchten Kantone und Gemeinden mehr oder weniger intensiv nach Möglichkeiten, den Bau einzugrenzen und das vorhandene Potenzial besser in Wert zu setzen. Der Kanton Graubünden erliess einen Richtplan samt Massnahmenpaket, und mit der Annahme der Zweitwohnungsinitiative hat sich das Schweizervolk im Jahr 2012 für eine Beschränkung des Zweitwohnungsbaus ausgesprochen. Neue Wege der Zusammenarbeit und eine bessere Inwertsetzung der vorhandenen Kapazitäten stellen heute eine grosse Herausforderung an die alpinen Tourismusregionen dar, insbesondere auch für Savognin, das einen Zweitwohnungsanteil von 74 Prozent aufweist.

Auf einem Höhenweg ziehen wir weiter und erblicken zwischen den Bäumen hindurch alsbald die bedeutendste bronzezeitliche Siedlung des Surses, den Padnal, auf Mot la Crest (S. 124). Der prähistorische Siedlungsraum liegt auf einem Moränenhügel neben der Julia/Gelgia und wird im Osten durch die Julierstrasse begrenzt. Die bronzezeitlichen Bauern lebten vom Ackerbau und von der Viehzucht.

Nördlich des Padnal erkennen wir die bis um 1960 getrennten Dorfteile von Savognin. Es sind dies Son Mitgel und Naloz östlich der Julia/Gelgia sowie Sot Curt, Sur Curt und Sur Tocf westlich der Julia/Gelgia.

Am südlichen Ende von Savognin steht der Minergie-Bau der Uffer AG. Das Unternehmen ist im Bereich Holzbau, Ökologie und Energieeffizienz tätig. Der Neubau beherbergt unter seinem 1200-m^2-Fotovoltaik-Dach auch das *Kompetenzzentrum Bauen und Energie*. Mit einer klaren Strategie hat Enrico Uffer den Traditionsbetrieb Uffer Holz AG neu ausgerichtet. Und hier wird weiter geforscht und vernetzt für, z. B. im Verein «ela energiewelt» im Bereich nachhaltige Energieversorgung.

Der Wanderweg führt nun durch die steile Weide im Gebiet Tuleidas, oberhalb von Tinizong (1232 m). Diese wertvolle Trockenweide wird seit ein paar Jahren ausgelichtet und wieder beweidet, denn hier gefällt es einer reichen Insektenfauna wie beispielsweise dem Schmetterlingshaft oder der Rotflügligen Ödlandschrecke. Im Juni und Juli blühen hier Graslilien und die Insektenorchis. Aber die Arbeit im steilen Gelände ist aufwendig.

Die Barockkirche St. Blasius überragt das Strassendorf. *Tinnetione* wurde bereits im Itinerarium Antonini, einem im dritten Jahrhundert erstellten Strassenverzeichnis, als Station der römischen Septimer-/Julierroute erwähnt. Nach dem Ausbau der Septimerstrasse durch den Bergeller Jacobus Castelmur (1387) war Tinizong nicht nur Sust (Umladeplatz), sondern auch Porte der Portengesellschaft an der Oberen Strasse. Hier wurde die Handelsware von den Wagen auf die Saumtiere geladen.

Zwischen Rona und Tinizong überwindet die Julia eine 200 Meter hohe Steilstufe, die auf einen prähistorischen Felssturz zurückgeht. Diese Steilstufe mit dem ausgedehnten Wald bildet eine natürliche Grenze im Tal. Der obere Teil wird *surgôt* (ob dem Wald) und der untere Teil *sotgôt* (unter dem Wald) genannt. Im Rona-Wald «Got da Rona» kann noch heute auf der Castelmurschen Strasse gewandert werden, denn der historische Talweg führte von Tinizong auf der rechten Talseite über Mulegn und die frühe Siedlung Ruegna (1460 m) und überquerte beim Dorfteil Rieven die Julia/Gelgia. Die Ebene von Rona ist das Werk des Sees, der sich einst oberhalb des Felssturzes staute.

Unser Weg führt weiter durch den Schutzwald oberhalb Tinizong, der schon früh als Bannwald rigorose Nutzungseinschränkungen erfuhr. Der Anbruch von Lawinen wird durch den Schutzwald im Anrissgebiet verhindert. Stein- und Eisschläge kann der Schutzwald meistens, aber nicht immer, aufhalten. So stürzte im November 2012 zwischen Rona und Mulegns ein rund 80 Kubikmeter (rund 200 t) grosser Felsblock auf die Julierstrasse. Trotz der intensiven Schutzwaldpflege können Felsabbrüche dieser Grössenordnung den Schutzwald durchbrechen und Infrastruktur-

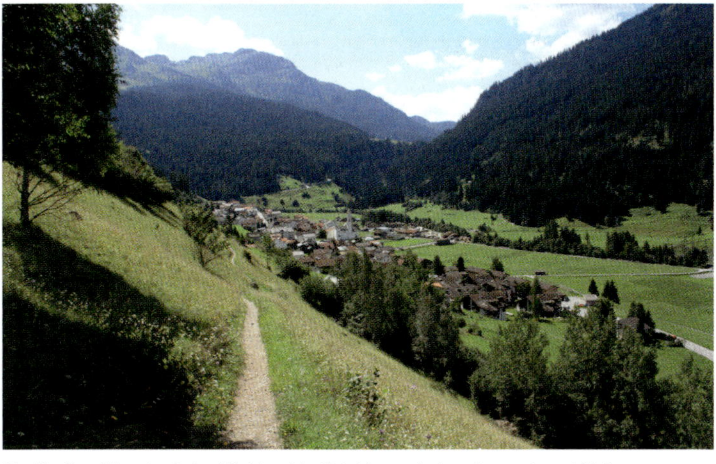

Die Via Sett führt durch das Weidegebiet Tuleidas, zwischen Savognin und Tinizong

bauten beschädigen. Die Pflege von Jungwald im meist steilen Gelände ist zeitraubend und gefährlich. Ohne geeignete Schutzmassnahmen der Jungpflanzen kann das Wild das Aufkommen von Jungbäumen verhindern.

Im Wald entdecken wir Spuren einer alten Wegpflästerung und Mauerreste des alten Weges hinauf nach Pensa und auf die Alp d'Err. Wir überqueren die Fahrstrasse in die Val d'Err und steigen auf dem Wanderweg durch den Schutzwald bergan, bis wir beim Punkt 1429 m auf die Fahrstrasse wechseln. Bei der Abzweigung Proschen Davains (1525 m) verlassen wir die Fahrstrasse und ziehen Höhe haltend vorbei am Bildstock und zur Brücke über den Ragn d'Err.

Der Weg führt nun oberhalb des Rutschgebietes Val Mulegna zum Maiensäss Plaz Beischen (1548 m). Lichtungen erlauben einen Blick nordwärts zum Maiensäss Proschen Dafora auf einer Geländestufe. In nordöstlicher Richtung erkennen wir bereits die Dolomitgipfel des Piz Mitgel (3158 m) und des Tinzenhorn (3173 m) mit dem vorgelagerten, runden und grasgrünen Pizza Grossa, dessen Gipfel aus Bündnerschiefer aufgebaut ist. Unterhalb liegen die einst ganzjährig bewohnten Siedlungen Demat (1844 m), Pensa (1673 m) und Castelas (1810 m). Diese ehemaligen Dauersiedlungen gehen vermutlich auf den örtlichen Bergbau im Mittelalter zurück. Bezeugt sind Abgaben, die Leute aus der Val d'Err an das Hospiz auf dem Septimer leisten mussten.

Bei Plaz Beischen (1548 m) führt der Wanderweg steil hinauf durch den Fichtenwald. Die Fahrstrasse vermeiden wir, indem wir in direkter Linie auf dem Fussweg hochsteigen. Den roten, leicht gebänderten Stein am Wegrand erkennen wir als Radiolarit.

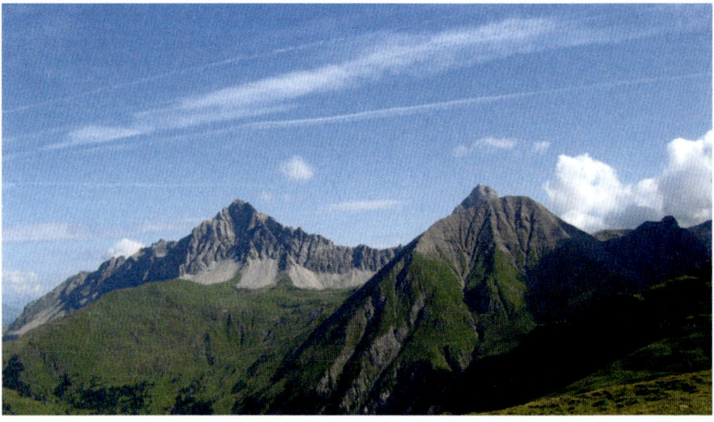

Im Hintergrund (v.l.) die 3000-er Piz Mitgel und Tinzenhorn, im Vordergrund der Pizza Grossa

4

Auf rund 1800 m ü. M. erreichen wir eine grosse Weidefläche. Zwei markante Felsblöcke mit einem Kreuz stehen mitten auf der Wiese. Bis zur Abzweigung Alp Surnegn (1844 m) ist es nicht mehr weit.

Entlang des steilen Hangs führt der Weg nun über Tgant digl Plaz durch den Wald. Jetzt entdecken wir auch den leuchtend grünen, leicht speckigen Stein, einen Serpentinit. Radiolarit und Serpentinit sind charakteristische Tiefengesteine. Diese gehören zur penninischen Plattadecke. Das Penninikum bildete einst den Boden der Thetys (Ur-Mittelmeer). Hier lagerten sich in der Tiefe die Silizium-Schalen der Radiolarien ab, während sich an den Rändern der Thetys Kalk- und Dolomit-Schalen ablagerten. Dann schloss sich der Ozeanboden wieder. Die ostalpinen Decken des afrikanischen Kontinents drängten gegen den europäischen Kontinent. Ursprünglich nebeneinanderliegende Ablagerungen wurden übereinandergeschoben, verformt und gefaltet. Ausgiebig betrachten wir diese farbintensiven Zeugnisse aus der Tiefe.

Wir überqueren den Ragn digl Plaz und erreichen nach wenigen Schritten die schön gelegene Alp digl Plaz (1864 m) mit den eng beieinanderstehenden Alpgebäuden und dem kleinen See. Zwei Libellen tanzen über dem Wasser. Sofort klettern wir auf die Felsblöcke, die einladend neben dem Wasser stehen. Ein Frosch springt ebenfalls flink die kleine Felswand empor. Galtvieh ruht auf den Lagerstellen bei den Hütten. Die Via Sett führt jetzt mitten durch Lärchen- und Bergföhrenbestände mit Bärlapp und Moosgewächsen. Wir befinden uns direkt unter Falotta (2455 m) mit seinen bedeutenden Manganerz-Vorkommen. Wollgras, Arnika, Orchideen und Wacholder wechseln sich ab. Der Baumbestand ist locker. Margeriten

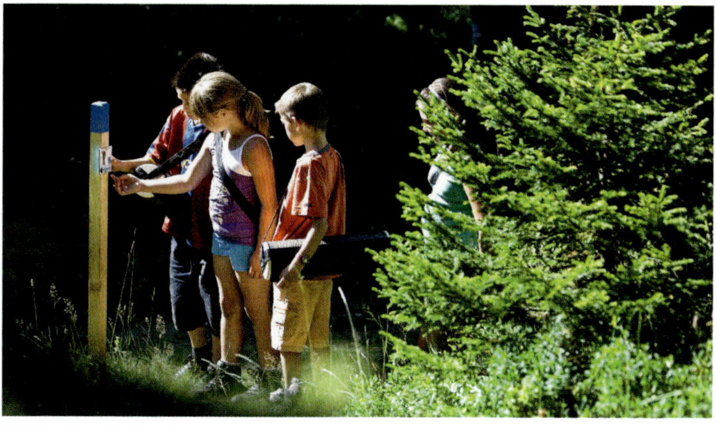

Auf dem Parc Ela-Forscherparcours entdecken Kinder die Natur auf der Alp Flix Foto: Lorenz A. Fischer

blühen, emsiges Treiben herrscht im grossen Ameisenhaufen. Und schon stehen wir gebannt vor den Lais da Flix. Für Kinder hat der Parc Ela auf der Alp Flix einen Forscherparcours eingerichtet. Ausgerüstet mit Werkzeug und einem Forschertagebuch können sie rund um die Seen die Artenvielfalt selbstständig erforschen. Neben den Lais da Flix fasziniert auch der dunkle Lai Nair. Dieser liegt mitten in einem Hochmoor und verdankt seine dunkle Farbe dem Torf.

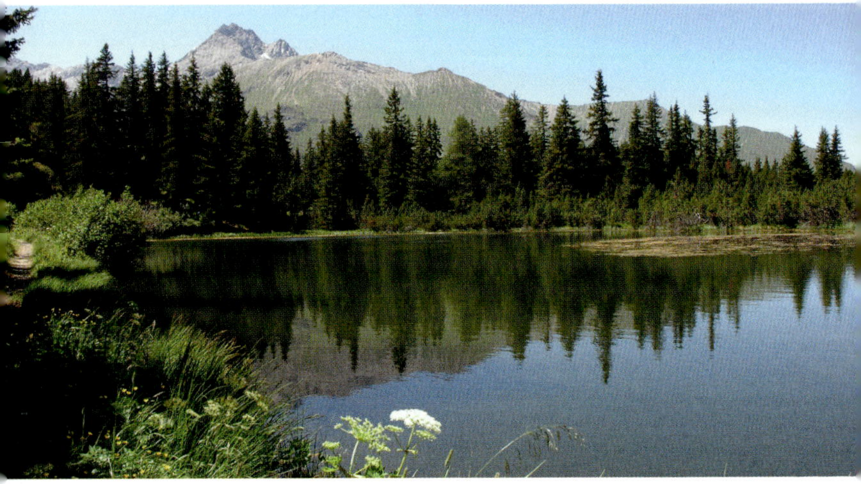

Dunkel, still und geheimnisvoll – der Lai Neir auf der Alp Flix

Im Hintergrund, gegen Südosten, steigen die Gipfel der Tschima da Flix (3301 m) und des Piz d'Agnel (3204 m) empor. Auf der weiten Hochebene Alp Fllix liegen die Weiler Cuorts, Tgalucas, Tga d'Meir, Tigias und Salategnas. Westlich von Tigias steht weitherum sichtbar die Kapelle San Roc. Sofort weiterzugehen wäre schade. Wer kann, sollte über Nacht bleiben. Alfons Cotti bietet in Tgalucas Übernachtungen auf seinem Hof an. Renske und Werner verwöhnen ihre Gäste im Hotel «Piz Platta» mit lokalen Produkten wie z. B. der Hauswurst *Flixer Teufel* und einem vielfältigen kulturellen Programm.

Die Alp Flix wurde Mitte des 14. Jahrhunderts von deutschsprachigen Walsern ganzjährig besiedelt. Martin Bundi schreibt in «Zur Besiedlungs- und Wirtschaftsgeschichte Graubündens im Mittelalter», *«Irgendwo in diesem Raume von Campsur besass der Jacob Reden seine Meierei Essermann, die er den Brüdern Heinrich und Wilhelm von Lavizun – vermutlich zwei Walsern – verliehen hatte. Man dürfte kaum fehlgehen, diese Meierei im Gebiet der Alp Flix zu suchen.»* Davor wurde die Alp Flix durch die romanische Bevölkerung von Sur bereits als Sommerweide genutzt. In einem Gerichtsentscheid vom 4. Juli 1545 geht es um Weide-, Wald- und Schneefluchtrechte zwischen den nicht ständig auf Flix wohnenden Surern und den *«ständig auf Flix sitzend und husend die Walser»* (Spinas, S. 42). Aus dieser Zeit sind 16 Familien bezeugt, was auf eine ansehnliche Bevölkerung hinweist. Die Walser bildeten zu dieser Zeit ein eigenes Gemeindewesen. Eine Klimaverschlechterung im Zuge der Kleinen Eiszeit und die Pest veranlassten gegen Ende des 17. Jahrhunderts die Walser, Flix als Dauersiedlung aufzugeben und nach Sur hinunterzuziehen, wo sie sich in die romanische Gemeinschaft integrierten. Noch heute sind die Walser Geschlechter Jäger und Marc in Sur beheimatet.

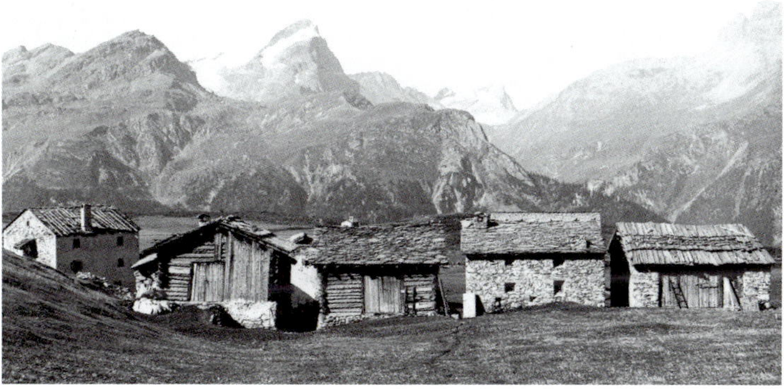

Tga d' Meir auf der Alp Flix um 1900, im Hintergrund der Piz Platta

Von der Alp Flix führt ein schöner Fussweg hinunter nach Sur und über Wiesen nach Mulegns, eines am besten erhaltenen Passdörfer Graubündens. Hier steht das historische Posthotel «Löwe», das viel von seiner ursprünglichen Bausubstanz und Innenausstattung erhalten konnte. Zur Blütezeit des Postkutschenverkehrs, im 19. Jahrhundert, war der «Löwe» Pferdewechselstation. 2019 hat die Kulturstiftung Origen die Gebäude des Posthotels «Löwe» sowie die Weisse Villa der Familie Jegher erworben, mit dem Ziel, das eng mit der Passgeschichte verknüpfte Dorf zu erhalten und Mulegns als Kulturdorf zur neuen Blüte zu bringen. Themen wie Reisen, Migration und Emigration haben Mulegns geprägt. Der Historiker Basil Vollenweider hat in seinem Buch, «Post Hotel Löwe», die historisch-kulturelle Bedeutung von Mulegns erforscht.

Kehren wir zurück auf die Alp Flix, wo heute wieder mehrere Familien ganzjährig wohnen. Sie bewirtschaften das Gebiet und tragen zur Erhaltung der hohen Biodiversität bei. So trifft man auf der Alp Flix zum Beispiel auf das Rätische Grauvieh,

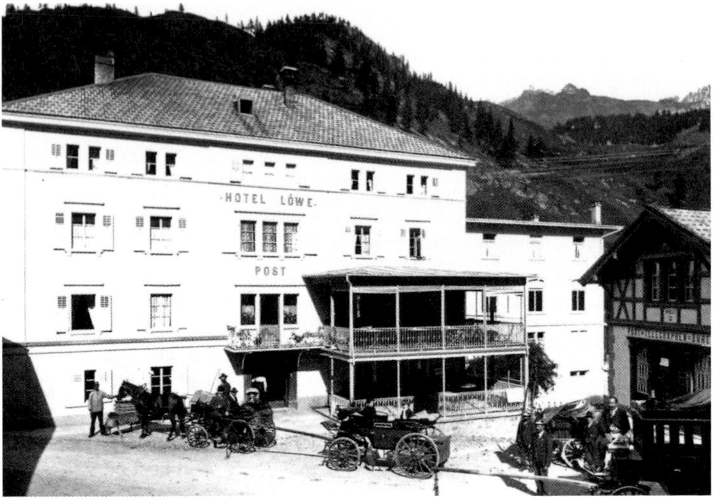

Posthotel Löwe Mulegns vor 1925

eine robuste kleine Rinderrasse, die auch nährstoffarmes und faserreiches Grünfutter gut verwerten kann. Sein geringes Gewicht und seine Anpassungsfähigkeit sind geschaffen für die Beweidung von steilen Bergwiesen.

Das Neben- und Ineinander von stehenden und fliessenden Gewässern, von Flach- und Hochmooren, Trockenwiesen, felsigen Einzelstandorten, Heuwiesen, Weiden, Schotterflächen, Buschwerk, Wäldern, Lesesteinhaufen und Trockenmauern schafft eine grosse Zahl unterschiedlichster Lebensräume. So haben Forscher am GEO-Tag im Jahr 2000 innerhalb von 24 Stunden 2092 Tier- und Pflanzenarten gefunden. Das Gebiet der Alp Flix ist Teil des Bundesinventars der Moorlandschaften von nationaler Bedeutung. Die landschaftliche Besonderheit der Alp Flix erleben wir auch auf der Via Sett, die von Norden nach Süden durch das Hochplateau der Alp Flix führt. In Salategnas steht neben der Sennerei das Forscherhaus *Rhexosa flixella,* benannt nach einer Dungmücke, die am GEO-Tag entdeckt wurde.

Über Nacht hat es geschneit, ein Zuckerguss liegt über der Hochebene. Die Luft ist kühl. Wir blicken noch einmal hinüber zum Piz Platta (3392 m), der hoch über der Val Faller steht, ziehen Pullover und Regenjacke über und folgen bei Salategnas dem Wanderweg, der unterhalb des Weilers dem Bach entlang abwärts führt. Bergseits wird der Weg von einer Trockenmauer gesäumt, Erlenzweige spielen mit dem Wasser des Baches. Bald überqueren wir ihn und wandern durch den vorerst steilen Wald. Krummholz weist auf den starken Hangdruck und das Schneegleiten im Winter hin. Danach führt der Wanderweg durch west-exponiertes Gelände.

4

Prachtvolle Lärchen stehen da. Ihre Kronen reichen oft bis auf den Boden und tragen damit zu einem stabilen Schutzwald bei. Bei der *Gruba* (1855 m) wird das Gelände flacher. Hier trifft unser Weg auf den Fussweg, der direkt von Sur über Furnatsch zu den *Gruba* hinaufführt. Wir lassen die Rucksäcke stehen und erkunden das einstige Erz-Abbaugebiet Gruba (s. S. 69). Unser nächster Wegpunkt ist die Weggabelung (Punkt 1842 m ü. M.) bei der ein Fussweg nach Marmorera abzweigt, der jeweils am Tag des heiligen Rochus als Prozessionsweg zur Kapelle San Roc auf der Alp Flix benutzt wurde. Wir aber halten uns links und folgen dem Höhenweg. Vor uns liegt ein Moor, an dessen Rande Legföhren und aufrechte Bergföhren wachsen. Anschliessend wandern wir durch einen lockeren Fichtenwald mit altersdurchmischten Rotten.

Der Weg wird nun breiter, eine alte Pflästerung ist schwach erkennbar und schon geniessen wir den ersten freien Blick auf den Lai da Marmorera und die gegenüberliegende Talseite mit dem Piz Scalotta (2992 m). Die Ruine der Burg Marmorera steht hoch über dem Nordende des Sees. An dieser exponierten Lage bauten sich die Herren von Marmels im 12. Jahrhundert auf zwei Felsstufen eine kühne Burganlage. Sie nahmen in den darauf folgenden Jahrhunderten als bischöfliche Ministerialen eine wichtige Stellung in Rätien und im Surses ein. Die

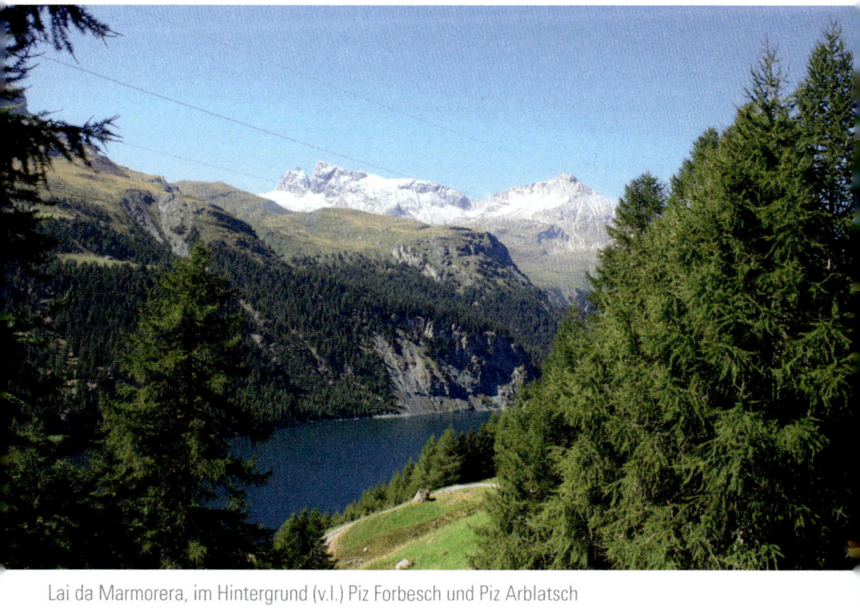

Lai da Marmorera, im Hintergrund (v.l.) Piz Forbesch und Piz Arblatsch

Burg ist erstmals bezeugt in einem Dokument von 1193, als *«Andreas Marmels den Kardinallegaten Cintius im Namen des Kaisers auf der Septimerroute gefangen nahm und auf seine Burg führte»* (Clavadetscher/Meyer, S. 68). Seit dem Ende des 16. Jahrhunderts ist die Burg dem Zerfall preisgegeben. Heute ist sie eine wichtige archäologische Stätte, die noch weiter erforscht wird. Jüngere Grabungen brachten seltene, gut erhaltene mittelalterliche Funde zutage wie eine Arvenholzschüssel oder den Zapfen eines Weinfasses.

Unser Weg führt oberhalb Marmorera entlang einer Weide. Vor uns öffnet sich das Tal gegen Süden. Eingebettet in den Gebirgswald, leuchtet der Lai da Marmorera dunkelgrün in der Nachmittagssonne. 1954 wurden der Talboden, ein Teil des Waldes und das alte Dorf Marmorera geflutet (S. 99).

Armut mag eine der Triebkräfte gewesen sein, die zur Aufgabe des alten Dorfes führte. Armut trieb auch Flurin Lozza (1870–1919) in die Emigration. Als 16-Jähriger verliess er sein Heimatdorf Marmorera und arbeitete in Spanien und Frankreich als Kellner. Ausgenutzt und enttäuscht, kehrte er immer wieder nach Hause zurück. Das eigene Kaffeehaus blieb ein Traum, denn sein Leben war nicht von Erfolg gekrönt. Erst mit 35 Jahren hatte er genug Geld gespart, um Maria Ursula Jegher aus dem Nachbardorf zu heiraten. Anhand des Tagebuches, das Flurin in der Fremde führte, zeichnete Linard Candreia im Buch «Zurück nach Marmorera – das kurze Leben des Auswanderers und Saisonniers Flurin Lozza» seinen Lebensweg nach. Sein Tagebuch schrieb Flurin in Italienisch, der Schul-, Amts- und Kirchensprache von Bivio und Marmorera. Erst in späteren Jahren verwendete er Rätoromanisch, seine Muttersprache. Nach einer guten Wintersaison kehrte Flurin 1919 krank heim und starb. Sein letzter Sohn Duri kam erst nach Flurins Tod auf die Welt.

Unser Wanderweg führt oberhalb des neuen Dorfes Marmorera weiter. Wir wechseln auf die Naturstrasse, überqueren den Bach und erreichen die Alp Natons (1963 m), wo man sich bei Anwesenheit des Alppersonals verköstigen kann. Wir ziehen weiter südwärts und stossen bei einem grossen Stein am rechten Wegrand auf eine Station der Parc-Ela-Exploratour. Hier wurde in der Spätbronzezeit Kupfer aus den Erzen geschmolzen. Die zurückgebliebenen Schlackenstücke sind noch zu entdecken als bräunlich-schwarze, löchrige Steine. Weitere geologische Stationen können auf der Parc-Ela-Exploratour, einer grossartigen Bergwanderung, vom Julier-Hospiz La Veduta über die Fuorcla digl Leget nach Bivio, entdeckt werden.

Der Weg steigt geringfügig an bis zur Geländekante, welche die Alp im Süden begrenzt. Wir treffen auf einzelne Arven, erst ein bis zwei Meter hoch und doch schon zwischen 30 und 50 Jahre alt. Auf der Felskuppe gegen Osten steigen sie im Verband bis auf 2000 m hinauf. Die Arven bilden hier die Waldgrenze. Sie können bis zu 1000 Jahre alt werden und bis zu 25 Meter hoch. Bei der Abzweigung Guet da Beiva (1838 m) hat die Fichte die Arve bereits wieder abgelöst. Hier fällt wenig

Licht auf den moosbedeckten Boden. Auf dem feuchten Waldboden fühlt sich auch der Alpensalamander heimisch. Zwischen Stalveder und Bivio führt der Wanderweg durch ein postglaziales Bergsturzgebiet.

Der Ortsname Stalveder geht auf *stabulum* zurück, was auf einen Rastort hinweist. In höheren Lagen wurden die Rastorte als *stabula* bezeichnet. Eine Taberna dagegen bezeichnete einen Rastort im besiedelten Gebiet, z. B. in Marmorera (Ringel, S. 43). Könnte sich in Stalveder das frühmittelalterliche «Septimerhospiz», das «xenodochium» (griech. «Herberge für Reisende»), befunden haben oder in «stabulum Bivio» oder gar beim Kloster Mistail? Dass die genaue Lage noch nachrekonstruiert werden kann, ist eher unwahrscheinlich. Die Historikerin Ingrid Riedel hat für ihr Buch «Der Septimer. Wahrnehmung und Darstellung eines Alpenpasses im Mittelalter», das allen Septimer-Interessierten empfohlen sei, sehr intensives Aktenstudium betrieben. Eine abschliessende Antwort zur Lage des karolingischen «senodochium sancti Petri» kann sie nicht geben.

Plötzlich wärmen uns die Sonnenstrahlen, das Licht ist hell, die Luft klar. Die letzten Meter wandern wir am rechten Ufer der Julia/Gelgia entlang. Bei der Feriensiedlung Plaz nehmen wir die Fussgängerbrücke und stehen schon mitten in Bivio. Die katholische und die reformierte Kirche liegen nur wenige Schritte auseinander. Autos und Cars zwängen sich, ebenso wie der fürs Engadin bestimmte

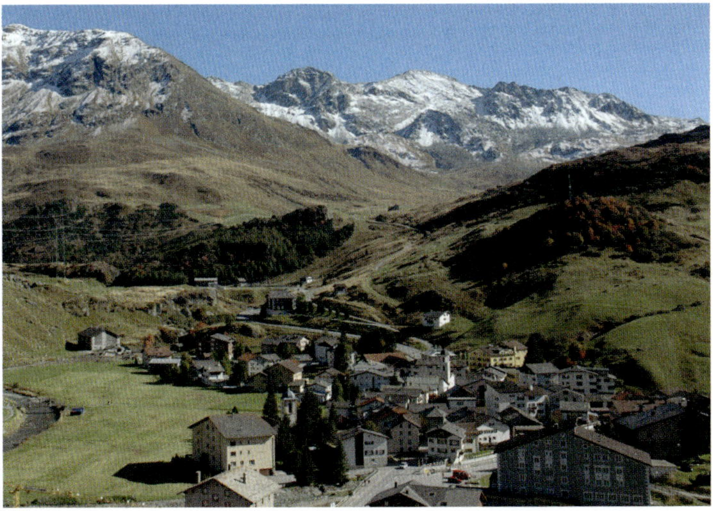

Das Bergdorf Bivio (1769 m ü. M.) im Parc Ela, am Fusse der Pässe Julier und Septimer. Rechts im Bild ist der Aufstieg Richtung Septimer erkennbar Foto: Lorenz A. Fischer

Schwerverkehr, durch die engen Strassen. Wir halten uns an die Hintergassen und entdecken im Dorf viel historische Bausubstanz, z. B. die ehemalige Sust. Bivio liegt am Fusse des Juliers und Septimers. Hier teilt sich der Weg. Der Julier führt ins Engadin, der Septimer ins Bergell. Im Ortsnamen widerspiegelt sich bereits die Mehrsprachigkeit dieses stolzen Bergdorfes. Bivio ist italienisch und heisst auf romanisch Beiva. Der Name geht auf das lateinische Wort bivium zurück, was Weggabelung bedeutet. Die Nachbarn auf der anderen Seite des Stallerbergs, die deutschsprachigen Walser im Avers, nennen Bivio Stalla. In Bivio befand sich vermutlich das älteste Hotel an der Passroute. «Der Ort selbst ist schlecht gebaut. Rudolf Freschiati (Fasc(i)ati) aus dem Bergel(l) hat ein schönes Wirtshaus angelegt, wo man aber übel logiert ist», schreibt Heinrich L. Lehmann in «Die Republik Graubünden», Band I, 1707 (!). Wir überzeugen uns 300 Jahre später gerne vom Gegenteil und beginnen unsere Entdeckungsreise im geschichtsträchtigen Hotel «Post». Da, wo einst Fabrikanten, Technologen, Ingenieure und Kaufleute, Professoren, Studenten oder einfach ein «Gentleman» logierten, spüren wir noch einen Hauch der vergangenen Tage. Es war die Zeit um 1850 bis 1900, als die eidgenössische Post täglich in 13 Stunden und 20 Minuten von Chur über den Julierpass nach Samedan verkehrte. Viele Reisende waren zu Fuss unterwegs von Bivio über den Septimer nach Casaccia, aus dem Avers über den Septimer und Lunghin nach Maloja oder von Andeer nach Avers-Cresta und über den Stallerberg nach Bivio. Sie kamen aus London, Milano, Moskau, Frankfurt und Berlin und waren auch damals den Launen des Wetters ausgesetzt. So steht im Fremdenbuch im Hotel «Post» über den Septimer geschrieben: «hard walking, caught in a thunderstorm».

Literatur:

– Clavadetscher 1984, Jecklin-Tischhauser 2012, Ringel 2011, Vollenweider 2020

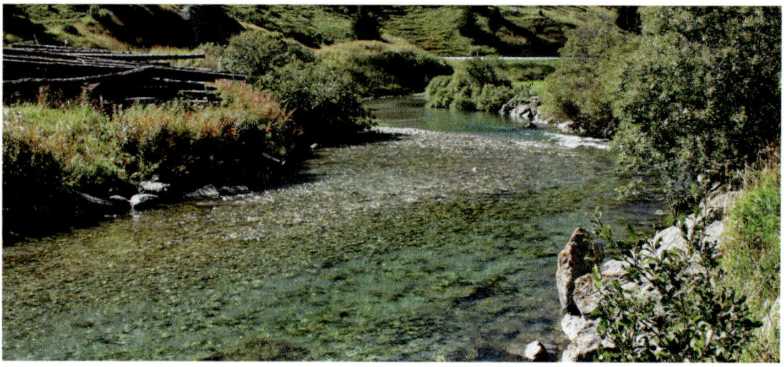

Julia/Gelgia bei Bivio

«Bivio al bivio»: Bivio am sprachlichen Scheideweg

Mathias Picenoni

Der Mehrsprachigkeit verdankt das kleine Bivio Schlagzeilen in Zeitungen auf der ganzen Welt: Am 16. November 2010 hat der «Guardian» der englischen Leserschaft Bivio als «Europe's greatest linguistic curiosity» vorgestellt, da im Dorf nicht nur drei Sprachen und zahlreiche Dialekte gesprochen werden, sondern die Leute «amazingly» einander verstehen, auch wenn jeder in seiner eigenen Muttersprache spricht.

Was in der anglofonen Welt als Sensation gilt, ist gar für Bündner Verhältnisse speziell und geniesst denn auch die Beachtung der Sprachwissenschaftler, die in regelmässigen Abständen das Dorf aufsuchen. Die spezielle sprachliche Situation verdankt Bivio seiner günstigen Lage am Fusse des Septimers, mehr noch als des Juliers, und der in Graubünden hoch gepriesenen Gemeindeautonomie.

Seit der Römerzeit verband der Septimer Bivio mit dem Bergell auf der stark frequentierten Nord-Süd-Achse, die erst mit der Eröffnung des Gotthardtunnels seine Bedeutung verlor. Im Spätmittelalter suchten Bergeller Bauern infolge einer Zunahme der Bevölkerung nach neuen Weideplätzen und fanden sie im Norden, im Aversertal und eben oberhalb von Bivio. Einige Familien siedelten sich in der Folge ganzjährig im Dorf an, was sprachlich zur Folge hatte, dass der Bergeller Dialekt und die hiesige romanische Varietät, das Bivianische, aufeinandertrafen. Doch schon damals war die sprachliche Situation verzwickter: Die sporadischen Kontakte mit dem Oberhalbstein verlangten Kenntnisse des Surmiran, mit dem Oberengadin des Puter, und die Bergeller stellten Hirten aus der Lombardei an, um die Kühe zu weiden. Überdies verlangte der Kontakt mit den Reisenden über den Septimer Italienisch- und Deutschkenntnisse.

Dass das Bivianische als eigene Varietät bestehen konnte, hing mit der grossen Unabhängigkeit der Gemeinde vom Rest des Oberhalbsteins zusammen. Schon im ausgehenden Mittelalter bildete Bivio zusammen mit der Nachbargemeinde Marmorera und dem Avers ein eigenes niederes Gericht. Die bäuerliche Lebensweise erforderte auch keine intensiveren Kontakte zu den Nachbarn, da die Betriebsführung der Bauernhöfe auf Selbstversorgung ausgerichtet war. Die grosse Eigenständigkeit und die starke kulturelle Ausrichtung der angesiedelten Bergeller zu ihrem Heimattal sollte zur Zeit der Reformation Folgen haben: Während das Oberhalbstein durchwegs katholisch blieb, entstand in Bivio eine reformierte Gemeinde – gleich wie im Bergell, das sich über die neue Konfession vom südlichen Chiavennatal abgrenzte. Und gleich wie im Bergell gewann auch in Bivio mit der

Reformation das Italienische als Kirchen-, Schul- und Kanzleisprache an Bedeutung. Auf Italienisch wurde von der Kanzel gepredigt, doch im Dorf sprach man Bivianisch und Bergellisch – ein Zustand, der über Jahrhunderte hinweg gleich bleiben würde, wie eine Quelle aus dem 18. Jahrhundert bezeugt: «Die Landsprach allhier ist auch vermischt, man redet allhier weder recht romansch noch recht italienisch, sondern durch einander, doch wird der Gottesdienst in italienischer Sprach verrichtet.»

Die Situation sollte sich erst infolge des Tourismus in den Sechzigerjahren ändern: Neue Arbeitsplätze entstehen und ziehen Arbeitskräfte aus der deutschen Schweiz an. Wenn um 1900 eine einzige deutschsprachige Person neben 88 Bivianern und 52 Bergellern lebte, so waren es 1970 71, sprich 30% der Gesamtbevölkerung. Im Jahr 2000 bilden sie mit 55% die sprachliche Mehrheit – die ansässigen Sprachen Italienisch (30%) und Romanisch (12%) werden nur noch von Minderheiten gesprochen.

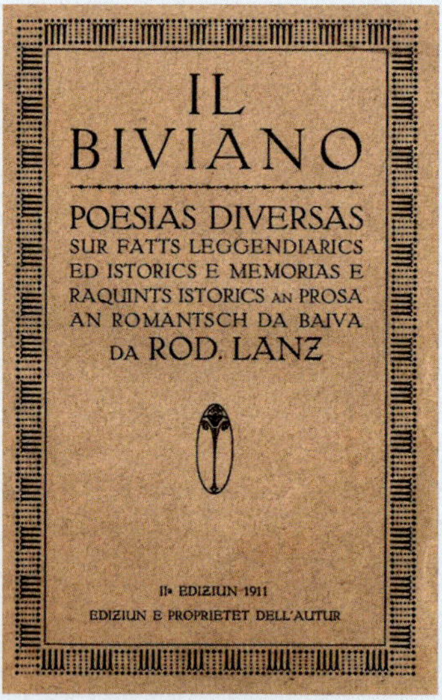

Wie es mit dieser Gemeinde weitergeht, die in den Achzigerjahren zwei Standardsprachen, Italienisch und Deutsch, und sechs Regionalsprachen beherrschte (Schweizerdeutsch, Bivianisch, Bergeller Dialekt, Lombardisch, Surmiran und Engadinisch), hängt von den Bivianern selbst ab. Artikel wie derjenige im «Guardian» stärken deren Stolz und positive Haltung zur Mehrsprachigkeit. In der Tat haben die Dorfbewohner ein lebhaftes Bewusstsein für die Einzigartigkeit der eigenen Sprachsituation und wissen, dass Mehrsprachigkeit trainiert sein muss. Das beginnt im Kindergarten, der teils in Bivio auf Italienisch und teils in der Nachbargemeide Sur auf Surmiran stattfindet. In der Primarschule ist Italienisch Erst- und Deutsch Zweitsprache – in der Sekundarschule in Savognin hingegen wird Deutsch als Erstsprache unterrichtet. Die Eltern unterstützen dieses Modell. Ein Vater führt aus: «Es war ein Versuch, der nun schon sieben Jahre andauert. Jetzt geht es gut: Der Lehrer spricht nur Deutsch, die Lehrerin nur Italienisch und auch die Kindergärtnerin nur Italienisch. Die Kinder haben zwar keine Bezugsperson mehr, aber es geht sehr gut. Die Kindergärtnerin übernimmt die Nebenfächer wie Werken, Singen usw., weil es zu wenige Kinder hat im Dorf. Die Tochter weiss nun genau, wenn der

Lehrer kommt, spricht man Deutsch und wenn die Lehrerinnen kommen, Italienisch.» Der Lehrer bestätigt: «Bei mir wird konsequent Hochdeutsch gesprochen. Eine mehrsprachige Schule ist kein Nachteil für die Deutschkenntnisse der Kinder, doch der Erfolg hängt auch vom individuellen Einsatz ab. Eine Familie, die täglich mit dem Kind übt, erreicht in einem Jahr das Niveau von Chur.» Und in der Sekundarschule in Savognin? Eine Romanisch sprechende Mutter ist erfreut: «Im Werken reden sie Romanisch untereinander. Seither versteht mein Sohn alles, was ich auf Romanisch sage!»

Die aus Kindermangel gefundene Notlösung scheint das Italienische zu erhalten, das Deutsche zu fördern und den Kontakt zum Romanischen zu verbessern – trotzdem befürchten gewichtige Stimmen im Dorf den Verlust der Mehrsprachigkeit. Eine alteingesessene, Romanisch sprechende Bivianerin ist sich dessen bewusst, dass das einst so prestigeträchtige, urtümliche Bivianische nicht mehr gesprochen wird: «Früher hatte Bivio sein eigenes Romanisch, aber es ist im Rückgang. Allerdings gehört das Dorf zum Oberhalbstein, da sollte wenigstens das Surmeirische stärker berücksichtigt werden. Für Rumantsch Grischun habe ich kein Verständnis. Und das Engadinische und Sursilvan sind eher schwierig zu verstehen.» Ein noch kritischeres Bild zeichnete bereits 2012 die wohl bekannteste Persönlichkeit in Sachen Mehrsprachigkeit im Dorf, Elda Simonett-Giovanoli, die mit ihrem unermüdlichen Einsatz und schulpolitischem Geschick das Italienische in Bivio unterrichtet und gefördert hat. Sie schrieb, dass sich das sprachliche unicum Bivio in ein unicum teutonicum verwandle, in eine deutschsprachige Enklave in einer romanischen Umgebung.

Als untrügliches Zeichen für diese Entwicklung mag man die Homepage der Gemeinde deuten, auf der alle Gemeindeinformationen nur auf Deutsch einsehbar sind. Einzig die Familiennamen der Behörden erinnern an längst erloschene Kontakte zum Bergell. Vom Süden abgewandt, richtet sich das Dorf nach Norden aus und überwindet alte Rivalitäten zwischen sich und dem Oberhalbstein. Ein Vater erinnert sich: «Zu unseren Zeiten wäre es undenkbar gewesen, am Samstag nach Savognin in den Ausgang zu gehen. Doch heute gibt es nur noch wenige Jugendliche im Dorf. Für sie wäre es hier viel zu langweilig, wenn sie nicht den Kontakt mit den Gleichaltrigen im Tal hätten. Sie treffen sich im Sommer am Ufer des Sees und fahren im Winter gemeinsam Ski.» Als Kontaktsprache dient das Schweizerdeutsche, allerdings sprechen die jungen Oberhalbsteiner Romanisch untereinander, «deswegen – so eine italienischsprachige Mutter – hat es meine Tochter auch gelernt. Sie war als einzige Bivianerin allein mit ihnen und sie haben ihr geholfen. Aus eigener Erfahrung kann ich sagen, dass man Romanisch einfach lernt. Es ist kein Problem, man lernt es wirklich schnell!» Genau dies hebt der «Guardian» hervor, nämlich dass sich die Bivianer verstehen, auch wenn jeder seine Sprache spricht. Nachgerade anekdotisch ist die mehrfach zitierte Aufzeichnung aus den

Sechzigerjahren von fünf Kindern, die am Bach spielen und sich Folgendes zurufen: «Sälta, sälta quel curnisc!» – «Mi salti minga, go pagüra.» – «Du bisch an Dumma. I könnti scho, wenn i wetti.» – «Aia salt bitg, zîva la mama sära aint al schlér!» – «I kann schö schpringa. Hopla!» Das erste sprach Bergeller Dialekt («Spring über diesen Bach!»), das zweite Lombardisch («Ich springe nicht, ich habe Angst.»), das dritte Schweizerdeutsch, das vierte Bivianisch («ich springe nicht, sonst schliesst mich die Mutter in den Keller ein!») und das fünfte ebenfalls Schweizerdeutsch, bevor es ins Wasser fiel. Ob die Bivianer heute noch einem solchen Gespräch folgen können – oder gar solche Gespräche führen? Noch verfügen die Dorfbewohner aller Altersklassen über ein mehrsprachiges Repertoire, allerdings mit dem Unterschied, dass die ältere Generation noch die ansässigen Dialekte braucht, während die Jugendlichen, die drei Kantonssprachen und Schweizerdeutsch verwenden. Entsprechend offen fallen die Progonosen für die Zukunft der Bivianer Mehrsprachigkeit aus: Die einen sehen in Bivio ein Modell für gelebte Bündner Dreisprachigkeit, ganz im Sinne des «Guardian», die anderen heben das zunehmende Gewicht des Deutschen hervor, gleich wie Simonett-Giovanoli. Dem Wanderer empfiehlt sich, das Dorf zu geniessen und gleichsam die Ohren zu spitzen; vielleicht erlebt er ein mehrsprachig geführtes Gespräch, während er im Postauto nach Bivio sitzt, im Restaurant einen Kaffee bestellt, im Dorfladen den Proviant einpackt oder am Pausenplatz den Kindern zuschaut.

Literatur:

- Picenoni, Mathias, La Minoranza di confine grigionitaliana. Istituto grigione di ricerca sulla cultura. Bündner Monatsblatt, 2008.
- Grünert, Matthias, u. a. (2008): Das Funktionieren der Mehrsprachigkeit im Kanton Graubünden. Francke: Tübingen und Basel
- Kristol, Andres (1984): Sprachkontakt und Mehrsprachigkeit in Bivio. Linguistische Bestandesaufnahme einer siebensprachigen Dorfgemeinschaft. Francke: Tübingen und Basel
- Simonett-Giovanoli, Elda (2012): Bivio. Il Grigione italiano (13.09.2012)
- Sererhard, Nicolin (1742/1994): Einfalte Delineation aller Gemeinden gemeiner dreyen Bünden. Verein für Bündner Kulturforschung: Chur
- Spinney, Laura (2010): Bivio – Europe's greatest linguistic curiosity. www.guardian.co.uk (16.11.2010)

Igl auto

Pater Alexander Lozza (1880 – 1953)

Corra, corra, antipatic bau,
ampestond e sdivirond.
Cants ast gio struptgia, smardatgea,
an ti'furia tras igl mond!

Igl carstgang duvress betg tanta prescha,
betg tant correr, tant sgular!
Tar la mort el reiva anc ad ouras,
sainza correr scu en nar!

Das Automobil

Linard Candreia (Freie Übersetzung)

Spring, spring, du unsympathischer Käfer,
Verpester und Verunstalter.
Wie viele hast du schon verstümmelt, zerdrückt,
wegen deiner Eile durch die Welt!

Der Mensch bräuchte nicht so viel Hast,
müsste sich nicht so beeilen, so viel fliegen!
Bis zum Tode kommt er noch rechtzeitig,
ohne zu rennen wie ein Narr!

Bivio – von Säumern, Strassen und Eisenbahnen

Die ehemalige Sust steht direkt an der Passstrasse Richtung Julier und Septimer. Hier wurden Stoffballen, Weinfässer, Getreidesäcke, Käselaibe, Salz, Gewürze, Edelmetalle und anderes umgeladen. Das Gebäude dient heute dem Strassenbauamt des Kantons Graubünden als Garage. Gut erkennbar ist die einstige Funktion des Gebäudes auf dessen Rückseite. Im hohen Raum im Erdgeschoss konnten Wagen und Ware eingestellt werden. Im Tenn (Obergeschoss) wurde Saumgeschirr und das Heu als Futter für die Saumtiere gelagert.

Die Säumer, einheimische Fuhrleute, organisierten sich in Genossenschaften, den sogenannten Porten. An der Oberen Strasse organisierten die vier Porten Lantsch/Lenz, Tinzen (Tinizong), Stalla (Bivio) und Bergell (Vicosoprano) den Warentransport. Die Mitglieder dieser Porten waren für den Wegunterhalt und den Transport der Ware von Sust zu Sust in ihrem Wegabschnitt zuständig. Bei der Organisation des Warentransports übte der Teiler, auch Rodmeister genannt, eine

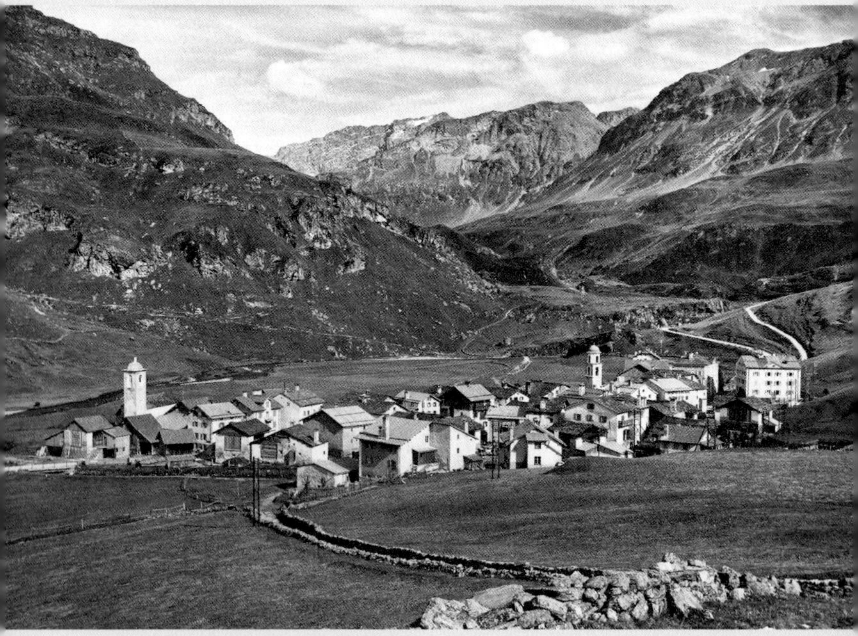

Stalla (Bivio), eine der vier Porten an der Oberen Strasse Foto: Wehrli 1897–1934

wichtige Funktion aus. Er verwaltete die Liste der transportberechtigten Einheimischen und sorgte dafür, dass die Säumer der «Rod» nach, also der Reihe nach, das Transportgut auf dem Rücken der Maultiere oder Pferde säumten.

Zwischen den Porten Bivio und Bergell bildete die Passhöhe die Grenze. Die Waren wurden beim Hospiz notfalls über Nacht untergebracht. Ein Säumer war mit einem sogenannten «Stab», bestehend aus sechs bis sieben Saumtieren, unterwegs. Dabei waren die Saumtiere mit langen Stäben, die von Kopfriemen zu Kopfriemen reichten, aneinandergekoppelt. Mit den umgehängten Glocken war ein Säumerzug bereits aus der Ferne zu vernehmen, sodass entgegenkommende Säumer rechtzeitig nach einem geeigneten Ausweichplatz Ausschau halten konnten. Im Winter oder in unsicheren Zeiten wurde der Stab von einer zusätzlichen Person begleitet. Eine Rodfuhr (Warentransport mit Raststationen) von Chur nach Chiavenna musste viermal umgeladen werden und dauerte fünf bis acht Tage.

Eine besondere Art des Transports war die sogenannte Strackfuhr. Dabei wurde durch einen auswärtigen Fuhrmann die Ware ohne Umladung von Chur nach Chiavenna befördert. Eine Strackfuhr dauerte nur halb so lange, wurde aber von den einheimischen Säumern nicht gerne gesehen. Diese Express- oder Stracksäumer wurden nur wenigen Churer Spediteuren zugestanden.

Erste Dokumente über das Säumerwesen liegen aus der zweiten Hälfte des 14. Jahrhunderts vor. Die Säumer waren meistens Bauern, und das Säumerwesen brachte ihnen einen wichtigen Zusatzverdienst.

Immer wieder drohte dem «Bischofsweg» über den Septimer aber auch Konkurrenz, insbesondere durch den Ausbau der Unteren Strasse im Jahr 1473. Ein einstweiliges Verbot aus dem Jahr 1359 sollte gar die Benützung anderer Transitrouten als den Septimer über die rätischen Alpen verhindern. Im Jahr 1387 beauftragte der Bischof von Chur den Bergeller Patrizier Jacobus Castelmur, den Septimerweg von Tinizong (Tinzen) bis Plurs/Piuro) zu einer fahrbaren Strasse auszubauen.

Über vier Jahrhunderte verlief der Handelsverkehr aus Deutschland in die italienischen Handelsstädte, insbesondere nach Mailand, über den Septimer. Die Castelmursche Strasse über den Septimer blieb entweder unvollendet oder war bald wieder unbefahrbar. Lawinen, Murgänge, Felsstürze und mangelnder Unterhalt vor allem auf der Südseite des Passes setzten ihr zu. Andrea de Franceschi verfasste im September 1492 eine Reisebeschreibung einer venezianischen Gesandtschaft auf dem Rückweg über den Septimer nach Chiavenna. Dabei weist er darauf hin, dass der Septimer auf der Südseite bereits nicht mehr auf dem Rücken der Pferde begangen werden konnte: «Poi disnar cavalcorono ad un altra villa deserta del episcopo di Cura, la qual si chiama Beve (Bivio). (...) Allozorono in l'hosteria de la Stella et il resto de la fameglia in altre case deserte. Adi 14 poi il disnar se partirono de qui, et passorono una grande et aspera montagna, nominata Set. Ad desmontar di essa non si puote andar a cavallo, ma ogn' uno desmontò. (siehe M. Bundi, «Frühe Beziehungen zwischen Graubünden und Venedig», S. 298)

Im Jahr 1759 hält auch ein Inspektionsbericht den miserablen Zustand der Septimerstrasse fest. So wurde bis zum Bau der ersten Kommerzialstrassen am Julier (1820–1826) und Maloja (1827/28) die Ware wieder auf dem Rücken der Saumtiere über den Septimer getragen.

1828 zog der letzte Wirt des Septimer Hospizes ins Tal. Das Hospiz, die gut ausgestattet Chesa/Tgesa da Sett, zerfiel. «Es enthielt einen Keller, ein Parterre, eine Küche, Stube und Schlafzimmer und im 1. Stockwerke zwei Schlafzimmer für Fremde. Ein grösserer und kleinerer Stall dienten zur Unterbringung der Pferde und Ladungen, und es befand sich im Hause überdies eine sehr gute Quelle», berichtet der «Bergeller Bote», der den Septimer sommers und winters bis ins Jahr 1838 frequentierte. (Zitat: Jahresbericht der Naturforschenden Gesellschaft Graubündens Band XXXVI 1891–1893.)

Der Bau der Kommerzialstrasse ermöglichte den Verkehr mit mehrspännigen Wagen durchs Surses und über den Julier und den Malojapass nach Süden. Dabei nahmen die Orte Tiefencastel, Mulegns/Mühlen, Bivio/Stalla und Casaccia eine wichtige Funktion als teilweise neue Pferdewechselstationen ein. Das Gewerbe und die Gastwirtschaft, aber auch die Landwirte verdienten am Durchgangsverkehr.

Mit dem Eisenbahnbau am Brenner, am Mont Cenis und 1882 am Gotthard nahm die Bedeutung der Bündner Alpenpässe ab. Vorerst konnte das Surses noch vom einsetzenden Tourismus im Engadin profitieren. Auch der Eisenbahnbau bis Thusis um 1896 tat dem Durchreiseverkehr ins Engadin keinen Abbruch. Erst die Eröffnung der Albula-Bahnlinie 1903/04 durch die Rhätische Bahn bewirkte einen starken Rückgang des Verkehrs und der damit verbundenen Einnahmen im Surses. Zwar lagen aus Mailand bereits 1861 Pläne für eine Eisenbahnverbindung mit einem Tunnel zwischen Bivio und Casaccia vor und das Projekt Julierbahn erhielt 1910 durch die Gemeindeversammlung von Savognin volle Unterstützung. Der Kanton Graubünden wollte aber nur eine Zubringerbahn bis Bivio unterstützen.

Literatur:

– Bundi 1988, Savognin 1988, Schneider 1990

Der Stausee Lai da Marmorera – Energie für die Stadt Zürich

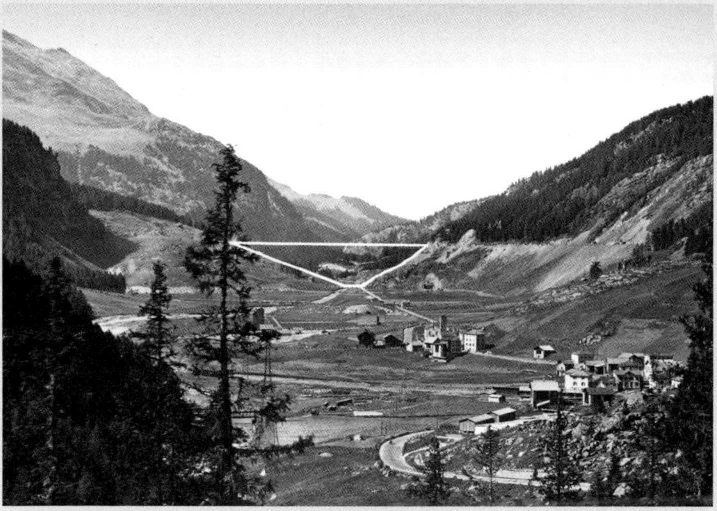

Baustelle Marmorera mit dem projektierten Staudamm

Bereits 1913 hat ein Zürcher Ingenieurbüro um eine Konzession für den Bau einer Talsperre unterhalb Marmorera nachgesucht. Die Gemeinde Marmorera verlangte für die Konzession drei Millionen Franken und verhinderte damit wohl einen Vertragsabschluss. In den Jahren 1938–1947 plante Simon Dutler des Elektrizitätswerks Mulegns ein Kraftwerk, das die Wasserkraft der Julia unterhalb Marmorera, zwischen Castiletto und Sur, nutzen sollte. Trotz positiver Empfehlungen stellte die Gemeinde Marmorera das Konzessionsgesuch von Simon Dutler zurück, da ihr die Stadt Zürich inzwischen ein höheres Angebot gemacht hatte. 1947 begann die Stadt Zürich mit Sondierbohrungen in der Val Nandrò und bei Rona. Diese brachten aber keine guten Resultate, sodass noch im Herbst 1947 mit ersten seismischen Messungen bei Castiletto begonnen wurde.

Nur ein Jahr später sicherte sich die Stadt Zürich die Konzession für den Bau des Stausees bei Marmorera. Die Stadt Zürich hatte zu diesem Zeitpunkt bereits mit vielen Einheimischen Verträge über den Verkauf ihres Bodens abgeschlossen. Der Abstimmungsausgang in der Gemeinde war nun vorgezeichnet, da diejenigen, die ihr Land verkaufen wollten, auch den Stausee befürworten würden. Im Oktober 1948 stimmten die Männer von Marmorera ihrer Umsiedlung zu. Nur zwei von 26

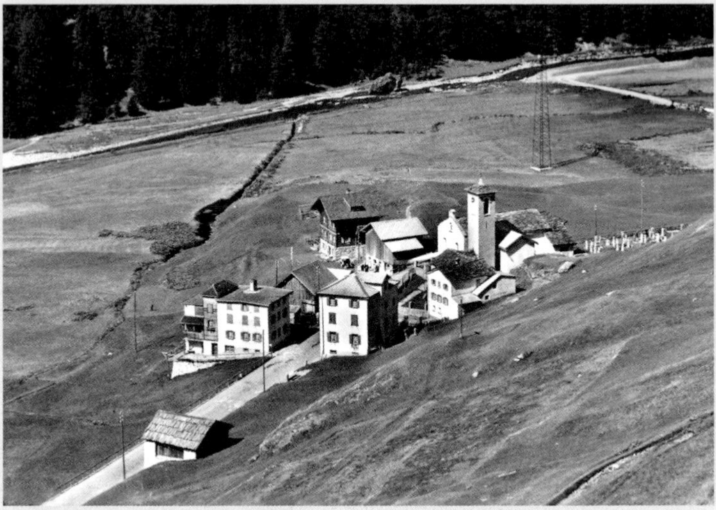

Vorderer Dorfteil mit Kirche und Friedhof. Im Hintergrund die Julia/Gelgia

stimmten dagegen. Dazu wären noch manche Nein-Stimmen der nicht stimmberechtigten Frauen gekommen. Die breite Bevölkerung erfuhr erstmals am Tag nach der Konzessionserteilung vom Projekt.
Dieses Vorgehen wählten die Elektrizitätswerke, da ein Konsortium, bestehend aus allen grossen Elektrizitätsgesellschaften der deutschen Schweiz, wenige Jahre vorher mit der öffentlichen Information der Bevölkerung über den geplanten Stausee Rheinwald keinen Erfolg hatte. Das Stauseeprojekt im Rheinwald scheiterte dank des Widerstands der Gemeinden Splügen, Nufenen und Medels. Deshalb wurden beim Stauseeprojekt Lai da Marmorera die Verhandlungen mit der Gemeinde und der Bevölkerung von Marmorera im Stillen geführt, was heute nicht mehr möglich wäre.

Durch das Kraftwerkprojekt wurden das Dorf Marmorera, der Weiler Cresta, über 90 Prozent der Talwiesen, insgesamt 29 Wohnhäuser, 41 Ställe, vier Gewerbebauten, Kirche, Schule und Gemeindehaus überflutet. 24 Haushaltungen mit total 95 Bewohnern waren davon betroffen. Einige Familien mussten zwangsenteignet werden. Weil es im Tal kaum Wiesland als Realersatz für die Grundbesitzer gab, wurden die meisten Familien in bar entschädigt und zogen fort. Andere zogen in den Dorfteil Scalotta unterhalb der Staumauer und wenige in den neuen Dorfteil oberhalb des alten Dorfes. Die Häuser und die Kirche von Marmorera wurden vor der Überflutung gesprengt. Keine Überreste sollten an das jahrhundertealte Dorf erinnern. Heute sind insgesamt sieben Kraftwerkzentralen in den Kraftwerken Mittelbünden zusammengefasst. Der Staudamm Castiletto staut das Wasser der Julia und der Flixer Bäche im 60 Mio. Kubikmeter fassenden Lai da Marmorera. In mehreren Stufen nutzen sie das Wasser im Julia- und Albulagebiet bis hinunter ins Domleschg. Sämtliche EWZ-Kraftwerke in Mittelbünden sind mit dem Qualitätslabel nature made basic zertifiziert. Das Qualitätslabel zeichnet Strom aus 100 Prozent erneuerbaren Energiequellen aus. Dazu zählen neben Wasser auch Wind, Sonne und Biomasse.

Literatur:
– Gredig 2006, Bösch 2006, Mark 2005

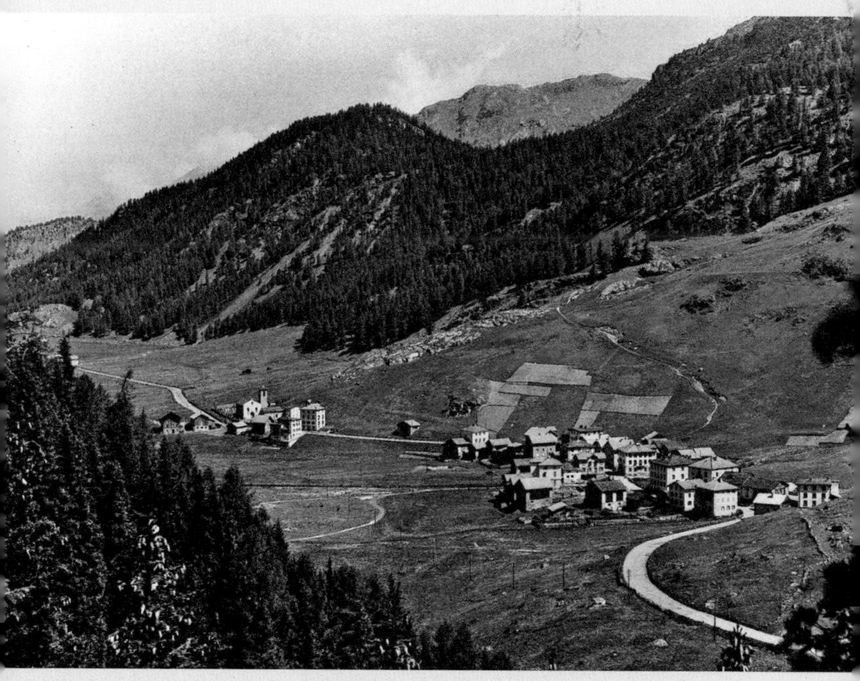

Das Dorf Marmorera vor der Überflutung im Jahr 1955

Non vado più oltre, resto qui! – Segantini in Savognin von 1886–1894

Nach den Lehrjahren an der Kunstakademie Brera in Milano und seiner ersten Schaffensperiode in der Brianza am südlichen Ende des Comersees zieht es Giovanni Segantini in die Berge. Auf Empfehlung seines Freundes, des Kaufmanns Enrico Dalbesio, will er die wilde Viamala-Schlucht sehen. Die Reise Segantinis erfolgt zuerst zu Fuss über Bergamo und das Veltlin ins Engadin und mit einer Postkutsche über den Julier. Aus dem Besuch der Viamala-Schlucht bei Thusis wird aber vorerst nichts, so überwältigt ist Giovanni Segantini von Savognin. «Ich gehe nicht mehr weiter, ich bleibe hier», soll er ausgerufen haben.

«Es ist der Ruf des klaren Lichts, der reinen Schönheit und der Idee der Freiheit, der meinen Urgrossvater in die Höhe lockt, wo das Auge frei ins Unendliche schweifen kann. Die Natur ist überschwänglich im Gebirge, voller Schönheit und Erhabenheit.» * So beschreibt Diana Segantini die Sehnsucht ihres Grossvaters nach einem Leben in den Bergen, nahe bei den Bauern und ihrem Lebensalltag. Im Sommer 1886 erreicht Giovanni Segantini Savognin, wo er acht kreative Jahre verbringt und seine Malerei stetig weiterentwickelt. Er lebt mit seiner sechsköpfigen Familie und der Hausangestellten Barbara Uffer im Haus Peterelli, mitten im Dorf. In einem seiner Briefe schreibt er: «Am meisten liebe ich die Sonne, nach der Sonne den

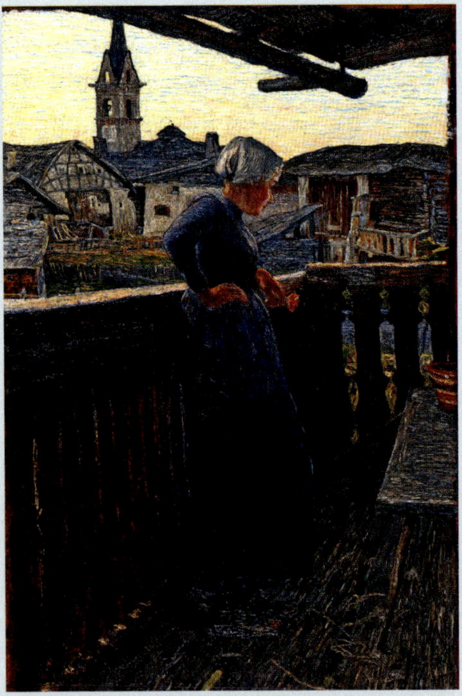

Giovanni Segantini (1858–1899), Sul balcone, 1892, Öl auf Leinwand, Depositum der Gottfried-Keller-Stiftung (1905), © Bündner Kunstmuseum Chur

Frühling, dann die Quellen, die in den Alpen kristallklar aus dem Felsen sprudeln (...).» Am liebsten malt er in der Mittagszeit. Er liebt das flimmernde Licht wie auch die Dämmerung. Mit grosser Leidenschaft und einer unvergleichlichen Schaffenskraft arbeitet Giovanni Segantini wenn immer möglich im Freien. Er malt zahlreiche bäuerliche Szenen – das Wesentliche und Schlichte der alltäglichen Arbeit. Hier entwickelt er seine divisionistische Malweise weiter. Strich um Strich fügt er Farbe über Farbe auf die mit weisser Kreide und leuchtender Terra-Rossa-Farbe grundierte Leinwand. So entstehen seine charakteristischen lichtdurchfluteten Bilder. Die ersten Bilder zeigen mehrheitlich dörfliche Szenen.

Später zieht er mit seiner Familie und seiner Hausangestellten Barbara, die er Baba nennt, für zwei Jahre in eine kleine Hütte auf die Alp Tussagn (1819 m), direkt an der Waldgrenze. Hier entsteht das Bild «Frau an der Quelle». Seine Frau Bice liest ihm oft aus Klassikern vor, während er malt. Barbara Uffer wird zu seinem bevorzugten Modell. Für das Bild «Alpweiden» steigt er jeden Tag hinauf zum Lai Tigiel (2462 m), am Fusse des Tinzenhorns/Corn da Tinizong.

Immer wieder kehren aber auch die traurigen Jahre seiner Kindheit in sein Bewusstsein zurück. Melancholie und Einsamkeit sind seine ständigen Begleiter. Segantini, der in jungen Jahren als Waisenkind das Leben in all seiner Härte kennenlernte, steht mit seinem Sinn für Gerechtigkeit häufig alleine da. Sein unabdingbarer Freiheitsdrang, ebenso aber sein aufwendiger Lebensstil bringen ihn immer wieder in Bedrängnis. Und aufgrund seiner Staatenlosigkeit, die durch ein

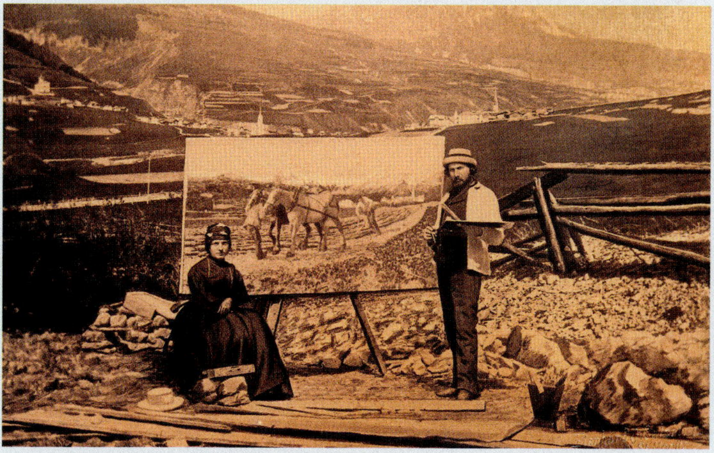

Giovanni Segantini mit Bice Bugatti in Savognin beim Malen des Gemäldes «L'aratura (Pflügen)», 1890, Fotografie, aufgezogen auf Karton, © Bündner Kunstmuseum Chur

Versehen herbeigeführt wurde, muss Segantini während seiner Savogniner Jahre immer wieder mit der Ausschaffung rechnen. Regierungsrat Franz Peterelli (1847–1907), ein Freund Segantinis, versucht vergebens, eine Bewilligung für wenigstens vier Jahre zu erwirken. 1894 zieht Segantini mit seiner Familie nach Maloja, ins Engadin.

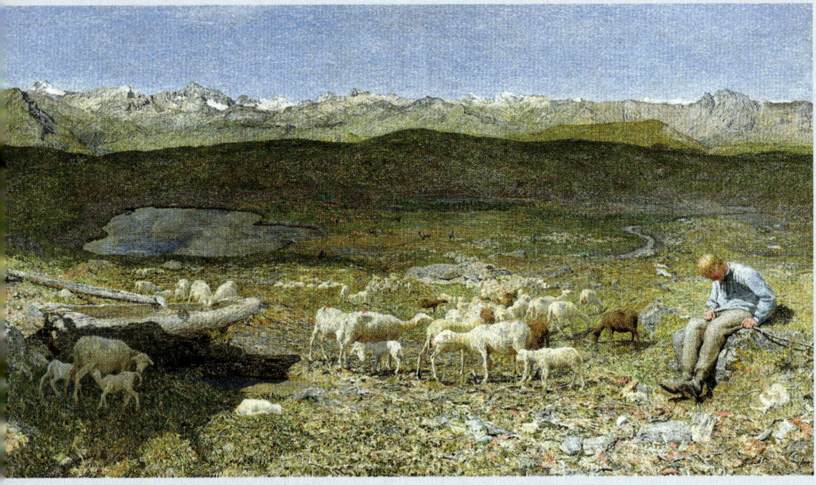

Giovanni Segantini (1858–1899), Alpweiden, 1893/94, Öl auf Leinwand,

Literatur:
– Segantini 2011, Giovanni Segantini 1999, Scheib 2012

Tipp:
– Segantini Museum St. Moritz, www.segantini-museum.ch
– Sala Segantini: Ausstellung «Segantini in Savognin», 1886–1894
– Spaziergang «Segantini in Savognin». Karte oder App Parc Ela

Information:
+41 (0)81 659 16 18, Info: info@parc-ela.ch

Download:
www.parc-ela.ch/app

Cranch da Sett, Kehren auf der Septimer-Südseite

Bivio – Septimer – Casaccia – Vicosoprano

5

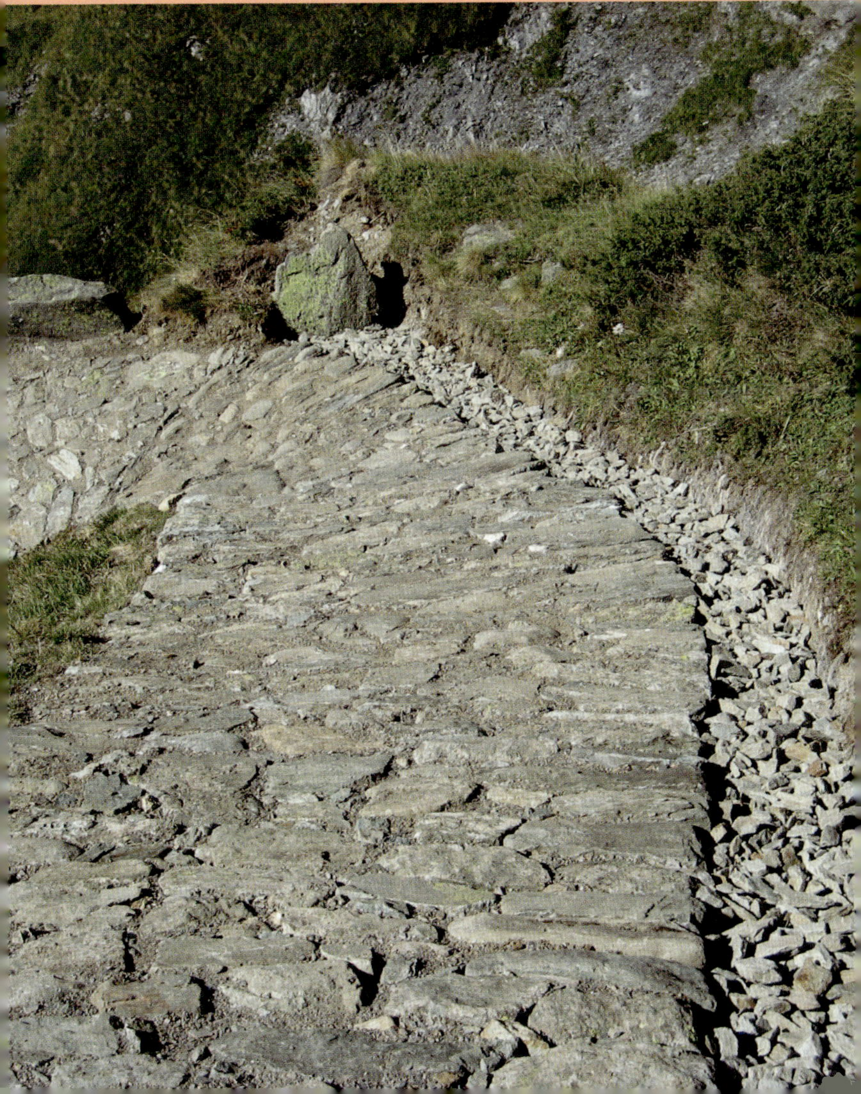

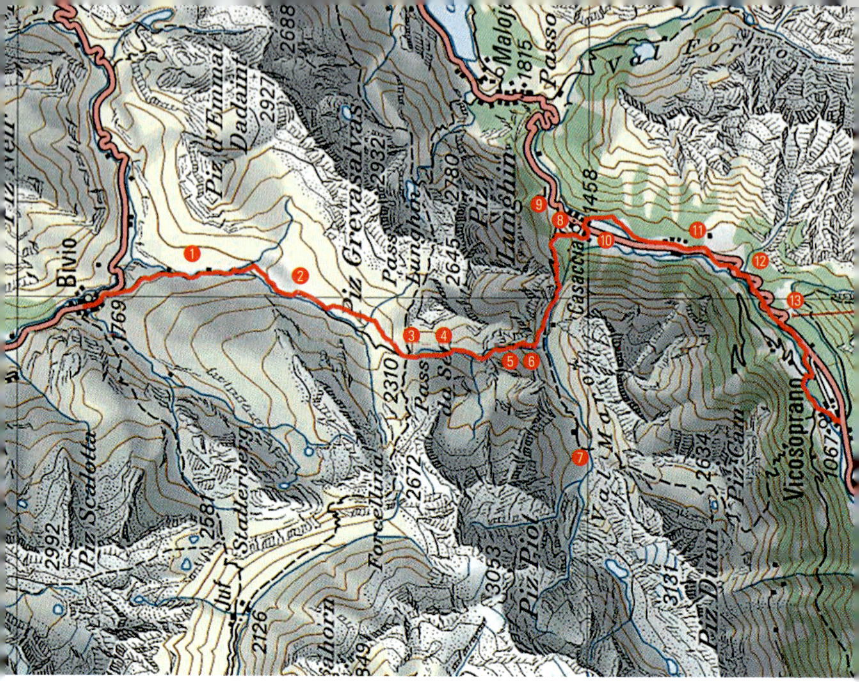

Bivio – Septimer – Casaccia – Löbbia – Vicosoprano

Tourencharakter

Bergwanderung auf gut ausgebauten, teils gepflästerten Wanderwegen (ehem. Castelmur-Strasse). Vorsicht bei Nässe und Schnee im Abstieg bei den Cranch da Sett
Technik/Kondition: mittel (Bergwanderweg)/schwer

Aufstieg: 620 m Abstieg: 1300 m
Distanz: 20 km Zeit: 6 h

Abseits der Via Sett

– Maloja – Casaccia (1,5 h): römische Wagenspur, Bergföhrenwald, Gletschertöpfe. Die Strecke von Maloja bis Cavril wird von den Bergellern «Malögin» genannt.

Sehenswertes

Septimer:

1. Val Tgavretga, einst ganzjährig besiedelt
2. Moorlandschaft Plang Camfer
3. Septimer Passhöhe: Auf Hügelplateau ehem. röm. Legionslager, südlich davon Überreste des mittelalterlichen Hospizes
4. Steinbogenbrücke auf der Septimer-Südseite, 2. Hälfte 20. Jh.

	❺ Sascel: in den Fels geschlagenes Wegstück bei der Gemeindegrenze Surses / Bregaglia
	❻ Cranch da Sett, enge Kehren im Abstieg ins Val Maroz
	❼ Val Maroz, einsames Alpgebiet zwischen Avers und Bergell
Casaccia:	❽ La Tor, ehem. Wachtturm zur Sicherung der Septimerroute, erbaut um 1200 durch den Bischof von Chur
	❾ Wallfahrtskirche San Gaudenzio nördlich des Dorfes, 9. Jh, neu erbaut um 1519
Casaccia Dorf:	❿ Hotel Stampa, 16. Jh., barocke Stube, Besichtigung auf Anfrage
	– Ehem. Hospiz Cunvent bei der Kirche, erbaut um 1520 auf Vorgängerbau, 1740 Erdgeschoss durch Murgang aufgefüllt
	– Reformierte Kirche, erster Bau von 1522, Neubau barock (1742)
	– Casa Gadina (1591, Prevosti). Ein Teil im Besitz der Gemeinde, Schulzimmer bis 1964 benutzt. Grosser, ummauerter Nutzgarten
Löbbia:	⓫ Intakte Maiensäss-Siedlung
Zocca-Pranzaira:	⓬ Ehemalige Castelmur-Strasse mit reicher Wegsubstanz
	⓭ Talstation der Albigna-Seilbahn, Architekt Bruno Giacometti, 1907–2012
Vicosoprano:	– Siehe Etappe 6, Seiten 139–164

Verpflegung, Unterkunft

Val Tgavretga:	– Franca's-Beizli, Cavreccia, Besen oben: offen, +41 (0)79 580 18 69
Casaccia:	– Hotel Pension Stampa, Verpflegung im Ristorantino Bar Sett, +41 (0)81 824 31 62, www.hotelstampa.ch
Pranzaira:	– Hotel Pranzaira, Tel. +41 (0)81 822 14 55, www.pranzaira.ch
Vicosoprano:	– Albergo Ristorante Piz Cam, +41 (0)81 822 12 80, www.pizcam.com
	– Albergo Corona, +41 (0)81 822 12 35, www.hotelcorona.ch
	– Camping Mulina, +41 (0)81 822 10 35, www.campingbregaglia.ch

Tipps und Infos

- Führung Albigna-Staumauer, Mitte Juni bis Mitte Oktober, Anmeldung am Vortag bis 16.30 Uhr, Tel. +41 (0)58 319 64 14, www.bregaglia.ch
- Führung im Kraftwerk Löbbia, Mitte Juni bis Mitte Oktober, keine Voranmeldung, jeden Dienstag um 14.00 Uhr beim Nordeingang des Kraftwerks, www.ewz.ch

Historische Spurensuche am Septimer

Etappe 5: Bivio – Septimer – Casaccia – Vicosoprano

Bivio (1770 m) hat uns mit seiner reichen Vergangenheit bis tief in die Nacht wach gehalten. Über den Septimer wurde nicht nur Ware transportiert, auch die Kultur, die Sprache und um 1584 die Reformation fanden den Weg über den Septimer ins oberste Surses. Die Sprachenvielfalt, das Nebeneinander von Italienisch, Bivianisch, Surmiran, Bregagliot und Deutsch, ist ein besonderes Merkmal der Bivianer (S. 91).

Die Menschen erzählen mit einer tiefen Verbundenheit und mit ungeahnter Leidenschaft von ihrem Dorf. Um das zu erleben, muss man hierher kommen, verweilen und mit offenen Augen und Ohren durchs Dorf gehen. Was die Menschen in früheren Jahrhunderten bewegte, schreibt Elda Simonett-Giovanoli im Buch «C'era una volta Bivio...» (dt. Es war einmal Bivio...) auf unterhaltsame Weise, nachdem sie unzählige Stunden im Archiv von Bivio verbracht hatte. Schreiben war aber nicht Elda Simonetts Beruf. Nach Abschluss des Lehrerseminars in Chur wanderte sie als Zwanzigjährige zum Vorstellungsgespräch von Bondo über den Septi-

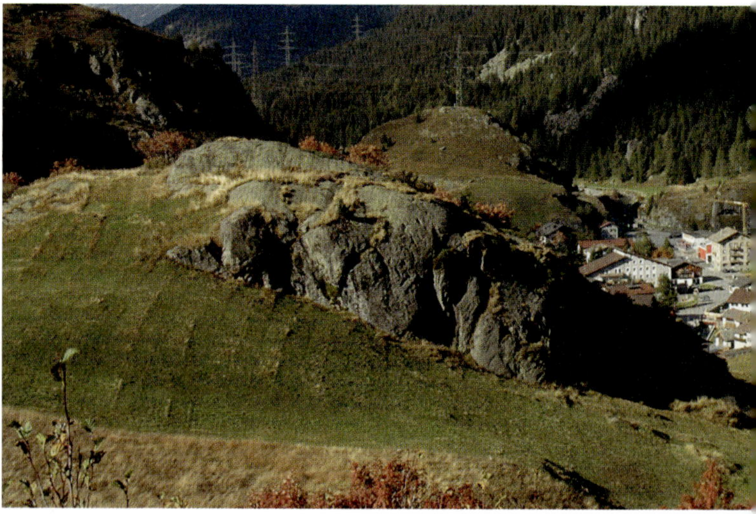

Bivio, gebaut in einem ehemaligen Seebecken

mer nach Bivio. Pater Mauro Jöri war einer ihrer Schüler. Im Jahr 1996 wurde er zum Generalvikar des Kapuzinerordens gewählt und im Jahr 2012 bestätigt. Zur Feier hielt Bivio in der katholischen Kirche eine Messe. Die Kirche war randvoll besetzt, das ganze Dorf anwesend, und der evangelische Gottesdienst wurde abgesagt. Vergessen sind die Religionsstreitigkeiten von einst (S. 136).
Zwischen den Bergellern und den Bivianern besteht eine besonders enge Verbindung. Das Bergell mit seinen kleinen, steilen Weideflächen zwang die Menschen, nach weiteren Weideplätzen zu suchen. Sie wurden in Bivio fündig. Erste Dokumente, die den Erwerb von Maiensässen und Alpen in Bivio bezeugen, liegen bereits aus dem 13. Jahrhundert vor. Jahr für Jahr zogen die Bergeller, insbesondere aus Soglio, zu den hoch gelegenen Sommerweiden. Bald darauf, ab dem 16. Jahrhundert, liessen sich die ersten Familien ganzjährig in den Aussensiedlungen von Bivio, in Stalveder, Allac, Mott, Cavreccia und Valletta da Beiva, nieder.

Wir machen uns auf den Weg über den Pass. Südlich des Hotels Post wechseln wir auf die Fahrstrasse, die in die Val Tgavretga führt. Unser Blick fällt auf die Waldfläche vor uns. Diese Neupflanzung von Lärchen, Bergföhren und Fichten ist eine Ersatzmassnahme für den im Lai da Marmorera ertränkten Wald. Ursprünglich war die Region bis auf die Passhöhe bewaldet. Der Wald musste aber während Jahrhunderten den Ansprüchen der Menschen genügen. So wurde er abgeholzt zur Gewinnung von Weideland, für den Bergbau, für Häuser, Ställe, Zäune und zur

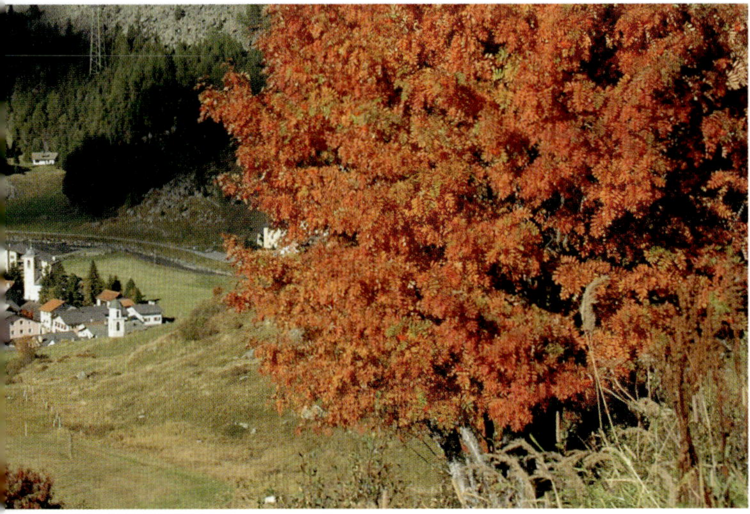

Brennholznutzung. Auf der Suche nach alten Wegspuren stossen wir bereits nach 500 Metern auf einen Schalenstein. Dieser säumt einen älteren Wegverlauf. Der Stein weist zwei Vertiefungen unterschiedlicher Grösse auf. Könnte es sich um einen prähistorischen Schalenstein handeln? Wir wandern weiter in die Val Tgavretga, vorbei an den Einzelhöfen Motalla, Nagrign, Prevostign, Capitani, Fumia, Motta, Foppa und Cadval.

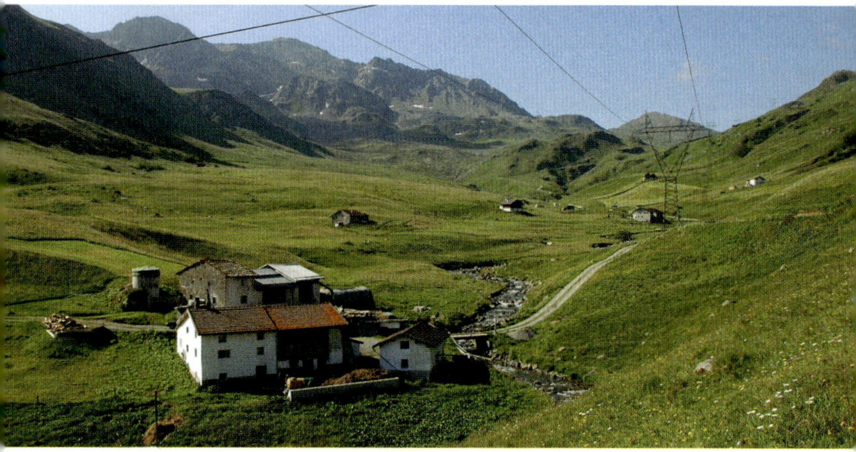

Blick ins Val Tgavretga/Cavreccia

Das klare Wasser der Eva da Sett fliesst im steinigen Bachbett. Trockenmauern säumen den Weg. Wiesen werden gemäht, das Heu eingebracht.

Bei Cadval (P. 2019 m) biegt der Wanderweg in südwestlicher Richtung ab und verläuft weiterhin entlang der Eva da Sett, die sich hier tief ins Gestein eingekerbt hat. Bei Cadval zweigt auch der Wanderweg ab zur Alp Emmat und zum Roccabella (2727 m), einem beliebten Skitourengipfel von Bivio.

Wir folgen weiter der Eva da Sett, die nun durch die schöne Moorlandschaft Plang Camfer mäandriert. Der Flurname Cam(p)fer (dt. Eisenfeld, ital. piano campoferro) könnte mit dem Erzabbau in Verbindung gebracht werden.

Wir halten uns besser an den Wegrand, denn die Mountainbiker nähern sich leise. Doch nicht lange, denn bereits beim Punkt 2134 m ü. M. zweigt der Wanderweg ab und führt in angenehmer Steigung direkt auf die Passhöhe. Die Nebelbänke haben sich aufgelöst. Wir machen Pause und schauen zu den Berggipfeln Piz Grevasalvas (2932 m), Motta Radonda, Piz Materdell, Piz d'Emmat Dadaint und Piz d'Emmat Dadora, die das Hochtal gegen Osten begrenzen. Über die Weiden der

Alp Tgavretga erreichen wir die Alp da Sett. Kühe weiden beim kleinen See südlich der Eva da Lunghin. Wir schliessen die Augen und stellen uns vor, das Glockengeläute eines heranziehenden Saumzuges aus vergangenen Zeiten zu hören. Jetzt ist es nicht mehr weit bis zur Passhöhe. Unmittelbar davor erkennt man links des Weges eine markante Kuppe. Auf diesem Aussichtspunkt, auf 2363 m ü. M., wurden unter der Leitung der Archäologen Jürg Rageth und Werner Zanier in den Jahren 2007/08 umfangreiche Grabungen durchgeführt. Über 1000 römische Funde wie Zeltheringe und Schleuderbleie konnten sichergestellt werden. Die Geländekuppe diente dem römischen Heer als Lagerplatz (S. 128). Vorbei an einem weiteren klei-

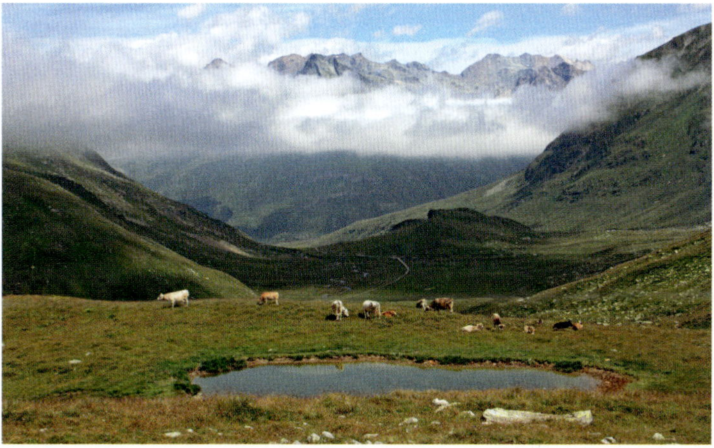

Alp da Sett, im Mittelgrund Plang Camfer

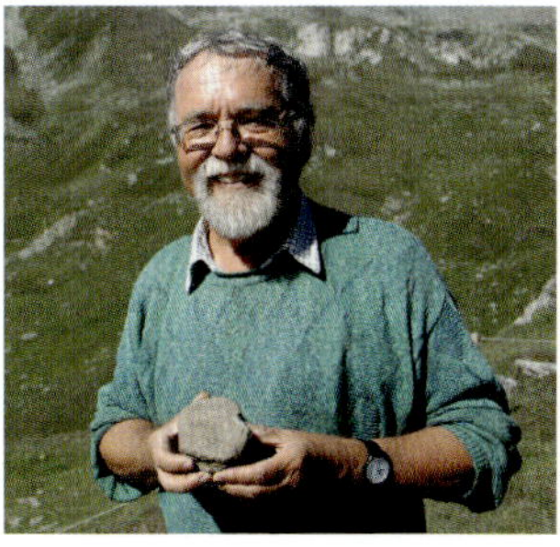

Jürg Rageth mit römischem Inschriftenstein vom Septimerpass

nen See, der sich westlich der Geländekuppe befindet, stehen wir nach wenigen Schritten auf dem Pass da Sett (2310 m). Der Septimer, die direkteste Verbindung zwischen dem Bodenseeraum und Oberitalien, war bereits für die Römer von grosser Bedeutung und wurde als sogenannter Bischofsweg, in der Zeit vom 9. bis Ende des 15. Jahrhunderts, zum wichtigsten Bündner Pass. In dieser Zeit kontrollierte der Bischof von Chur den Passverkehr. Die Territorien entlang des Septimers waren, mit Ausnahme des Gebietes Churwalden, in seinem Besitz. Der St. Galler Chronist Ekkehard schreibt im frühen 11. Jahrhundert vom Septimer als der «Normalroute vom Bodenseeraum nach Rom».

Auf dem Septimer treffen auch die Wege nach Maloja und ins Avers aufeinander. Noch bis ins letzte Jahrhundert hinein trieben die Walser aus dem obersten Averstal ihr Vieh über die Forcellina zu den Leg da Sett (Septimer-Seen), weiter über den Septimer und auf die Viehmärkte nach Chiavenna. Auf diesem Weg säumten sie auch Lebensmittel, insbesondere Getreide und Wein. Der zweite Weg führt hinauf zur Wasserscheide am Lunghin-Pass (2645 m) und weiter nach Maloja. Am Lunghin-Pass fliesst das Wasser entweder mit dem Inn ins Schwarze Meer, mit der Julia in die Nordsee oder mit der Maira ins Mittelmeer.

Auf der Septimer-Passhöhe suchen wir weiter nach Spuren der Vergangenheit und werden wieder fündig. Südlich der erwähnten Geländekuppe, am linken Wegrand, liegen die überwachsenen Mauerreste des älteren Hospizes, das Bischof Wido um 1100 erbauen liess: «Unum hospitale in honorem S. Petri in Septimo monte construxit.» Ob das bereits im Jahr 831 bezeugte xenodochium sancti Petri der Vorgängerbau war, ist ungewiss. Ausgrabungen brachten aber zutage, dass an die-

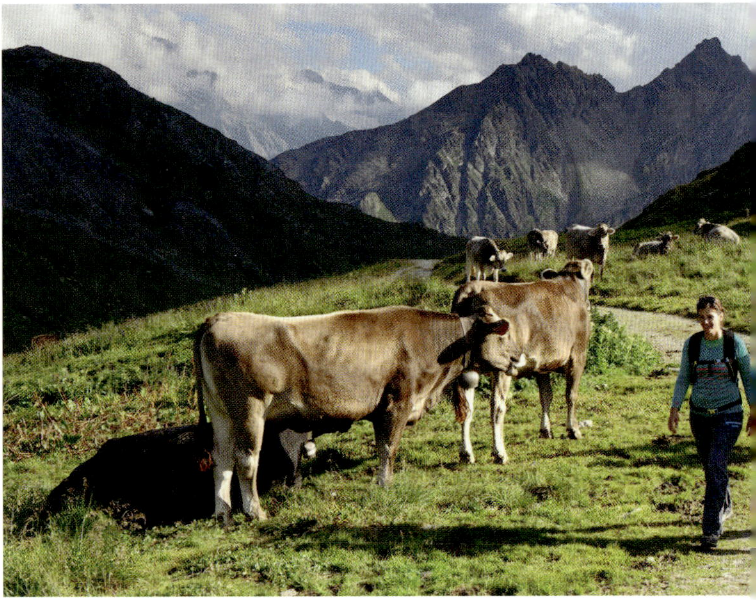

Septimer Passhöhe mit Ausblick ins Bergell

ser Stelle bereits in frührömischer Zeit ein Gebäude stand. Linkerhand steht das EWZ-Gebäude, rechterhand gefolgt von der ehemalige Militärhütte. Hier stand das Hospiz aus dem 16. Jahrhundert, die Chesa da Sett (siehe D. Giovanoli, S. 183), das nach dem Zerfall des bischöflichen Hospizes erbaut wurde. 300 Jahre lang diente die neue Herberge den Reisenden. Der letzte Wirt musste das Hospiz im Jahr 1828 schliessen, weil der Septimer nach der Eröffnung der Maloja-Passstrasse (1827) nur noch wenig begangen wurde. Anschliessend soll das Hospiz aber noch von einer Räuberbande weitergeführt worden sein. So will es zumindest die Legende «I sette morder dal Sett» (S. 137). Die Militärhütte wurde in den 1940er-Jahren auf den Grundmauern des ehemaligen Hospizes gebaut.

Die Weite dieser schönen Passlandschaft lässt die Vergangenheit in die Ferne rücken. Überwältigt vom Blick südwärts suchen wir uns einen Rastplatz. In der vorderen Bergkette, eingangs Val Maroz, erkennen wir den Piz Lizun (2518 m) und südwestlich davon den Piz Cam (2634 m), dahinter die Bergeller Granitberge mit der Cima di Rosso (3366 m), dem Fornogletscher und der Cima di Castello. Der Blick reicht bis zum Pizzo Cengalo (3369 m) im Südwesten, aus dessen Flanke sich im August 2017 ein verheerender Felssturz löste.

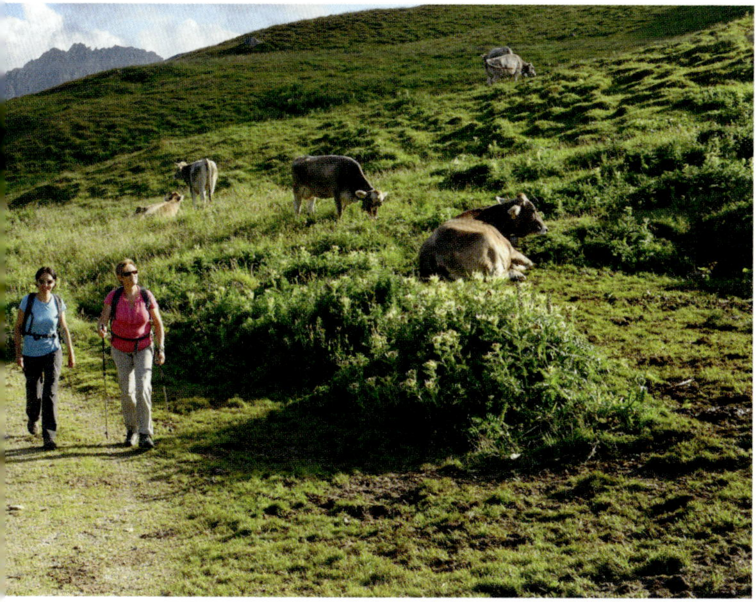

Foto: Lorenz A. Fischer

Über sanft abfallendes Alpgelände führt der Wanderweg zur Aua da Sett hinunter, die wir bei einer Furt trockenen Fusses queren. Ein Blick zurück verrät nur bei genauerer Betrachtung die versteckten Bauten, welche das Schweizer Militär in den Jahren des Ersten und Zweiten Weltkrieges auf dem Septimer in den Fels baute. Die Anlagen sind Zeugen der militärisch wichtigen Lage des Septimers als Tor zu Rätien – von den römischen Feldlagern während des Alpenfeldzuges 16./15 Jh. v. Chr. bis zur Schweizer Landesverteidigung im Zweiten Weltkrieg.

Der Weg verläuft jetzt ein kurzes Stück links der Aua da Sett und führt dann zur Steinbogenbrücke, der sogenannten Römerbrücke. Dass dem nicht so ist, erklärt uns der langjährige Wegforscher am Septimer, Hansjürg Gredig (S. 132).

Rechterhand ziehen sich die steilen Hänge des Piz Forcellina, des Piz Turba und des Piz Mäder zur Aua da Sett hinunter. Weg und Bach teilen sich den schmalen Talboden, denn auch die Hänge des Piz dal Sasc fallen steil ab. Schlagartig wird sichtbar, wie gegensätzlich die beiden Zustiege zum Septimer sind. Der langsam

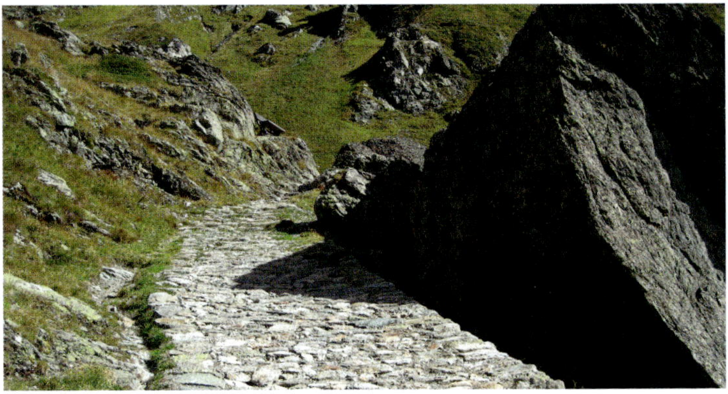

Sascel mit dem älteren (oben, Ruhebank) und dem jüngeren Wegverlauf

ansteigende nördliche Zugang steht einem steilen, südlich abfallenden Abhang gegenüber. Welch Ungemach über die Reisenden auch zur Sommerzeit hereinbrechen konnte, schreibt Hans Ardüser um 1580: «uber ein grossen bärg (Septimer) bÿ nassem ruchen kallten schnee wätter». Wie rau und gefährlich die Bedingungen am Septimer gar im Winter waren, schreibt er Jahre später in seiner Chronik (1618) über einen Salis: «auf Settmer in ein Schnee Löwin sampt 7 Mann aus Bargell und 45 Saumross jämmerlich umkommen». Ohne Schutzwald hatten die Lawinen in diesen steilen Hängen ein leichtes Spiel. Auch für die Ruttner (Wegmacher) war der Wegunterhalt auf der Südseite des Septimers oftmals gefährlich.

Nach der Steinbogenbrücke folgt der Weg dem Bachlauf auf der rechten Talseite und zieht dann oberhalb der Aua da Sett in den Hang hinein. Nach zwei Kehren erreichen wir die schwierigste Stelle am Septimer. Es ist der Fels beim Sascel. Gut erkennbar ist der obere, fein behauene Einschnitt gegenüber dem unteren, gröberen Einschnitt, auf dem heute auch der Wanderweg verläuft. Der untere Weg könnte die von Castelmur, im Auftrag des Bischofs von Chur, im Jahr 1387 erbaute Strasse zwischen Tinzen und Plurs sein. Ob es sich beim oberen Einschnitt um die römische Wegvariante handelt? Der Fels beim Sascel bildet die Gemeindegrenze zwischen dem Surses und dem Bergell. Die Ruttner von Casaccia waren beauftragt, bis zum Sascel den Schneebruch die «ruptura montis Seth» sicherzustellen, wie aus einer Urkunde von 1531 hervorgeht.

Beim Punkt 2073 m queren wir die Aua da Sett erneut. Der Weg führt jetzt links des Baches durch den steilen Hang. Das nun folgende Meisterwerk des Strassenbaus sind die Cranch da Sett. Diese engen Kehren hinunter in die Val Maroz müssen noch heute bei Nässe, Eis und Schnee vorsichtig begangen werden.

Nach rund 200 Metern Abstieg zieht die Via Sett entlang des Hangs langsam abwärts. Im Talboden liegen die Alpgebäude der Alp Maroz Dora (1799 m). Wer die Einsamkeit der Berge liebt und viel Ausdauer mitbringt, dem sei die Wanderung zur hinteren Alp Maroz Dent (2035 m) und in die Val da la Duana empfohlen.

Beim Punkt 1792 m treffen wir auf die Alpstrasse, der wir ein kurzes Stück am Fusse des Piz dal Sasc folgen. Wenige Meter nach der Brücke (1751 m) verlassen wir die Fahrstrasse und biegen rechts in den Wanderweg ein. Immer wieder sind im Waldgebiet von Andadüra Wegpflästerungen der Castelmurschen Strasse erkennbar. Aufgrund eines Murgangs aus der Flanke des Piz dal Sasc bleibt diese historische Wegführung bis auf Weiteres gesperrt. Eine Umleitung nach Casaccia ist signalisiert.

Vor uns erheben sich die Überreste des einstigen Wachturmes (1523 m) am Weg über den Septimer. Die Einheimischen nennen ihn Torr. Von Weitem erkennbar ist die Ruine der Kirche San Gaudenzio. San Gaudenzio gehörte, wie auch St. Cosmas und Damian in Mon, dem Reichskloster Pfäfers. Bereits in einer Urkunde von 1116 wird «St. Gaudentius ad pedem Septimi montis» benannt. Das dazugehörige Hospiz war für die Pilger von Bedeutung. Es wird in einem Einkünfterodel der Freiherren von Vaz um 1330 zusammen mit Lantsch/Lenz und dem Hospiz auf dem Septimer genannt. 1551 wurde die Kirche während der Reformation verwüstet. Die Ruine der Kirche San Gaudenzio – es war einst der vielleicht schönste gotische Kirchenbau in Graubünden – ist seit der umfangreichen Sanierung im Jahr 2012 wieder gesichert.

Beim Abstieg ins Dorf blicken wir hinauf zum Malojapass, der obersten Stufe des Bergells, und erblicken den Turm des Schlosses Belvedere (Castello), erbaut um 1880 durch den belgischen Grafen Renesse. Das Schloss, das einst auch das

Interesse des Malers Giovanni Segantini weckte, wurde im Jahre 1953 zusammen mit 33 ha Bergföhrenwald von Pro Natura gekauft. Seither pflegt und unterhält die Organisation das Schutzgebiet. Maloja (1809 m), das oberste Dorf der Gemeinde und Talschaft Bergell, mit den Weilern Cadlägh, Cresta, Isola, Ca d'Maté und Orden, war ursprünglich Maiensäss- und Alpgebiet der Bauern aus Stampa.

Auf der gegenüberliegenden Talseite fällt der Blick auf die massive Albignastaumauer. Ein kurzer Bergwanderweg führt von der Staumauer hinauf zur Capanna da l'Albigna (2333 m).

Unser nächstes Ziel, das Passdorf Casaccia, liegt zum Glück näher. Casaccia beherbergt seit Jahrhunderten Reisende auf ihrem Weg über den Septimer. Darunter auch manche Berühmtheit, wie uns die Gästebücher im Hotel «Stampa» zeigen. Casaccia «diente einer grossen Anzahl Saumthiere, welche Wein und Käse über die Pässe führen, zum Lager- und Futterplatz», schreibt Campell um 1570. Und im Jahr 1812 wird berichtet, dass es in Casaccia «21 ziemlich wohl gebaute Häuser und ein Haus zur Waaren-Niederlage (gibt), dessen Unterhaltung der Gemeinde Ob Porta (Porta: Felsriegel bei Promontogno) obliegt, wogegen die Unter-Porter einen besonderen Zoll von den geführten Waaren entrichten» (NSR 1812, S. 234).

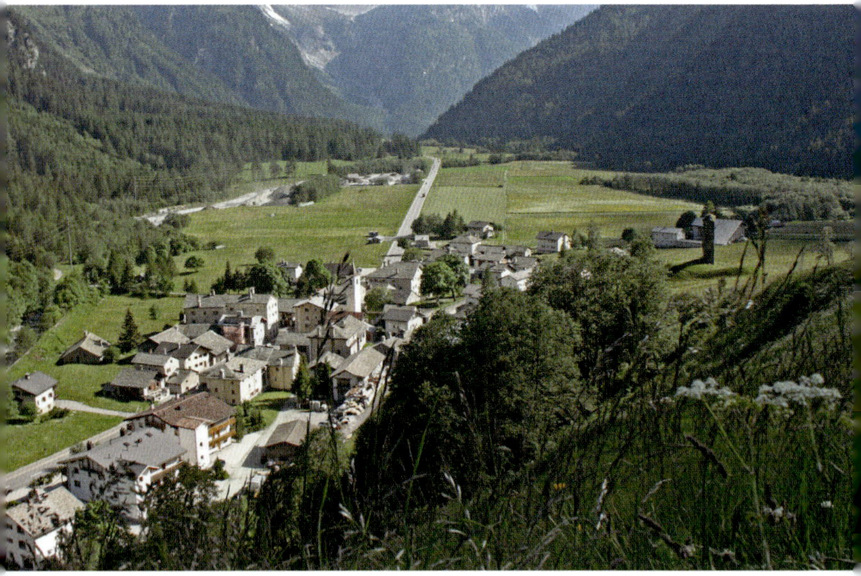

Casaccia, rechts im Bild auf einer Anhöhe die Überreste des Wachturmes

Auf der Entdeckungsreise durchs Dorf fallen die unterhalb des Strassenniveaus liegenden Türen und Fenster auf. Besonders eindrücklich ist dies beim ehemaligen Hospiz, genannt Cunvent, direkt hinter der Kirche. Die mit Erde und Steinen gefüllten unteren Stockwerke im Dorf sind das Werk von mehreren Murgängen, die sich vom Piz dal Sasc herunterwälzten und viel Zerstörung mit sich brachten. Auch die Orlegna, die ihren Ursprung am Fornogletscher hat, liess Casaccia ihre zerstörerische Kraft spüren. Inzwischen sind diese Gefahren gebannt. Für die Orlegna wurde in Maloja-Orden durch das EWZ 1972 eine Hochwasser-Rückhaltemauer gebaut, und am Fusse des Piz dal Sasc übernimmt der Schutzwald wieder seine Funktion.

Im Jahr 1492 schreibt Andrea Franceschi in seiner Reisebeschreibung: «Alla radice di questo monte è una bella villa, nominata Casaz (Casaccia), posta in una valle, nominata Val Bergaja.» Auch 500 Jahre später ist Casaccia ein schönes Dorf. Uns gefällt es hier, und wir bleiben über Nacht.

Ab Casaccia verläuft die Via Sett mehrheitlich auf dem alten Talweg. Gegenüber des Hotels «Stampa» nehmen wir das Strässchen über die Wiese zur Brücke. Der Weg führt durch einen lockeren Nadelwald. Die ehemalige Schwemmlandschaft erinnert an die Zeit, als die Orlegna noch frei mäandrierte. Heute ist sie kanalisiert und wird zur Stromgewinnung genutzt. Für das lokale Kieswerk hat sie in jahrhundertelanger Arbeit Sand und Kies abgelagert. Unterhalb des Kieswerks quert die Orlegna die fruchtbare Talebene und vereinigt sich mit der Maira, bevor sie zusammen ins Ausgleichsbecken der Elektrizitätswerke Zürich (EWZ) bei Löbbia fliessen.

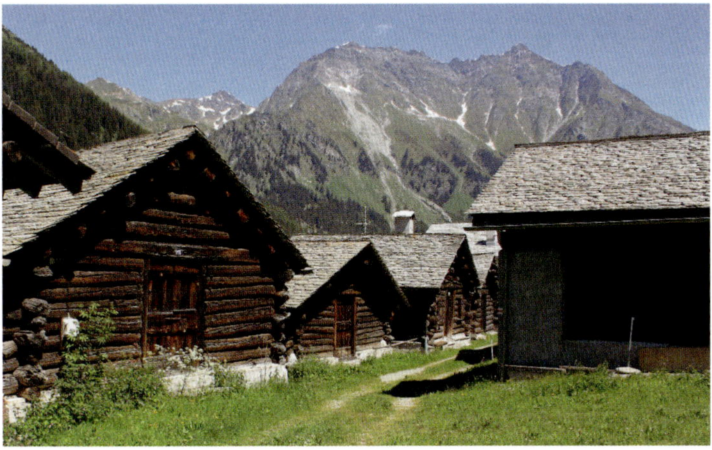

Maiensässsiedlung Löbbia

In der schönen Maiensäss-Siedlung Löbbia (1435 m) lohnt es sich, dem Weg zwischen den Stall- und Wohnbauten und den Sennereien zu folgen. Sonja Maurizio-Bandli verbringt die Sommermonate hier. Sie erzählt uns von der Transhumanza, vom bäuerlichen Leben im Jahreskreis. Löbbia war nie Dauersiedlung. Die Familien zogen jeweils im Frühling für ein paar Wochen nach Löbbia. Im Sommer ging es auf die höhergelegenen Alpen, z. B. die Alp Ca d'Starnam in der Val Fedoz bei Isola, und im Herbst kehrten sie für ein paar Wochen nach Löbbia zurück, bevor sie den Winter in Vicosoprano verbrachten. Uns erstaunt der hohe Ausbaustandard der nur temporär bewohnten Häuser, mit ihren zahlreichen dekorativen Elementen. Mit dem Wandel in der Landwirtschaft ist die Transhumanza heute fast ganz verschwunden. Auch in Löbbia werden die meisten Häuser nur noch zu Ferienzwecken genutzt.

Bei Zocca überqueren wir die Strasse und folgen der gepflästerten Castelmur-Strasse. Lesesteinmauern und Lärchen säumen den Weg. Bei Pranzaira (1190 m) verlassen wir den offiziellen Wanderweg und gehen wenige Meter entlang der Strasse zur Talstation der Luftseilbahn Pranzaira, entworfen von Bruno Giacometti.

Zurück auf dem Talweg wandern wir durch Wald und Wiesland zur Strasse, die ins Dorf Roticcio führt. Wir überqueren die Maira und biegen unterhalb des Campingplatzes wieder in den Wanderweg ein, vorbei am kleinen Badesee nach Vicosoprano (1067 m). Über die Steinbogenbrücke (1543) gelangen wir direkt ins verkehrsberuhigte Dorfzentrum mit der geräumigen Piazza. Das familiäre Albergo «Piz Cam» mit dem lauschigen kleinen Garten und das Albergo «Corona» im alten Patrizierhaus (1530, Familie Castelmur) versprechen erholsame Nächte. Morgen bleibt uns genügend Zeit, durch die Gassen von Vicosoprano zu schlendern.

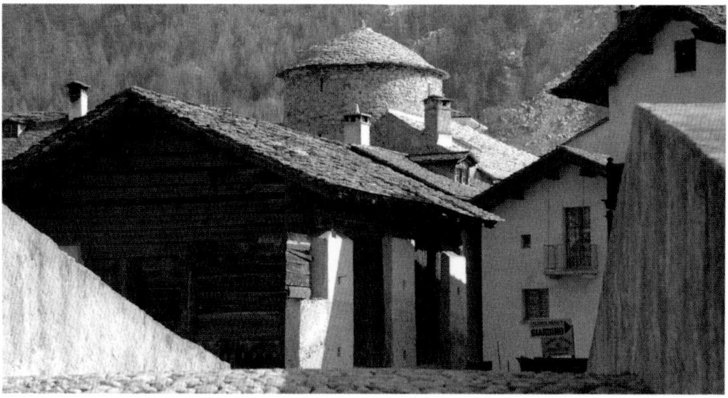

Vicosoprano mit dem Senwelenturm, der beim Bau des Rathauses (1583) integriert wurde

Archäologische Funde vom Septimerpass und entlang der Via Sett

Jürg Rageth

Archäologische Fundstellen von Chur über die Lenzerheide nach Tiefencastel

Als Hauptort des Kantons Graubünden und als Bischofsstadt weist Chur zugleich die meisten ur- und frühgeschichtlichen Fundstellen Graubündens auf, was höchstwahrscheinlich mit der intensiven Bautätigkeit in Chur im 20. Jahrhundert zusammenhängt.

In Chur-Marsöl wurden im Jahr 2000 die vorerst ältesten spätpaläolithischen und frühmesolithischen Funde Graubündens entdeckt (Radiolarit-, Silex- und Bergkristall-Artefakte aus der Zeit zwischen 11'000 und 8000 v. Chr.). – Jungsteinzeitliche Siedlungsplätze wurden bereits zuvor im Churer Welschdörfli, d.h. im Areal Zindel, Areal Ackermann und Markthallenplatz gefasst (ca. 4./3. Jahrtausend v. Chr.). Dann gibt es aber auch bronze- und eisenzeitliche Siedlungsreste (ca. 2./1. Jahrtausend v. Chr.) vom Areal Ackermann, Areal Markthallenplatz und vom Sennhof/Karlihof etc.

Seit dem frühen 1. Jh. n. Chr. sind aus dem Churer Welschdörfli zahlreiche römische Gebäudereste und auch ein reichhaltiges römisches Fundmaterial bekannt. Während das römische «Curia» im 1. Jh. n. Chr. ein stattliches Dorf war, entwickelte es sich im 3./4. Jh. n. Chr. zum Hauptort der Provinz «Raetia I», während Augsburg weiterhin Hauptort der «Raetia II» blieb.

Vom Churer Welschdörfli führte auch eine römische Strasse über die Lenzerheide nach Tiefencastel, die heute allerdings nur noch mit bescheidenen Spuren und Funden (Münzhort vom Pizoggel, einzelne Münzen, Fibel, eiserner Hufschuh) zu belegen ist.

Einzelne römische Funde aus dem Malixer Oberdorf (Gem. Churwalden) beweisen höchstwahrscheinlich, dass sich in Malix eine kleine römische Siedlung befand.

Die südlich von Malix gelegene Burg Strassberg, die wohl im 12. Jh. n. Chr. erbaut wurde und schon im 16. Jh. abging, belegt, dass die «römische Strasse» noch bis weit ins Mittelalter hinein weiter begangen und befahren wurde.

Von weit her grüsst die Klosterkirche Sta. Maria und Michael von Churwalden (Gde. Churwalden). Unmittelbar südlich der Kirche befindet sich der Abtsturm. Das Kloster gehörte dem Prämonstratenser-Orden an. Ca. 250 m südlich der Kirche befand sich das ältere Klostergebäude einschliesslich der mit zwei Türmen bestückten Marienkirche, das einem Frauenorden (Augustinerinnen) angehörte, aber bereits im 14./15. Jh. abging. Leider wurden die Mauerreste schon in den 1960/70er-Jahren durch den Bau eines grösseren Wirtschaftsgebäudes weitgehend zerstört.

Die Kirche Sta. Maria und Michael wurde 1968–70 durch den Archäolog. Dienst Graubünden ausgegraben, wobei vier Bauphasen nachgewiesen werden konnten: eine vorromanische Drei-Apsidenkirche, eine romanische Phase (13. Jh.) und eine zweite romanische Phase (Turm) sowie eine vierte Phase mit dem polygonalen Chor nach 1472. Da bekannt ist, dass die Freiherren von Vaz Gründerfiguren und Donatoren der Kirche und des Klosters von Churwalden waren, wurde bei einem Grab mit Wappenansatz auf der Grabplatte, das sich auf der Südseite der Kirche fand, vermutet, dass es sich dabei um ein Grab der Freiherren von Vaz handeln könnte.

In Parpan (Gde. Churwalden) fand sich im Oberdorf, d. h. unter dem Hotel Alpina, eine wohl frühchristliche St. Peterskirche.

In Lantsch/Lenz (Gde. Lantsch/Lenz), San Cassian, wurde, rund 30–40 m westlich der spätmittelalterlichen San-Cassian-Kapelle durch das Rätische Museum eine frühchristliche Kapelle des 6. n. Chr. mit Gräbern (San Cassian) gefasst, die heute durch markierte Steinlagen sichtbar gemacht ist.

In Lantsch/Lenz befindet sich rund 500 m westlich des Dorfes die alte Pfarrkirche Sta. Maria, die bereits 840 n. Chr. erstmals erwähnt ist. Einzelne Wandmalereien des 14. Jh. n. Chr. erinnern z. T. stark an die Wandmalereien des Waltensburger Meisters in der St.-Georgs-Kirche von Rhäzüns. Auf dem Friedhof der Sta.-Maria-Kirche fallen vor allem die schmiedeeisernen Grabkreuze des 18. Jh. auf.

Rund einen Kilometer südlich des Dorfes von Lantsch/Lenz fanden 1969/70 auf der markanten Hügelkuppe des Bot da Loz durch den Archäolog. Dienst Graubünden Ausgrabungen statt. Es wurden dort mehrere eisenzeitliche Siedlungshorizonte mit einem interessanten Fundinventar, aber auch Trockenmauern, Pfostenlöchern und Herdstellen gefasst. Am interessantesten ist der mittel- bis späteisenzeitliche Siedlungshorizont des 2./1. Jh. v. Chr. Eine 2 m breite Umfassungsmauer aus Trockenmauerwerk und diverse Fibel- und Waffenfunde werfen die Frage auf, ob man sich hier auf dem Bot da Loz im 1. Jh. n. Chr. auf den Vorstoss der Römer aus dem Süden (Alpenfeldzug der Römer) vorbereitete.

Südlich von Zorten (Gde. Vaz/Obervaz), nahe beim Weiler Nivagl, befindet sich eine Hügelkuppe mit der Burg Nivagl, deren älteste Gebäudereste ins 10./11. Jh. n. Chr. datieren dürften und die bereits im 13./14. Jh. n. Chr. abgingen. Sondiergrabungen unter der Leitung von Prof.W. Meyer fanden 1979 statt.

In den späten 1960er-Jahren und später führte Prof. H. R. Sennhauser aus Zurzach in Alvaschein-Mistail (Gde.Albula/Alvra) grössere Ausgrabungen in der berühmten Drei-Apsidenkirche St. Peter und anschliessend im angrenzenden Klosterareal (monasterium wapitines) durch. In der um 800 n. Chr. erbauten Kirche fanden sich zahlreiche Gräber und neben der Kirche die Grundrisse mehrerer Nebengebäude, d. h. ein weiterer Kirchenbau und ein Grabraum. Die Kirche und die Reste des Klostergebäudes sind zurzeit erst teilweise veröffentlicht.

In Tiefencastel (Gde. Albula/Alvra) wurden auf dem Kirchhügel in den 1930er-Jahren durch W. Burkart Mauerreste und spätrömisch/frühmittelalterliche Kleinfunde beobachtet. Anlässlich einer Friedhofserweiterung südlich der Kirche wurden bei Ausgrabungen des Archäolog. Dienstes Graubünden neben mehreren neuzeitlichen auch einzelne Pfostenlöcher und Herdstellen freigelegt und spätrömisch – frühmittealterliche Metall- und Keramikfunde (Münzen, Metallfunde und Lavezgeschirr) geborgen, die neben den Beobachtungen Burkarts darauf hinweisen dürften, dass hier auf dem Kirchhügel ein spätrömisches Kastell (castellum impitinis) stand.

In Tiefencastel-Cumpogna fand sich 1987 auch eine grössere Memoria (Grabanlage) mit Skelettresten von 29 Individuen, die am ehesten in spätrömisch-frühmittelalterliche Zeit datiert und höchstwahrscheinlich mit dem spätrömischen Kastell auf dem Kirchhügel in Zusammenhang steht.

Archäologische Fundstellen im Surses, am Septimer und im Bergell

Seit jeher wurde postuliert, dass der Septimer für den Saumverkehr in ur- und frühgeschichtlicher Zeit als Transitpass zwischen Süd und Nord eine grosse Rolle spielte. Noch vor wenigen Jahren war es aber nicht einfach, diese Hypothese durch archäologische Funde und Befunde zu stützen. Doch zwischenzeitlich sind neue Beobachtungen und Entdeckungen gemacht worden, die die Bedeutung des Septimers als Transitpass eindeutig belegen. Und dennoch war immer klar, dass der Septimer als nächste Verbindung zwischen dem seit der Bronzezeit besiedelten Oberhalbstein und seinem bronze- und eisenzeitlichen Bergbau einerseits und dem in urgeschichtlicher Zeit eher spärlich besiedelten Bergell andererseits seit früher Zeit begangen sein musste. Obwohl die Südseite des Septimers sehr steil ist und von Casaccia aus bis zur Passhöhe 900 m überwunden werden mussten, zog man in der Regel den Septimerpass dem Maloja und Julier vor, da die Julierroute nahezu doppelt so lang wie die Septimerroute war. Die Maloja-Julier-Route gewann erst in römischer Zeit an Bedeutung, nachdem wohl etwa seit der Mitte des 1. Jh. n. Chr. jene Route für den Wagenverkehr ausgebaut wurde, was sich durch eindrückliche Karrengleise mit einer Spurbreite von 107 cm sehr schön manifestiert. – Die Hypothese Armon Plantas, dass auch der Septimerpass in römischer Zeit mit Wagen zu befahren war und gewissermassen im Einbahnverkehr mit dem Julier befahren wurde – d. h. von Süden nach Norden mit den voll beladenen Wagen über den Julierpass und von Norden nach Süden mit den halb vollen oder leeren Wagen über den Septimer –, ist heute kaum mehr aufrechtzuerhalten.

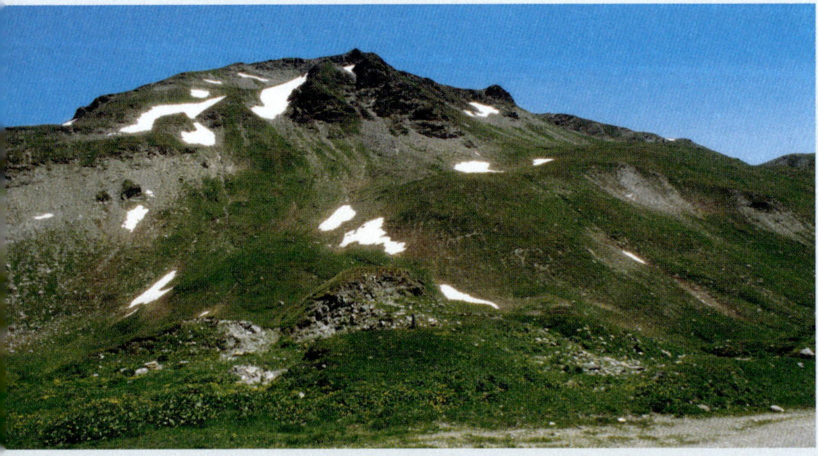

Bivio, Septimerpass, Hügelplateau mit Legionslager, Ansicht von Norden Foto: ADG

Ältere Funde vom Septimerpass

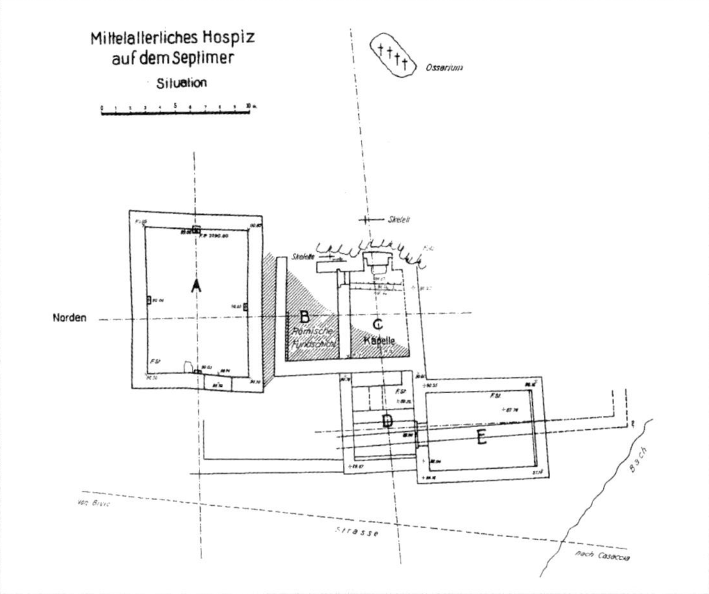

Situationsplan

1933–1937 legte Hans Conrad, Ingenieur der RhB, im Einverständnis mit der Historisch-Antiquarischen Gesellschaft Graubünden auf dem Septimerpass, nur 250 m südlich der Passhöhe das mittelalterliche Hospiz frei, das sich heute – nach 80 Jahren Frost und Erosion – nur noch als trauriger Steinhaufen präsentiert. Das Hospiz, das in den Urkunden als «hospitalis Sancti Petri montis Septimi» bezeichnet wird, wurde höchstwahrscheinlich im frühen 12. Jh. n. Chr. durch den Bischof Wido von Chur (1096–1122) erbaut und von Mönchen betreut, die übermüdete und erschöpfte Pilger und Wanderer verpflegten. Das Hospiz umfasste fünf bis sechs Räumlichkeiten unterschiedlicher Bauetappen, wohl Ess- und Schlafräume, eine Küche sowie eine kleine Kapelle mit Altarnische und Altar (Plan, Raum C) und möglicherweise auch Stallungen. Das Hospiz ging im Verlaufe des 16. Jh. ab und wurde in der Mitte des 17. Jh. durch einen Neubau, die Tgesa da Sett, ersetzt (heute Militärbaracken), die von einem Gastwirt (oste) betreut wurde.

Im Unterkantbereich der Räume B und C und zwischen Raum A und B stiess Conrad auf eine römische, kohlig-brandige Kulturschicht (Plan, schraffierte Fläche). In dieser Schicht fand sich ein republikanischer Silberdenar, der 48 v. Chr.

von der römischen Republik im Namen von L. Hostilius Saserna in Rom geprägt wurde. An weiteren Funden wurden das Fragment eines Aco-Bechers, mehrere Fragmente fein geriefter Keramik, etwas Terra Sigillata von italienischer Machart und etwas Grobkeramik, darunter ein Fragment eines Henkelkruges gefunden; dazu kommen noch Ziegelfragmente und etwas Blei. Ob einige Lavezfragmente aus der römischen oder der mittelalterlichen Kulturschicht stammen, muss dahingestellt bleiben. – Die Funde gehören zeitlich in frührömische Zeit, d. h. möglicherweise die Zeit des Alpenfeldzuges des Kaisers Augustus unter der Leitung der Feldherren Drusus und Tiberius 16/15 v. Chr. – Höchstwahrscheinlich befand sich hier im Bereiche des mittelalterlichen Hospizes ein römisches Holzgebäude, vielleicht eine kleine Strassenstation oder ein römisches «Hospiz».

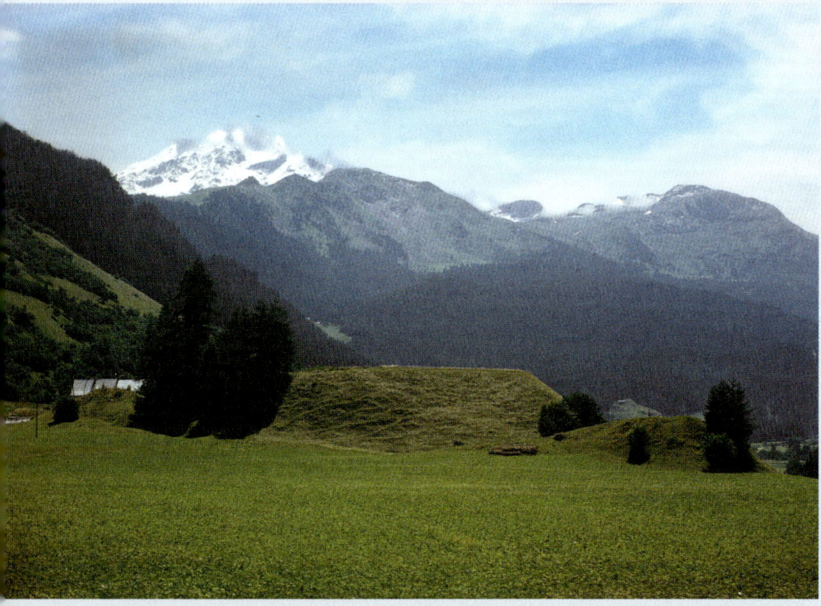

Savognin-Padnal, Hügelansicht von Norden Foto: ADG

Archäologisches aus dem Oberhalbstein

Bronzezeit: Die bedeutendste Fundstelle des Oberhalbsteins bildet die bronzezeitliche Siedlung von Savognin-Padnal, die auf einem Moränenhügel angelegt wurde und von ca. 1900 bis ca. 800 v. Chr. existierte. Eigenartigerweise wurde die Siedlung in eine natürliche Mulde von ca. 10 m bis 12 m Breite und 2 m bis 2,5 m Tiefe hineingebaut. Anlässlich der Grabungen des Archäolog. Dienstes GR (ADG) von 1971–1982 konnten mehr als fünf Siedlungshorizonte mit interessanten baulichen Strukturen mit zahlreichen Wohngebäuden mit Herdstellen, Speicher- und Stallbauten sowie einer Zisternenanlage nachgewiesen werden. Die Siedlungen brannten nach und nach ab, wurden aber am gleichen Ort wieder neu aufgebaut. Es konnten Pfosten- und Ständerbauten und in einer späteren Phase auch Blockbauten gefasst werden, darunter auch Langbauten von 20 m Länge und 6 m Breite. In der Siedlung lebten schätzungsweise – je nach Zeitphase 50–120 Personen. – Die Grabungen auf dem Padnal erbrachten interessante Resultate zum bronzezeitlichen Kupferbergbau, zum Alpenpasshandel, zur Landwirtschaft mit Getreideanbau und Viehzucht usw. Insgesamt wurde ein recht reichhaltiges Fundmaterial geborgen, d. h. mehrere Hundert Kilogramm Keramik, unzählige Kleinfunde, d. h. Bronze-, Knochen- und Steinartefakte, Bernstein, Schlacken- und Erzfunde, über zwei Tonnen Tierknochen, viel verkohlte Vegetabilien u. a. m.

Eine bronze- und z. T. auch eisenzeitliche Siedlung mit mehreren Wohnbauten wurde durch das Schweiz. Landesmuseum auf der Motta Vallac bei Salouf ausgegraben. Und weitere kleine bronzezeitliche Siedlungen oder Gehöfte wurden auch in Cunter-Caschligns, in Savognin-Rudnal und in Tiefencastel-Plattas beobachtet. – Interessant sind auch Felszeichnungen mit konzentrischen Kreisen in Tinizong-Senslas (oberhalb Savognin), die sehr stark an die Felszeichnungen von Sils i.D.-Carschenna erinnern und mit grosser Wahrscheinlichkeit in die Bronzezeit datieren.

Aus der Eisenzeit liegen bis anhin nur bescheidene Siedlungsreste vor, so z. B. von Salouf-Motta Vallac, von Riom-Dorf, von Riom-Tigignas Sot und Savognin, östlich Padnal. Grössere diesbezügliche Grabungen stehen noch aus. Interessant bleibt ein späteisenzeitlicher Hortfund von Cunter-Burvagn, wo 1789 ein Bronzegefäss mit Silber- und Goldschmuck und massiliotischen (Marseille) gefunden wurde, aber leider an einen Goldschmied von Chiavenna verkauft wurde. Hingegen gibt es aus dem ganzen Oberhalbstein unzählige Kupfer- und Eisenschlackendeponien, die z. T. in die Spätbronzezeit, grösstenteils aber in die Eisenzeit datieren, so z. B. von Cunter i. O., Riom, Savognin, Mulegns, Marmorera und Bivio. Diese Schlackendeponien weisen auf einen intensiven Bergbau der Bronze- und Eisenzeit und möglicherweise auch späterer Epochen hin.

Auch aus der Römerzeit gibt es aus dem Oberhalbstein diverse Funde und Befunde. Schon längst bekannt ist das römische Passheiligtum auf dem Julier mit den Steinsäulen, das ebenfalls durch Hans Conrad in den Jahren 1934–1938 ausgegraben wurde. Weitherum bekannt sind auch die römischen Karrengeleise bei der

La Veduta/Julierpass und dem Oberengadin, die sehr schön aufzeigen, dass man in römischer Zeit und wohl auch im Frühmittelalter mit zweirädrigen, mit Gütern beladenen Wagen, die wohl von Maultieren oder Ochsen gezogen wurden, über den Julier fuhr.

Die interessanteste römische Fundstelle des Oberhalbsteins bildet aber die römische Mutatio von Riom-Cadra, d. h. eine Herberge und Pferdewechselstation, wo Wanderer übernachten und übermüdete Pferde ausgewechselt werden konnten. Die Mutatio wurde 1979–1983 durch den ADG ausgegraben. Es fanden sich mehrere grosse Gebäudekomplexe mit Wandmalereien, mit Hypokaust- und Kanalheizungen, einem Bauernhaus aus Holz, einer Schmiedewerkstätte und einem Backhäuschen. Das reichhaltige Fundmaterial enthielt zahlreiche römische Münzen des 1.–4. Jh. n. Chr., viele Fibeln, unzählige Gerätschaften aus Bronze, Eisen, Knochen und Stein und zwei Sattelbeschläge aus Metall, die Hinweis auf die Pferdewechselstation bilden. Dazu kommt ein umfangreiches keramisches Fundgut, viel bemalter Verputz, darunter eine wunderschöne Amor-Darstellung, und viel Ziegel- und Schlackenmaterial usw. Die Mutatio nahm ihren Anfang in der ersten Hälfte des 1. Jh. n. Chr. und ging gegen 400 n. Chr. wohl durch einen Brand ab. Über der Mutatio wurden anschliessend im 5./6. und 7. Jh. n. Chr. mehrere kleine Holzhütten erstellt, die Teil der im karolingischen Reichsgut (840 n. Chr.) erwähnten «villa in Riamio» bildeten.

Eine frührömische Strassenstation wurde 1999 in Savognin, östlich Padnal im Zusammenhang mit dem Strassenbau entdeckt. Es wurden dort Pfostenlöcher von Holzbauten und ein interessantes Fundinventar geborgen, darunter spätrepublikanische und frührömische Münzen, mehrere frühe Fibeln, bronzene Helmfragmente, eine Gemme, italienische Keramik usw. Die Funde erinnern stark an jene vom Septimerpass. Die Strassenstation östlich Padnal dürfte wohl kurz nach dem Alpenfeldzug erstellt worden sein und gegen Mitte des 1. Jh. n.

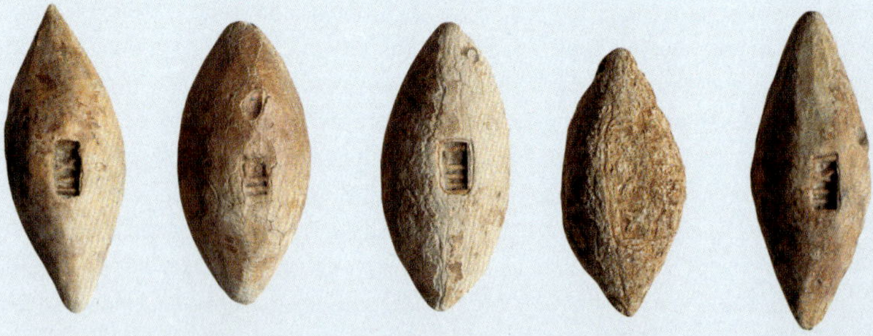

Crap-Ses-Schlucht, Schleuderbleie mit Legionsstempeln Foto: ADG

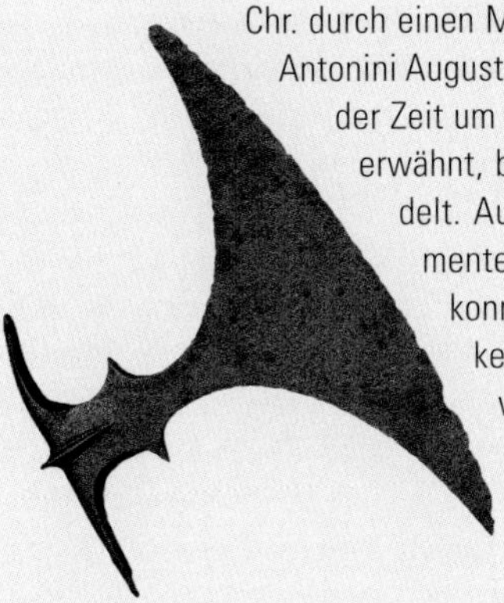

Crap-Ses-Schlucht, Hellebardenaxt aus Eisen Foto: ADG

Chr. durch einen Murgang abgegangen sein. – Im Itinerarium Antonini Augusti, einem römischen Strassenverzeichnis aus der Zeit um 300 n. Chr., ist eine Station «in Tinnetione» erwähnt, bei der es sich zweifellos um Tinizong handelt. Ausser einigen wenigen Terra-Sigillata-Fragmenten und einem Grab mit spätrömischer Münze konnte leider bis anhin trotz grosser Bautätigkeit die römische Siedlung nicht aufgefunden werden.

Von Tiefencastel sind noch ein spätrömisches «Castellum», eine Anzahl spätrömischer Münzen und ein römischer Hufschuh bekannt. Römische Münzen gibt es auch von Saluof-Motta Vallac, von Cunter, Savognin-Dorf und Rudnal sowie vom Julierpass.

Als nahezu sensationell ist ein Neufund aus dem Bereiche der Crap-Ses-Schlucht zwischen Tiefencastel und Cunter zu bezeichnen, wo ein Sondengänger mit Metalldetektor in Zusammenarbeit mit dem ADG im Jahr 2002 zwei geschossförmige, beinahe olivsteinförmige Bleiobjekte mit Stempelaufdruck entdeckte, die sich als sog. Schleuderbleie mit Stempel der 3. und 12. Legion (L.III und L.XII) erwiesen. In der römischen Legion gab es sog. «Schleuderer», eine Einheit, die vermittels an Schnüren festgebundenen Ledertäschchen die etwa 4 cm langen und 35–55 g schweren Schleuderbleie mit grosser Treffsicherheit über Distanzen von 150 – 250 m verschossen. An weiteren Funden entdeckten R. Müller und Mitarbeiter des ADG zwischen 2003 und 2012 über 30 Schleuderbleie der 3., 12. und 10. Legion, mehrere sog. Katapultpfeilspitzen und weitere eiserne Geschosse, mehrere spätrepublikanische und frühaugusteische Münzen, eine grössere Anzahl an augusteischen Schuhnägeln, zwei römische eiserne Zeltheringe, mehrere Fibeln augusteischer Zeitstellung, eine eiserne Kreuzhacke respektive Dolabraklinge, ein Haumesser, einen Fingerring, ein Skalpell, einen Schreibgriffel, eine eiserne Wangenklappe eines römischen Helmes u. a. m. Neben den römischen Militariafunden kamen aber auch keltische Funde ans Tageslicht, so z. B. zwei Schwerter respektive Schwertfragmente, ein Schwertheft, eine Hellebardenaxt, ein Stachelring u. a. m. – Es macht den Anschein, dass sich hier, im Bereiche der Crap-Ses-Schlucht zur Zeit des Alpenfeldzuges (15 v. Chr.) ein römisches Tageslager befand und dass hier Auseinandersetzungen zwischen Legionären und einheimischen Kelten (Suanetes) stattfanden, was für die althistorische Forschung von einigem Interesse ist.

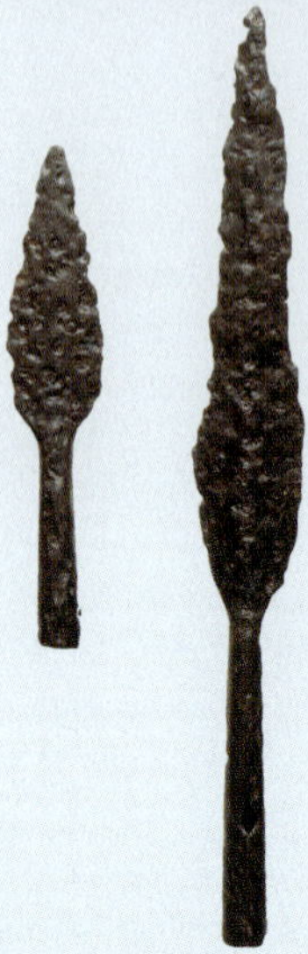

Bivio, Septimerpass, Lanzenspitzen aus dem Legionslager

Foto: ADG

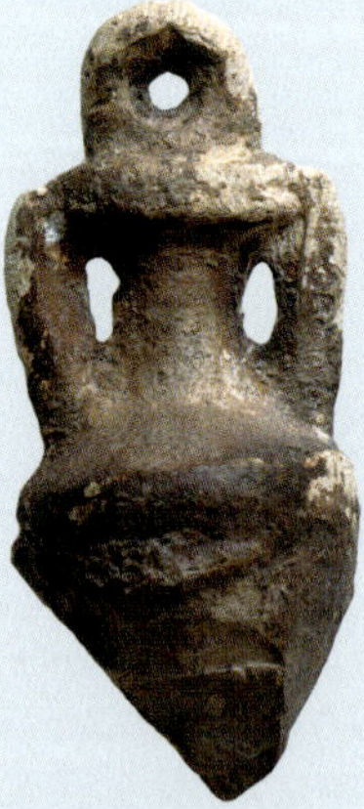

Bivio, Septimerpass, Bleilot/Bleigewicht in Amphorenform

Foto: ADG

Neufunde vom Septimerpass

Im Jahr 2000 wurden von Privaten auf dem Septimerpass eine Münze des Kaisers Trajan und in einem Murmeltieraushub mehrere Amphorenfragmente gefunden.

Im Frühjahr 2004 teilte W. Zanier von der Archäolog. Abteilung der Bayer. Akademie der Wissenschaften in München dem ADG mit, dass er demnächst von einem Sondengänger Besuch erhalten werde, der auf dem Septimerpass illegal Schleuderbleie und weitere Militariafunde per Metalldetektor geborgen hatte. Zanier fand heraus, dass es sich dabei um einen Vorarlberger handelte, und es gelang ihm auch, den Namen und die Adresse des Finders ausfindig zu machen und die Funde vorerst zeichnerisch und fotografisch zu dokumentieren. Der ADG schrieb den Vorarlberger an und machte ihn auf die Rechtslage in der Schweiz und Graubünden aufmerksam und ersuchte ihn, das Fundgut umgehend dem ADG abzuliefern. Die Funde gelangten denn auch bald einmal über Drittpersonen nach Graubünden, und der Sondengänger erklärte sich auch bereit, dem ADG auf dem Septimer zu zeigen, wo er die Funde genau gehoben hatte; ohne die genaueren Fundumstände wären die Funde praktisch wertlos gewesen. Bei den Funden handelte es sich um sieben gestempelte und sechs ungestempelte Schleuderbleie, zwei eiserne Lanzenspitzen, ein Haumesser, eine Hellebardenaxt, eine Münze, ein Bleilot in Amphorenform und weitere Militariafunde. – Darauf beschlossen Zanier und der Schreibende, in den Sommermonaten der Jahre 2007 und 2008 auf dem Septimerpass ein kleines Forschungsprojekt von insgesamt fünf Wochen Dauer durchzuführen, das grösstenteils durch die Bayer. Akademie finanziert wurde. Am Projekt nahmen Studenten der Universität München, drei Sondengänger, ein Geometer, Zanier und der Schreibende teil.

Auf einem Hochplateau von ca. 8000–10 000 m^2 Fläche wurden mehrere Sondierschnitte und kleinere Flächen geöffnet und das ganze Areal per Metalldetektor abgesucht. Die Funde wurden systematisch dreidimensional eingemessen und z. T. auch zeichnerisch dokumentiert. Insgesamt wurden gegen 1000 römische Funde geborgen, darunter mehrere Hundert augusteische Schuhnägel, gegen 100 zrömische Münzen spätrepublikanischer und frührömischer Zeitstellung (ca. 20 v. bis 20 n. Chr.), mehrere Katapultpfeilspitzen und Pilumspitzen, mehrere Schleuderbleie mit Stempel der 3. und 12. Legion, über 70 römische Zeltheringe, zahlreiche Artefakte aus Eisen und Bronze und 100 bis 150 runde Bollensteine, die wohl als Schleudersteine am Rande des Plateaus vorbereitet worden waren. – Mehrere Münzen fanden sich auch am Fuss des Hügelplateaus, in unmittelbarer Nähe des Durchgangsweges, wobei diese Münzen wohl Passopfermünzen, also eine Art Weihegaben, waren.

An Befunden konnten eine grössere Wallanlage auf der Südseite des Plateaus, Pfostenlöcher, Trockenmäuerchen, vereinzelte Feuerstellen und Geländeplanierungen beobachtet werden.

Mit der Wallanlage, den zahlreichen Zeltheringen, den Waffenfunden und Geschossspitzen und den Münzen war bald einmal klar, dass wir es hier mit einem römischen Lagerplatz aus der Zeit des Alpenfeldzuges zu tun hatten, eine Art «Tageslager», das aber mehrfach benutzt wurde. In diesem Tageslager dürften wohl mehrere Hundert Legionäre übernachtet und sich auf den weiteren Vormarsch vorbereitet haben. Das nächste «Tageslager» könnte sich im etwa 25–26 km entfernten Crap-Ses-Bereich befunden haben.

Funde aus dem Bergell

Auch wenn wir aus dem Bergell Anzeichen für eine frühe, d. h. mesolithische und neolithische Jagd haben, so z. B. aus dem Fornotal und vom Aufstieg von Maloja zum Lunghin, so sind die urgeschichtlichen Siedlungsplätze recht selten, was wohl mit der Geländetopografie, d. h. seiner Steilheit und diversen Bergstürzen und Murgängen zusammenhängt, die allfällige Siedlungen metertief zugedeckt haben könnten.

Aus der Bronzezeit gibt es nur wenige keramische Funde von Bondo-Promontogno-Castelmur und von Soglio-Dorf und einige wenige Einzelfunde. Aus der Eisenzeit liegt ein Grabfund von Soglio-Spino mit einer Bronzesitula und einem Henkelgefäss vor. Und von der jüngeren Eisenzeit sind Siedlungsplätze von Vicosoprano-Crep da Caslac und von Stampa-Coltura, Motta di San Pietro und verschiedene Einzelfunde bekannt.

Aus römischer Zeit ist noch heute der Masso Avello, ein spätrömisches Sarkophag-Grab des 4./5. Jh. n. Chr. in Stampa-Palü zu bewundern.

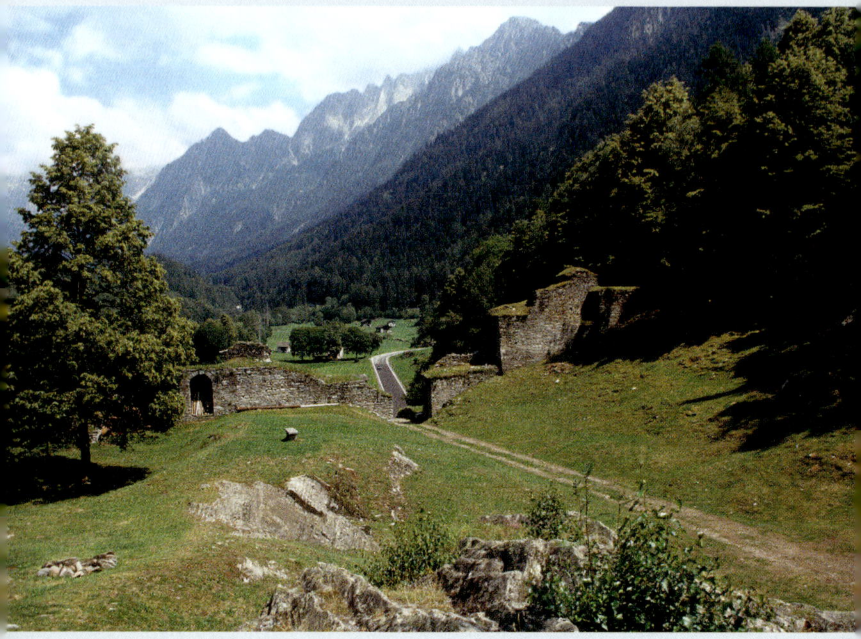

Bondo-Promontogno, Castelmur, Standort der spätrömischen Station «Murus» mit mittelalterlicher Müraia im Hintergrund, Ansicht von Westen Foto: ADG

Von grossem Interesse sind eine frührömische Station von Bondo-Pfarrhausgarten und der spätrömische Siedlungsplatz von Bondo-Promontogno-Castelmur, wo seit den 1920/30er-Jahren mehrere Gebäude freigelegt wurden, darunter auch ein Wohnhaus mit Hypokaustheizung. In Castelmur wurden mehrere kleine Altäre aus Lavez geborgen, die dem Mercurius Cissonius, einem Gott oder Garant der Wanderer und Fuhrleute geweiht waren; in Castelmur stand offensichtlich ein kleines Heiligtum, wo man dem Mercurius Cissonius einen Obolus spenden konnte, wohl mit dem Gedanken, sicher und ohne Unbill über den Maloja und Julier oder auch den Septimerpass zu gelangen. Bei Castelmur handelt es sich zweifellos um die im Itinerarium Antonini Augusti erwähnte Strassenstation «Murus», die wohl auch eine Art Zollstation war. Durch Murus hindurch zog sich die römische Fahrstrasse, die anschliessend über die «Wagenrampe» des Malögin ins Oberengadin und den Julierpass nach Nordbünden führte.

Weitere römische und spätrömische Siedlungen befanden sich auch in Soglio-Dorf und auf dem Crep da Caslac oberhalb Vicosoprano.

Wichtigste Literatur:

- J. Rageth, in: Stadtgeschichte von Chur, Bd.I, Chur 1993, 14–135.
- J. Rageth, in: Handbuch der Bündner Geschichte, Bd.I, Chur 2000, 16–58.
- J. Rageth, in: Zeugen der Vergangenheit, Chur/Innsbruck 2002/03, 87–123.
- E.Nielsen, Chur-Marsöl, eine spätpaläolithische Fundstelle. Jahresber. ADG und kant.Denkmalpflege 2002, 48–72.
- A. Hochuli-Gysel, A.Siegfried-Weiss u. a., Chur in römischer Zeit, Bd.I, Basel 1986 und Bd.II, Basel 1991.
- J. Rageth, Chur-Welschdörfli, Schutzbau Areal Ackermann, Chur 1998.
- Diverse Autoren, in: Archäologie in Graubünden, Chur 1992.
- B. Keller, Die Klosterkirche von Churwalden. In: Archäologie In Graubünden, Chur 1992, 221–224.
- J. Rychener, Die ur- und frühgeschichtliche Fundstelle Bot da Loz bei Lantsch/Lenz, Bern 1983.
- H. R. Sennhauser u. a., Frühe Kirchen im östlichen Alpengebiet, München 2003, 123–127.
- J. Rageth, Neue archäolog. Beobachtungen in Tiefencastel. Bündner Monatsblatt 2,1992, 71–107.
- H. Conrad, Schriften zur urgeschichtlichen und römischen Besiedlung des Engadins, Lavin/Pontresina 1981.
- R. Frei-Stolba, Der Alpenfeldzug und die Bedeutung der Schleuderbleie aus dem Oberhalbstein. Jahrb. Archäolog. Dienst und kant. Denkmalpflege GR 2003, 67–73.
- A. Planta, Verkehrswege im alten Rätien, Bd.2, Chur 1986, 65–93.
- J. Rageth, Die bronzezeitliche Siedlung auf dem Padnal bei Savognin. Jahrb. der Schweiz. Ges. für Ur- u. Frühgeschichte 59–69, 1976–1986.
- J. Rageth, Römische Fundstellen Graubündens. Schriftenreihe Rät. Museum Chur, 47, 2004.
- J. Rageth, Alte u. neue Beobachtungen zur röm. Julier-/Septimerroute. Bündner Monatsblatt 2007, 267–296.
- J. Rageth, Zeugnisse des Alpenfeldzuges des Kaisers Augustus von 15. v. Chr. Helvetia Archaeologica 37/2007, 148, 118–134.
- J. Rageth, Kleine Ur- und Frühgeschichte des Bergells, Stampa 2011.
- H. R. Wiedemer, Die Walenseeroute in frührömischer Zeit, in: Helvetia Antiqua, Festschrift Emil Vogt, Zürich 1966, 167–172.
- R. Wyss u. a., Die Archäolog. Erforschung des Oberhalbsteins. Helv. Archaeologica 8/1977, 29/30.
- A. C. Zürcher, Urgeschichtliche Fundstellen Graubündens. Schriftenreihe Rät. Museum Chur 27, 1982.
- U. a. m.

Auf historischen Wegen wandern – Die Sanierung der Septimer-Passstrasse

Hansjürg Gredig

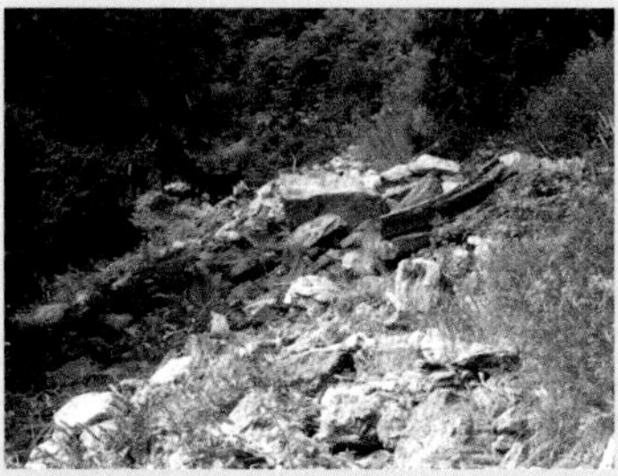

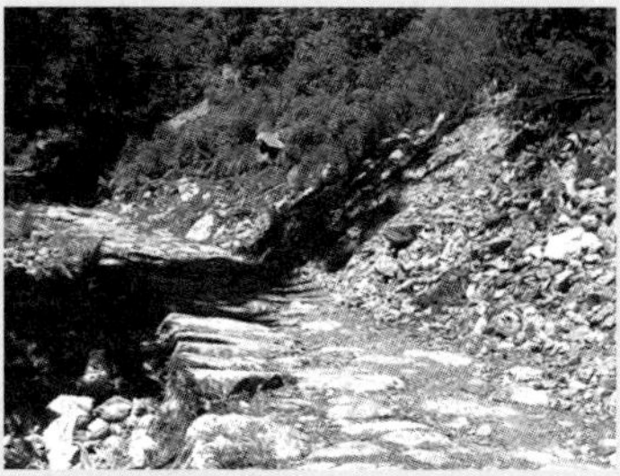

Der verschüttete Wegabschnitt oberhalb Casaccia vor und nach der Sanierung 1990.

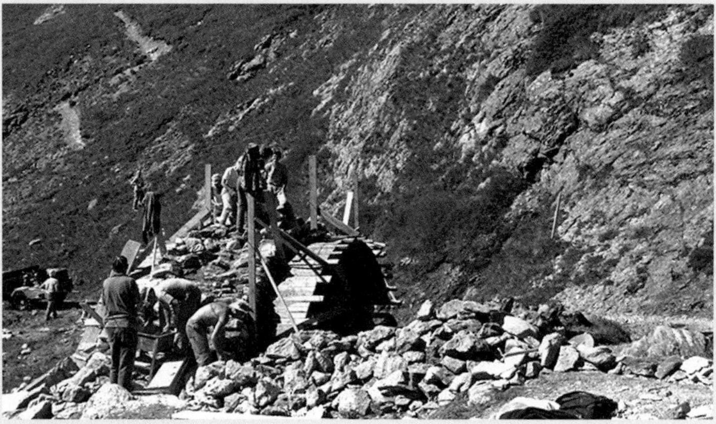

Instruktoren der Maurerlehrhallen Sursee und Lehrlinge der Stadt Zürich beim Bau der Steinbogenbrücke 1991

Zyklopenhaft erscheinen uns einzelne Steinplatten auf der Südseite des Septimer-Passweges. Ein Werk der Römer? Immerhin führte ihr militärischer Eroberungszug 15 Jh. v. Chr. von Italien nach Norden über den Septimerpass. Der Warentransport in den folgenden Jahrhunderten wickelte sich aber über den Julier ab. Im Mittelalter wechselten die Vorlieben erneut. Auf der Septimer-Passhöhe wurde um 1100 eine Unterkunft für Reisende errichtet und um 1400 eine «fahrbare Strasse von Tinzen bis Plurs» gebaut. Ob der Pass selbst auch befahren wurde, ist fraglich – Fahrspuren im Gelände gibt es keine. Da Hinweise auf einen späteren Ausbau am Septimer fehlen, kann man davon ausgehen, dass der vorhandene gepflasterte Weg zwischen Casaccia und der Passhöhe Teil der um 1400 gebauten Strasse ist. Im Lauf der Jahrhunderte waren immer wieder Unterhaltsarbeiten nötig, sodass eine sichere Datierung der einzelnen Wegabschnitte nicht möglich ist. Immerhin zeigen die beiden Wegeinschnitte am Sascel, der «ewigen Grenze zwischen Bivio und dem Bergell», dass der Weg nicht aus einem Guss besteht. Spätestens nach dem Bau der Fahrstrasse über den Julierpass 1820–1826 verlor der Septimer seine überregionale Bedeutung. Für die Bergeller Bauern, die jeden Sommer nach Tgavretga oberhalb Bivios zogen, blieb der Septimer aber bis weit ins 20. Jahrhundert ein lebenswichtiger Übergang.

Private Sanierung und Aufschwung

Fehlender Unterhalt sowie Regen- und Schmelzwasser setzten dem Weg immer mehr zu. Beim Bau des Kraftwerksträsschens auf die Alp Maroz in den 1950er-Jahren wurde der Weg zudem unterbrochen und stellenweise zugedeckt. Um den weiteren Zerfall des einst so ruhmreichen Übergangs aufzuhalten, wandten sich

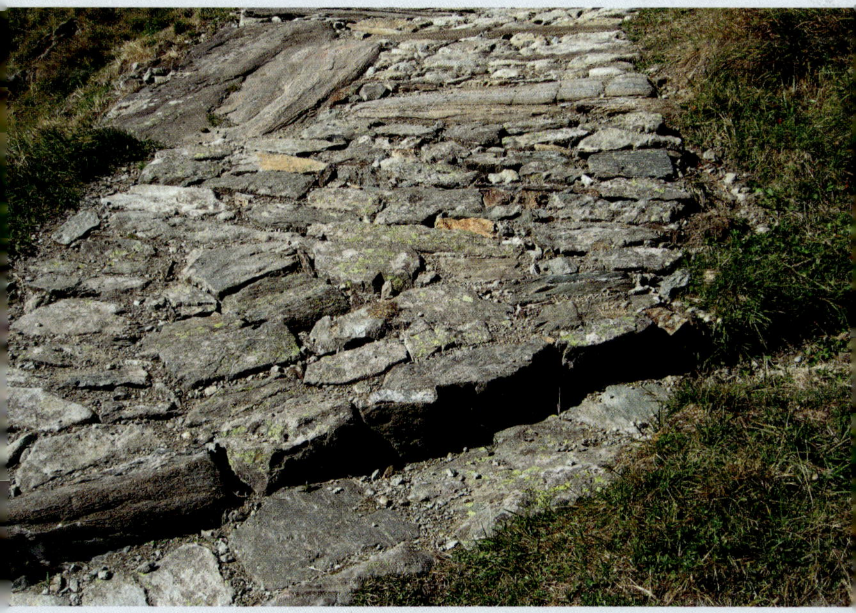

2012 neu gepflastertes Wegstück mit Querabschlag

Arthur und Irene Vetterli aus Cortaillod 1989 an das Inventar historischer Verkehrswege der Schweiz (IVS). Der Passweg wurde dokumentiert und anschliessend mit privaten Mitteln umfassend saniert. Zu den wichtigsten Arbeiten gehörten der Bau einer Furt und der Bogenbrücke oberhalb des Sascel. Das Elektrizitätswerk der Stadt Zürich EWZ baute das Fundament für die Brücke und legte den verschütteten Abschnitt oberhalb Casaccia frei. Zum Einsatz kamen Jugendliche, Senioren und die Armee, die Brücke bauten Lehrlinge und Instruktoren der Maurerlehrhallen Sursee.

Neue Sanierung nach 20 Jahren

Die erfolgreiche Sanierung brachte dem Pass neues Leben. Die stärkere Nutzung mit Wanderern, Bikern und Pferden, vor allem aber Lawinen, Schmelz- und Regenwasser verschlechterten den Zustand des Weges erneut. Der Wegunterhalt wurde vernachlässigt. Auf Initiative der Fachstelle für Tourismus und Nachhaltige Entwicklung in Wergenstein taten sich 2011 der Parc Ela, die Gemeinden Bergell und Bivio und die Tourismusorganisationen zusammen. Finanziell und fachlich unterstützt wurden sie vom Bundesamt für Strassenbau, der kantonalen Denkmalpflege, dem Bündner Heimatschutz, der Bündner Arbeitsgemeinschaft für Wanderwege, dem Fonds Landschaft Schweiz und dem EWZ. Das Sanierungskonzept erarbeitete ein örtliches Ingenieurbüro, und die Bauleitung und Ausführung lag in

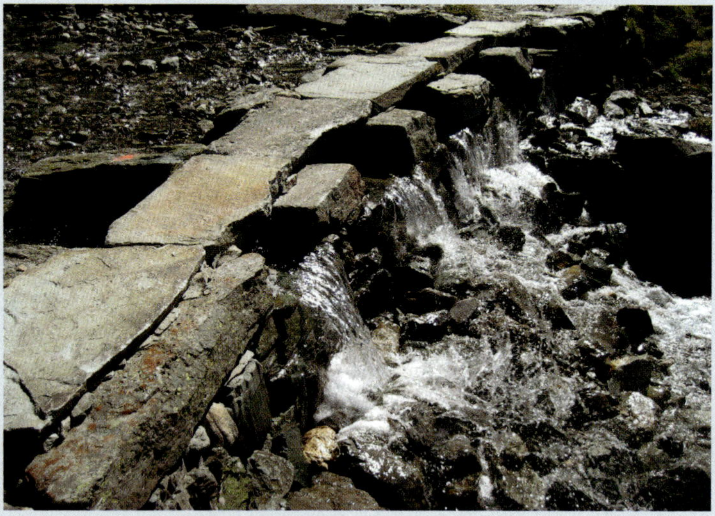

Die sorgfältig konstruierte Furt mit Bergeller Steinplatten im Sommer 2012

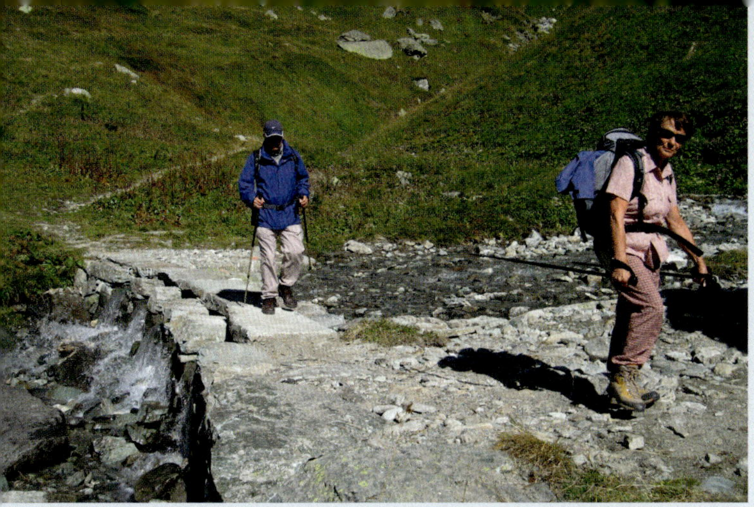

Dank der sanierten Furt ist der Weg wieder durchgehend auf dem historischen Trassee begehbar

Bergeller Händen. So wurden die Sanierungsarbeiten im Sommer 2012 nach wenigen Wochen erfolgreich abgeschlossen. Im Vordergrund standen diesmal die Sicherung und stellenweise Ergänzung gefährdeter Pflästerungsstücke, die Ableitung des Oberflächenwassers und die Sanierung der Furt über die Aua da Sett. Dabei wurde konsequent mit traditionellen Mitteln und lokalen Materialien gearbeitet. Der Passweg soll aber nicht nur für sich alleinstehen, sondern Teil der umgebenden Landschaft sein. Aus diesem Grund werden in einer weiteren Sanierungsetappe die Trockenmauern am Wegrand instand gestellt. Entscheidend wird jetzt sein, den Unterhalt so zu regeln, dass Wasserschäden in Zukunft auf ein Minimum beschränkt werden können.

Literatur:

– Parc Ela, Ein Wegweiser zu Natur und Kultur im Albulatal und Surses. Hrsg. Hansjürg Gredig. Ott Verlag, 2009

Bivio: Reformation und Gegenreformation

Linard Candreia

Die «Bündner Reformationsgeschichte» von Emil Camenisch ist sozusagen das Standardwerk, was die Reformation in Graubünden anbelangt. Ein 1920 erschienenes rund 600 Seiten starkes Werk. Camenisch war Pfarrer in Valendas und hat «im Auftrag der evang.-rätischen Synode» seine historische Studie verfasst. Klar, es ist auch die Sicht eines reformierten Pfarrers, die Lektüre muss also mit gewissen Vorbehalten gelesen werden. Sechs Seiten sind dem Dorf Bivio gewidmet.

Die Situation um 1600 im Oberhalbstein: Mit Ausnahme von Bivio (paritätisch) ein Tal, das vorwiegend katholisch geblieben ist, allerdings mit einer starken Annäherung an die Reformierten. Man habe sogar den bekannten Protestanten Hans Ardüser von Davos nach Savognin gerufen, mit dem Auftrag, eine Schule zu gründen. Eine Arbeit, geschrieben vom Kapuzinerpater Clemente da Brescia (gest. 1703), habe schon auf gewisse Versäumnisse bei der katholischen Bevölkerung im Oberhalbstein vor der Ankunft der Kapuziner hingewiesen, « (...) dass man weder Kruzifixe noch Heiligenbilder und Weihwasser in den Häusern habe (...) dass man die Calvinisten als Brüder bezeichne und behandle (...) dass man Häretiker und Irrgläubige auf demselben Friedhof mit den Katholiken beerdigen lasse (...)».

Aber mit der Ankunft der missionarisch eingestellten Kapuziner um 1630 habe sich die Situation verändert. Emil Camenisch: «Der Umstand, dass die Talschaft jetzt katholisch ist, sagt genug.» In Bivio seien sich die Protestanten im Laufe der Gegenreformation ihres Glaubens bewusster und somit resistenter geworden.

Die ersten Kapuziner seien nicht willkommen geheissen worden von der katholischen Bevölkerung in Bivio! Sogar dem Messner missfiel diese neue Situation, indem dieser den Kapuzinern das Leben schwer machte, einmal die Kerzen des Altars einfach versteckte, ein anderes Mal nicht zur heiligen Messe erschien. Bisher hatten die Katholiken und Reformierten in Frieden miteinander gelebt, die Kirche und den Friedhof geteilt und es gab sogar Mischehen. 1655, eine weitere einschneidende Änderung für die Reformierten in Bivio: Das Recht, die Kirche und den Friedhof zu beanspruchen, wurde ihnen genommen. Die Kapuziner waren auch gegen die Absicht der reformierten Gemeinde, eine eigene Kirche mit Friedhof zu errichten. Nach langjährigen aufreibenden Streitereien wurde die Kirche doch noch gebaut, aber was den Kirchturm betraf, meint Camenisch: «Zu einem Kirchturm gelangte die Gemeinde im Jahre 1767, jedoch musste sie den katholischen Mitbürgern versprechen, bei diesem Anlass die Kirche nicht zu vergrössern.»

Übersetzt aus dem Romanischen (Surmiran): «Fastezs digl passo», Linard Candreia, S. 135 u. 136, Eigenverlag, 2011.

Die Räuber vom Septimer

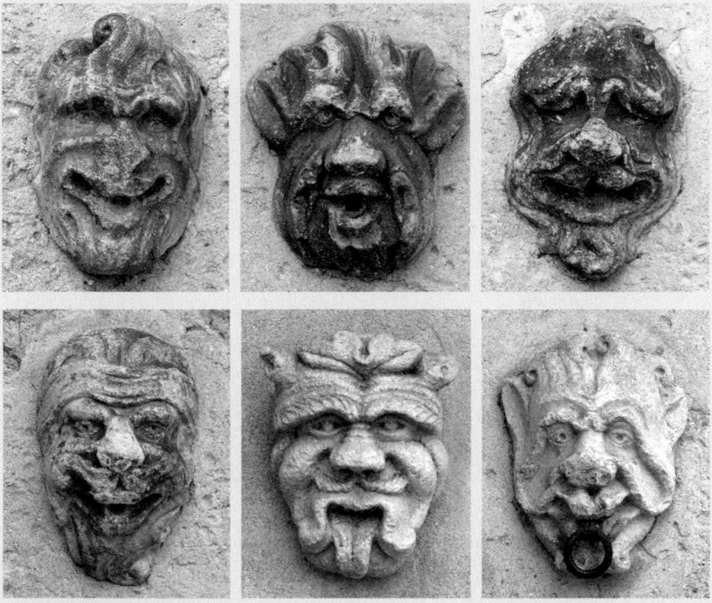

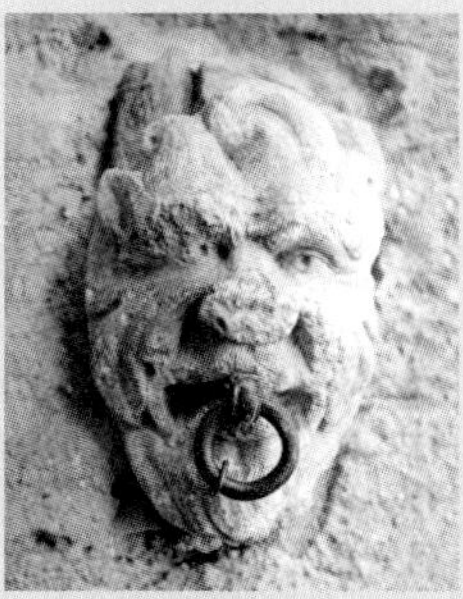

Im Hospiz auf der Septimer-Passhöhe soll einst eine Räuberbande ihr Unwesen getrieben haben. Eines Abends war auch ein Ritter aus dem Geschlecht der Salis von Soglio unterwegs über den Pass. Als ihn die Müdigkeit überfiel, fragte er im Hospiz um ein Nachtlager. Und während er nun bei Speis und Trank sass, gruben die Räuber für ihn im Keller eine Grube. Ihm sollte das gleiche Schicksal widerfahren wie schon manch anderem zuvor. Doch dieses Mal ging der Plan der Räuber, ihr Opfer auszurauben, es zu töten und im Keller zu begraben, nicht auf. Angetan vom fröhlichen Wesen des unbekannten Ritters, verriet das Dienstmädchen ihm die unlauteren Absichten der Räuberbande.

Da schlichen sich die beiden aus dem Hospiz, stiegen aufs Pferd und ritten eiligst ins Bergell hinunter. Als einer der Räuber kurz darauf die Flucht der beiden bemerkte, teilte sich die Räuberbande auf. Drei ritten durchs Val Tgavretga nach Bivio und vier in Richtung Casaccia hinunter.

Als die Räuber aus der Ferne herannahten, stieg das Mädchen vom Pferd und versteckte sich unter einer Brücke, während sich der Ritter in einem nahen Stall ins Heu verkroch. Das arme Pferd stand nun den Räubern alleine gegenüber und wurde aufs Übelste behandelt. Nach dem Ritter und dem Mädchen aber suchten die Räuber vergebens.

Den Schreck noch in den Gliedern, aber wohlauf, trafen sich Ritter und Mädchen anderntags in Vicosoprano. Soldaten stiegen hinauf zum Septimer, nahmen die Räuber gefangen und führten sie dem gleichen Schicksal zu, das diese jeweils für ihre unbedarften Gäste vorgesehen hatten.

Noch heute erinnern die in Stein gemeisselten Köpfe der Räuber auf der Vorderseite des herrschaftlichen Stalles in Soglio an die Übeltaten der Räuberbande auf dem Septimer.

Nach einer Erzählung von Elda Simonett-Giovanoli, aus ihrem Buch «Bivio und das Bergell. Märchen, Geschichten, Legenden.» 3. Auflage 1995. Verlag Bischofberger AG, Chur.

Vicosoprano – Borgonovo – Coltura – Promontogno

6

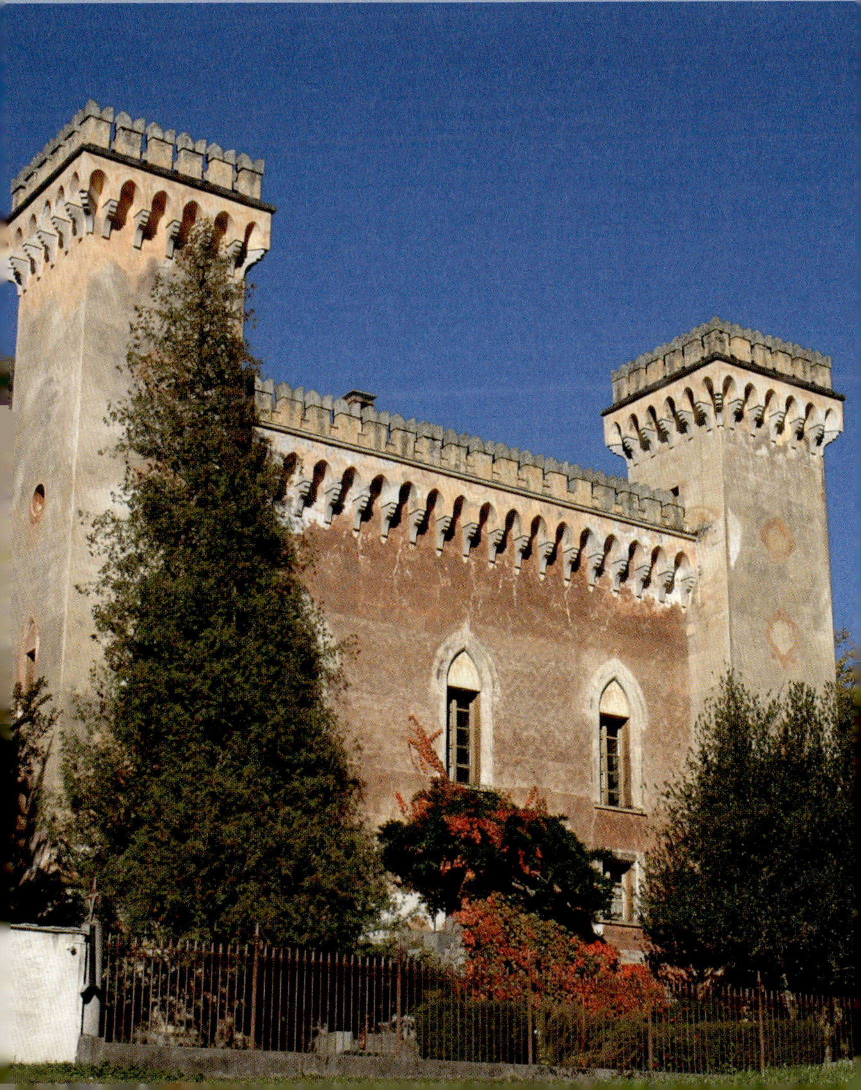

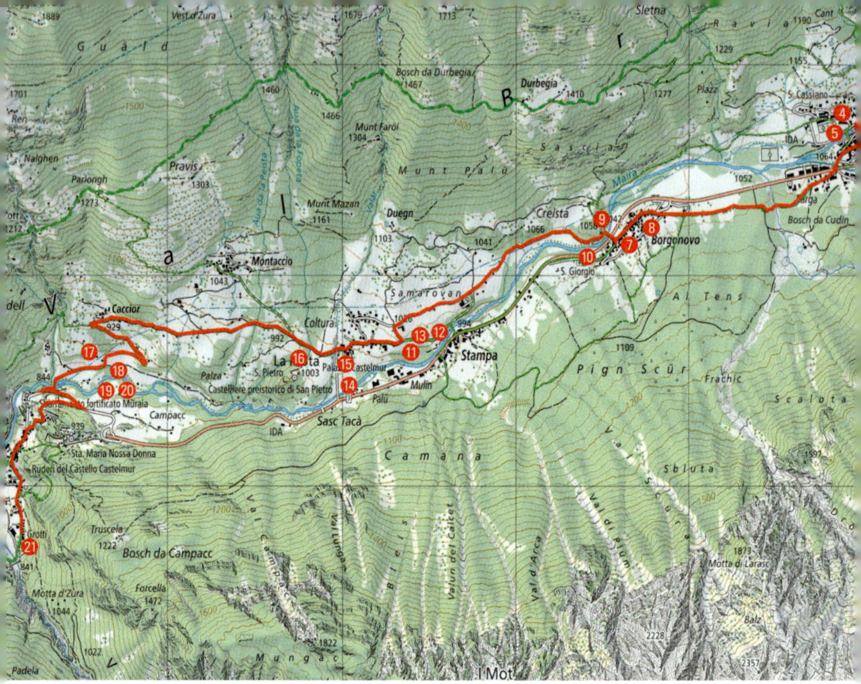

Vicosoprano – Borgonovo – Coltura – Promontogno

Tourencharakter

Kulturwanderung auf gut ausgebauten Wanderwegen. Entdeckungsreise in die reiche historische und kulturelle Vergangenheit und Gegenwart des Bergells.
Technik/Kondition: mittel (Bergwanderweg)/leicht

Aufstieg: 70 m Abstieg: 300 m
Distanz: 7,5 km Zeit: 2 h

Abseits der Via Sett

- Promontogno – Caccior – Soglio – Brentan – Castasegna (siehe Seite 142–143 und 152–154)
- Borgonovo – Kirche San Giorgio – Stampa

Sehenswertes

Vicosoprano:
1. Doppelbogen-Steinbrücke über die Maira (1543)
2. Rathaus und Gerichtsgebäude (Pretorio) mit Rundturm, Öffnungszeiten: 9–19 Uhr, Führung: +41 (0)81 822 15 55, info@bregaglia.ch
3. Ca d'Prutz mit Sgraffiti von 1577

	❹ Kirche San Cassiano, erhöht am rechten Ufer der Maira
	❺ Reihenhäuser für EWZ-Angestellte, Arch. Bruno Giacometti
	❻ Kirche Santa Trinità 1758–61, turmloser Barockbau
	– Weitere Patrizierhäuser siehe D. Giovanoli, Seite 167–172
Borgonovo:	❼ Wohnhaus Crüzer (1676)
	❽ Casa Baldini (1666), gut erhaltenes Bergeller Wohnhaus
	❾ Steinbogenbrücke über die Maira (1542)
	❿ Kirche San Giorgio (1327), neu erbaut 1694, Glasgemälde von Augusto Giacometti, Friedhof mit Grabstätten der Giacomettis
Stampa:	⓫ Talmuseum Ciäsa Granda, Öffnungszeiten: Juni bis Oktober, 14–17 Uhr, +41 (0)81 822 17 16, www.ciaesagranda.ch
	⓬ Atelier der Künstler Giovanni und Alberto Giacometti
	⓭ Ehem. Albergo Piz Duan, Geburtshaus Giovanni Giacomettis
	⓮ Masso Avello, spätrömisches Sarkophag-Grab in Stampa-Palü
Coltura:	⓯ Palazzo Castelmur, Öffnungszeiten und Infos: +41 (0)81 822 15 54, www.palazzo-castelmur.ch
	⓰ Kirche San Pietro, Neubau 1743, Altar aus Serpentin
Promontogno:	⓱ La Porta; abgestufter Felsriegel, der das obere vom unteren Bergell trennt (Sopra und Sotto Porta)
	⓲ Müraia, historische Talsperre
	⓳ Burganlage Castelmur, um 1300 bischöflicher Wachtturm
	⓴ Kirche Nossa Donna (988) neben Burganlage Castelmur, ehem. Mutterkirche des Bergells
	㉑ I Crotti di Bondo, Felsenkeller mit Vorraum zur Lagerung von Wein und Milchprodukten

Verpflegung, Unterkunft

Stampa:	–Albergo Val d'Arca, +41 (0)81 822 13 65, www.valdarca.wordpress.com
	– Pontisella Bed & Breakfast, +41 (0)81 852 30 56, www.pontisella-stampa.ch
Promontogno:	– Hotel Bregaglia, +41 (0)81 822 17 77, bregaglia@hotmail.com

Tipps und Infos

- Latteria Bregaglia, +41 (0)81 822 12 40, www.latteriabregaglia.ch
- Hofkäserei Pungel, +41 (0)81 822 12 59, +41 (0)78 601 56 66, www.bregaglia.ch
- Carlo Tam, Metall-Kunsthandwerk, +41 (0)81 822 12 65, www.carlotam.ch
- Gewerbezentrum Punto Bregaglia, +41 (0)81 834 01 10, www.puntobregaglia.ch
- Infos rund ums Bergell: www.labregaglia.ch
- Bregaglia Engadin Turismo, Strada Principale 101, Stampa, +41 (0)81 822 15 55, www.bregaglia.ch
- Talmühle Molino Scartazzini & Co., Promontogno, Besichtigung auf Anfrage, +41 (0)81 822 11 13, www.molinoscartazzini.ch
- Regionales Kunsthandwerk, Kultur: Butéga Pontisella, Pontisella Cultura, www.pontisella-stampa.ch

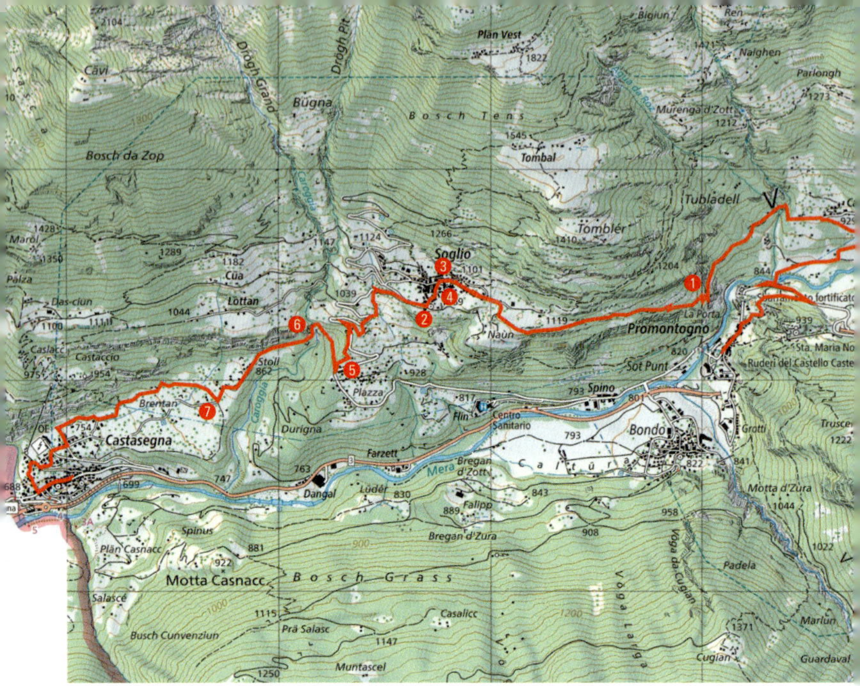

Promontogno – Caccior – Soglio – Brentan, Castasegna

Tourencharakter

Bergwanderung auf gut ausgebauten Wanderwegen. Eindrückliche Treppenanlage «la plotta» im Aufstieg nach Soglio. Einzigartig schöne Kastanienselven bei Soglio-Plazza und Brentan.
Technik/Kondition: mittel (Bergwanderweg/mittel)

– Promontogno – Caccior – Soglio
  Aufstieg: 350 m   Abstieg: 80 m
  Distanz: 4 km   Zeit: 1,5 h

– Soglio – Brentan – Castasegna
  Aufstieg: --   Abstieg: 410 m
  Distanz: 4 km   Zeit: 1 h

Sehenswertes

Caccior-Soglio: ❶ Steintreppenweg «la plotta»
Soglio: ❷ Kirche St. Laurentius (1354), 1765 erweitert, Barockbau

Palazzi Salis:	❸ Casa Battista, heute Palazzo Salis, erbaut um 1628 auf dem Vorgängerbau. Erweitert 1701 von Baptist Salis, d. J. inkl. Anlage des Terrassengartens, stallazo (1696), Stallgebäude zwischen Casa die Mezzo und Casa Battista mit den berühmten Räuberfratzen (i morder da sett) ausgestattet mit einem Ring zum Anbinden der Pferde. Casa di Mezzo (1696), Casa Antoni (1763–66), Casa Gubert (1554–73)
	❹ Atelier des Fotografen Raymond Meier (2003), Architekt Armando Ruinelli
Plazza:	❺ Kastanienselve mit Dörrhäuschen (cascine)
	❻ Wasserfall Caroggia
Brentan:	❼ Grosse Kastanienselve mit Kastanienlehrpfad

Verpflegung, Unterkunft

Soglio:

- Palazzo Salis, +41 (0)81 822 12 08, www.palazzo-salis.ch
- Hotel Restaurant Stüa Granda, +41 (0)81 834 03 33, www.stuagranda.ch
- Pension Mürias, + 41 (0)81 822 15 00
- Weitere Unterkünfte siehe www.bregaglia.ch

Tipps und Infos

- Artigianale di Bregaglia, Öffnungszeiten: 9.30–12 Uhr, 14–17.30 Uhr, 1. Juni bis 30. Oktober
- Dorfführung, Anmeldung und Information: Tel. +41 (0)81 822 17 49
- Armando Ruinelli und Fernando Giovanoli architetti, www.ruinelli-associati.ch
- Charlotte von Salis-Bay, «Die casa Battista und ihre Gärten in Soglio». Erhältlich im Palazzo Salis
- Kastanienlehrpfad Brentan und Kastanienfestival Bergell, Infos: +41 (0)81 822 15 55, www.bregaglia.ch
- Bergeller Kastanien (ab Erntezeit): Associazione castanicoltori Bregaglia, Ivana Engler-Picenoni, Brentan 141, 7608 Castasegna. +41 (0)81 822 10 39, engler.ivana@bluewin.ch
- Übernachten in einer ehemaligen Cascina in Brentan (Gruppen), +41 (0)81 822 13 46, www.castagneto.ch

(Serviceteil zu Castasegna siehe Etappe 6, S. 166–167)

Künstler, Palazzi, Zuckerbäcker und eine Wehranlage

Etappe 6: Vicosoprano – Borgonovo – Coltura – Promontogno

Auf den 2000 Metern Höhenunterschied zwischen dem Septimer (2310 m) und Chiavenna (325 m) vollzieht sich ein eindrücklicher Wechsel von der alpinen zur mediterranen Vegetation.

Auf der Höhe von Casaccia dominiert die Fichte, die teils mit der Weisstanne, der Lärche und der Arve vergesellschaftet ist. Im Talboden wird der Nadelwald allmählich abgelöst durch einen Laubmischwald mit Esche, Linde, Birke, Bergahorn, Haselstrauch und Traubeneiche. An feuchten Standorten breiten sich Grauerle und Salweide aus. Der schöne Laubmischwald wird in tieferen Lagen nur noch nach oben durch den Nadelwald begrenzt. Einen markanten Vegetationswechsel stellen wir bei der Talenge von Promontogno fest. Der Felsriegel zwischen Sopra- und Sottoporta wirkt auch als klimatische Grenze. In Bondo, Soglio und Castasegna treffen wir auf die ersten Kastanienselven. Im Bergell gibt es neben der Natur auch viel Kultur zu entdecken.

In Vicosoprano (1067 m), ehemals Hauptort des Bergells, weckt das Rathaus (Pretorio), das auch Sitz des Gerichts war, sofort unser Interesse. Der ursprünglich freistehende Rundturm, ein sogenannter Senwelenturm, stellt mit seinem runden Grundriss eine Seltenheit dar in Graubünden. Er wurde bereits im 13. Jahrhundert durch den Bischof erbaut und diente den bischöflichen Lehensherren zu Wohnzwecken. Beim Bau des Rathauses (1583) wurde der Rundturm in den Neubau integriert und damit ein sichtbares Zeichen des bischöflichen Machtverlusts im 16. Jahrhundert gesetzt. Die Aufsicht über das Hochgericht oblag nun der Gerichtsgemeinde Sopraporta. Gut, dass wir für die Besichtigung das Tageslicht gewählt haben, denn beim Anblick der Original-Folterwerkzeuge im Turm, der nach dem Umbau als Gefängnis diente, werden wir schonungslos an die früheren Methoden der Justiz erinnert. Vicosoprano war aber nicht nur Hauptort und Sitz des Gerichts, sondern auch Umladestation für die Säumer der Porte Bergell. Die Eingangshalle des Rathauses diente als Warenlager. Hier waltete der Teiler, der die Waren nach der Rod den Fuhrleuten zuteilte. Erläuterungen zu den Bauten und Besitzverhältnissen in Vicosporano erhalten wir im Beitrag von Diego Giovanoli (S. 184) oder auf einer Dorfführung.
Bevor wir die Wanderung auf der Via Sett fortsetzen, machen wir einen Abstecher in den Dorfteil San Cassiano mit der gleichnamigen Kirche aus dem Jahr 1003.

Auch hier hat Architekt Bruno Giacometti seine unverkennbare Handschrift hinterlassen. Die zehn Reihenhäuser der EWZ-Siedlung sind schön in die Landschaft integriert. Das Schulhaus muss seine einst ausgewählte Lage inzwischen mit Einfamilienhäusern teilen.

Wir kehren über die Brücke (1543) zurück in den Dorfkern, überqueren die Umfahrungsstrasse und folgen dem Wanderweg, der beim Hotel «Elvezia», das heute das EWZ beherbergt, vorbeiführt. Gegenüber sticht der Punto Bregaglia, eine gitterartige Holzkonstruktion, sofort ins Auge. Im Jahr 2007 erfolgte der Spatenstich für dieses Gewerbezentrum, das unter seinem Dach 14 Betriebe vereinigt.

Wir nehmen den Waldweg Richtung Borgonovo unter die Füsse. Auf der Waldlichtung Cudin stehen zwei Steinsäulen. Es sind die Überreste des Galgens der ehemaligen Gerichtsgemeinde. Nochmals holt uns die Vergangenheit, die Zeit der Hexenverfolgungen, ein. Auch Christian Cahenzli, im August 1743 in Bivio zur Galeerenstrafe verurteilt, soll auf seiner Flucht hier vorbeigekommen sein. «Kein Vogel zwitscherte, keine Grille zirpte, sogar die Maira flüsterte nur leise, von weit her. Die Bäume ringsum, lauter hohe, dunkle Bäume, bildeten eine grosse furchteinflössende Waldkathedrale.» (Franziska Löpfe, Christian Cahenzli, Bivio – Venedig – New York. Vom Glück eines Migranten im 18. Jahrhundert.)

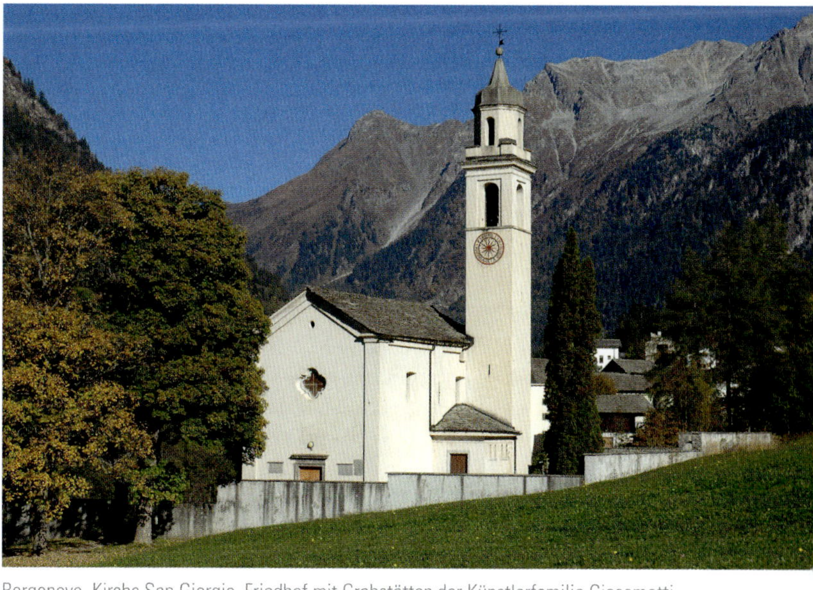

Borgonovo, Kirche San Giorgio, Friedhof mit Grabstätten der Künstlerfamilie Giacometti

Die Via Sett führt uns mitten durch das schöne Strassendorf Borgonovo. An der Dorfstrasse stehen stattliche Wohnhäuser. Eines davon ist das Wohnhaus (1676) der wohlhabenden Bauernfamilie Crüzer, geschmückt mit Sgraffito-Malereien. Ein Blumenmeer ziert Gärten und Hauseingänge. Viele der alten Rundholzställe aus dem 16.–17. Jh. sind noch erhalten. Zwischen der Häuserzeile erblicken wir inmitten der Wiese ein rotes Holzhaus. Es gehört dem Künstler Ueli Lüthi. Eine Besichtigung seiner Werke ist auf Voranmeldung möglich. Auch die Malerin und Textilkünstlerin Elvezia Michel (1887–1963) lebte in Borgonovo. Hier richtete sie sich, nach Jahren der künstlerischen Tätigkeiten in Mailand, Paris und London, im Haus ihrer Mutter ein Webatelier ein. Für ihre Werke verarbeitete die naturverbundene Künstlerin Leinen aus eigenem Flachs-Anbau und Wolle aus dem Bergell.

Die Via Sett führt nun über die Steinbrücke auf die rechte Talseite. Ein schöner Wanderweg durch das Wiesland von Samarovan verbindet die beiden Dörfer Borgonovo und Stampa. Rundholzställe säumen den Weg, und bei der Abzweigung in Richtung Stampa steht das Schulhaus Stampa (1961/62) des Architekten Bruno Giacometti, erbaut aus Stein, Holz und Glas. Im Jahr 2002 wurde das Schulhaus um einen zweiten Bau erweitert. Hier unterrichteten u.a. Remo Maurizio, Gründer des Talmuseums Ciäsa Granda und Gian Andrea Walther, Kurator im Palazzo Castelmur, die OberstufenschülerInnen des ganzen Tals. Nur wenige finden eine Lehrstelle und später eine Anstellung im Tal. Deshalb sind gute Deutschkenntnisse ein wichtiges Sprungbrett in die berufliche Zukunft. Beim Schulhaus verlassen wir den Wanderweg und folgen der Strasse nach Stampa. Linkerhand erblicken wir das ehemalige Albergo «Piz Duan», das Geburtshaus von Giovanni Giacometti.

Variante: In Borgonovo talabwärts zur Kirche San Giorgio mit den Glasmalereien von Augusto Giacometti. Auf dem Friedhof finden sich die Grabstätten von Augusto, Giovanni, Alberto und Diego Giacometti und von Elvezia Michel. Die Kirche verlassen wir auf dem alten Kirchweg und erreichen auf dem Wanderweg entlang der Strasse in Kürze Stampa (994 m).

Am Dorfeingang befindet sich das Tourismusbüro, südlich davon folgt die Stallscheune, die von Giovanni Giacometti als Atelier umgenutzt wurde.

Im Patrizierhaus Ciäsa Granda (16. Jh.) ist das Talmuseum untergebracht. Das Museum informiert über das bäuerliche Leben, über den Lavezsteinabbau, über Geologie, Flora und Fauna des Tals. Dem Bergeller Kunsthandwerk und den Künstlern Varlin und den Giacomettis wird viel Raum gegeben. In der prachtvollen Arvenstube im ersten Stock fertigen Bergellerinnen auf den Webstühlen kunstvolle Stoffe und Teppiche an.

Wenige Schritte weiter, am südlichen Dorfausgang steht die Casa Pontisella. Mit einem nachhaltig geführten b&b, einem Laden mit regionalem Kunsthandwerk

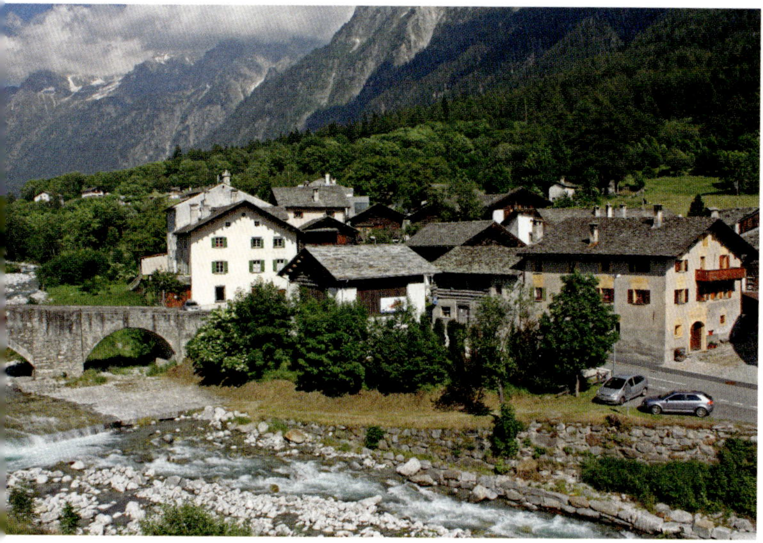

Blick auf Stampa, neben der Brücke das Geburtshaus von Giovanni Giacometti

und Kulturveranstaltungen ist das alte Patrizierhaus heute ein inspirierender Ort der Begegnung. Durch die Hintergassen von Stampa gelangen wir zur Brücke über die Maira und folgen der Strasse nach Coltura. Enge Gassen, stattliche Häuser, malerische Winkel, das ist Coltura. Und dazu zählt auch der märchenhafte Palazzo Castelmur. Das im Jahr 1723 von der Familie Redolfi erbaute barocke Herrenhaus (heute Nordteil der Anlage) wurde in den Jahren 1850–1854 durch Baron Giovanni de Castelmur zu einem neugotischen Schloss venezianischer Art erweitert. Sein Vater, einst Auswanderer und später erfolgreicher Zuckerbäcker in Marseille, ermöglichte ihm das Studium der Politik- und Rechtswissenschaft. Als reicher Mann kehrte Giovanni ins Bergell zurück und hinterliess ein einzigartiges Baudenkmal der Bündner Rückwanderer-Architektur.

Im Palazzo Castelmur ist die Dauerausstellung «Fast ein Volk von Zuckerbäckern» zu den Auswanderern aus dem Bergell und dem übrigen Graubünden untergebracht.

Bereits im 15. Jh. zogen Bündner nach Oberitalien. Viele von ihnen wanderten in die Republik Venedig aus, die eine Allianz mit dem Freistaat der Drei Bünde (heute Kanton Graubünden) einging. Die Lagunenstadt hatte sich zum bedeutendsten Mittelmeerhafen entwickelt. Hier wurden Spezereien des Orients gehandelt, so auch das süsse Mandelgebäck Marzipan. Die Bündner Einwanderer errangen bald eine starke wirtschaftliche Position. 1699 waren von 42 venezianischen Konditoreien nur vier nicht in ihrem Besitz. Als dann im Jahr 1766 die Allianz zwischen Venedig und dem Freistaat der Drei Bünde zerbrach, wurde den Bündnern jede gewerbliche Tätigkeit untersagt. Sie wanderten nach ganz Europa aus. Ende des 19. Jahrhunderts gab es rund 700 Konditoreien mit Bündner Herkunft. Berühmtheit erlangte unter anderem das Marzipan der Gebrüder Pomatti aus Castasegna, die in Königsberg (Kaliningrad) im Jahr 1809 die erste Marzipanfabrik der Stadt gründeten.

Wir sind spät dran. Für einen Rundgang reicht die Zeit nicht mehr, aber der Kurator, Gian Andrea Walther, weist uns den Platz auf dem Sofa zu. Wir hören einen Teil des Hörspiels aus dem Leben des glücklosen Flurin Lozza (S. 88), das Linard Candreia in seinem Buch anhand der Tagebücher nachgezeichnet hat. Wieder draussen, sind wir geblendet vom hellen Licht. Die Schatten der Vergangenheit verblassen. Wir folgen dem Wegweiser nach Caccior. Bevor wir aber durch schönstes Wiesland weiter gegen Süden ziehen, machen wir noch einen Abstecher zur Kirche San Pietro. Ein von Trockenmauern gesäumter Weg, der im Jahr 2012 erneuert wurde, führt hinauf zur Kirche. Der barocke Neubau (1743) steht auf den Grundmauern eines Vorgängerbaus von 1518. Der Hügel wurde aber bereits in der Eisenzeit und von den Römern genutzt, wie diverse Funde zeigen (siehe Beitrag von Jürg Rageth, Seite 129).

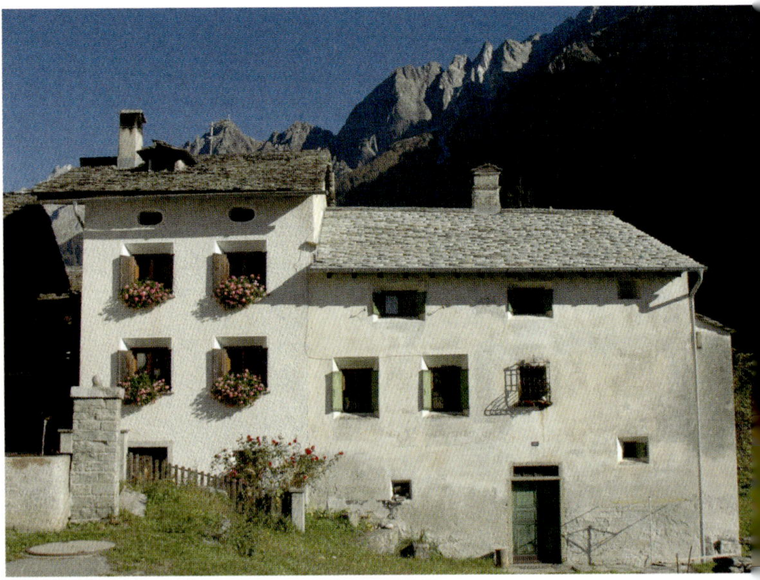

Wohnhaus mit Trichterfenstern in Coltura, rechter Hausteil 1. Hälfte 18. Jh.

6

Auf der Fahrstrasse gelangen wir zur Abzweigung nach Muntac/Montaccio (1043 m), einem bäuerlich geprägten Weiler und wandern weiterhin geradeaus. Unvermittelt blicken wir auf den markanten, gestuften Felsriegel, der das Bergell in Sotto- und Sopraporta teilt. Eng rücken die Bergflanken zusammen, als wollten sie niemanden ungehindert durchlassen. Müraia heisst die Talsperre und einstige römische Station Murus bei den Bergellern. Über der Müraia erheben sich die Burganlage Castelmur sowie die Kirche Nossa Donna (840), die Mutterkirche des Bergells. Beides sind weitherum sichtbare Wahrzeichen. Ein Castellum ad Bergalliam wird um 840 erstmals erwähnt. Um 1190 vermachte der Bischof die Burganlage der Familie Castelmur als Lehen.

Ein Heuladewagen fährt vorbei. Das Heu duftet. Die Wärme der Sonne ist spürbar. Da und dort huschen Smaragdeidechsen über die Steinplatten. Hecken und Bäume säumen die Wiesen. Zufrieden erreichen wir Caccior (930 m), setzen uns auf die Steinstufen eines Stalles und blicken talaufwärts und hinauf zu den steilen Granitgipfeln. Heisses Magma durchdrang vor rund 30 Millionen Jahren die Deckenstruktur und baute diese faszinierenden Granitberge auf.

Bei der nächsten Wegkreuzung halten wir uns links und steigen ab zur Maira. Auf der anderen Seite der Maira führt keine Steintreppe mehr hinauf nach Promontogno, wie sie im Bild von Giovanni Giacometti «Steinträgerinnen im Bergell» sichtbar ist. Wir müssen mit einer Strasse vorliebnehmen. Oben angekommen biegen wir nach links in die Hauptstrasse ein und folgen ihr rund 200 Meter, bevor wir rechts in den breiten, gepflästerten Fahrweg biegen und hinauf zur Müraia wandern.

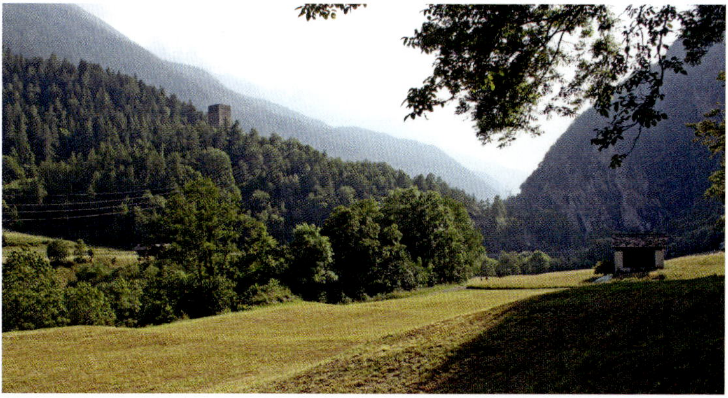

Blick von Coltura südwärts auf den markanten Felsriegel «La Porta», der das obere vom unteren Bergell trennt (sopra / sotto porta) , früher auch die Grenze zwischen den Bistümern Chur und Como

Die Weganlage mit der schönen Pflästerung, den Trockenmauern und den Randsteinen ist gut erhalten. Die hohen mittelalterlichen Wehrmauern schliessen die Talsperre auf perfekte Weise. Bereits im Itinerarium Antonini Augusti, dem römischen Strassenverzeichnis aus dem 3./4. Jahrhundert, wird eine Mauer erwähnt. Ausgrabungen brachten zahlreiche römische Funde zutage (S. 130). Wir schauen uns hinter der Talsperre ausgiebig um. Das Gelände enthält Überreste ehemaliger Bauten. Auf der talseitigen Wehrmauer verläuft ein ausgesparter Wehrgang. In der rechten Nische ist eine auf die Strasse gerichtete Schrägscharte zu erkennen. Schleifspuren von Wagen sind im angrenzenden Fels beim Weg erkennbar. Fuhrleute mussten hier dem Bischof den Zoll entrichten, nachdem dieser um 960 das Bergell mit den Zöllen und Gerichten von Kaiser Otto I. geschenkt bekam. Oft lagen die Leute von Sopraporta und von Sottoporta im Streit wegen der Alp- und Weiderechte und wegen der Rechtsprechung. Diese Streitigkeiten führten im Jahr 1534 zur Revision der Nutzungsmarchen zwischen den beiden Gebieten und ein Jahr später zur territorialen Aufteilung in die zwei Gemeinden. (Roth 2018, S.198-99). Im nahen Steinbruch wird seit dem 19. Jahrhundert der Soglio-Quarzit, ein Zweiglimmer-Gneis, abgebaut.

Der Weg führt zum ehemaligen Haus Salis (1594) und weiter direkt auf den Vorplatz beim Hotel «Bregaglia». Wo einst Kutschen vorfuhren, hält heute das Postauto. Wir sitzen im Gartenrestaurant und geniessen die freie Sicht ins südliche

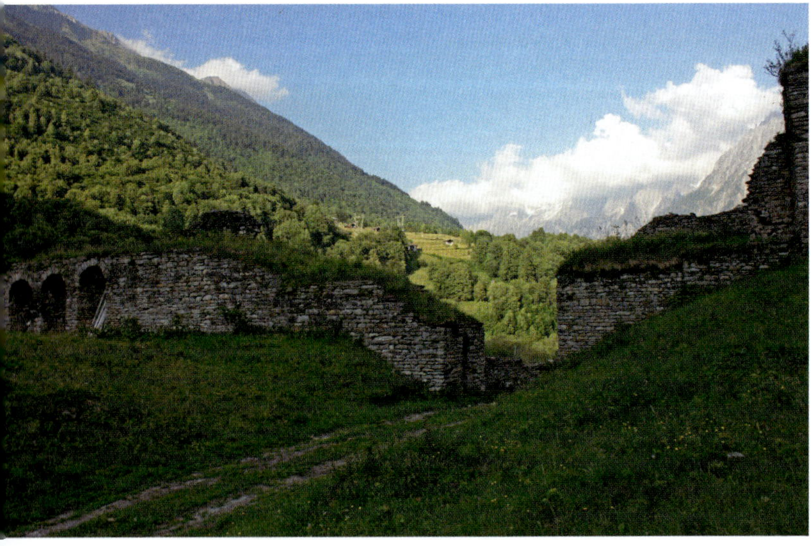

Müraia, historische Talsperre und Zollstation bei Promontogno

Bergell, aber auch hinauf zur formvollendeten Badile-Nordkante (S. 163). Das Hotel «Bregaglia» (1876–1877) stammt aus dem Beginn der Belle Epoque. Es beherbergte vor allem Reisende von Süden auf dem Weg ins Engadin. Noch heute erliegen wir seinem Charme.

Wenige Schritte entfernt, bei der Brücke über die Maira, steht die Molino Scartazzini & Co. Hier werden u. a. die Kastanien und die BIO-Gran-Alpin-Getreidesorten Roggen, Gerste und Bergweizen gemahlen. Hierher wird auch das Getreide von Mon und Salouf (Via Sett Etappe 3) zur Verarbeitung gebracht. Die Mühle wird zwar mit Strom betrieben, aber im Jahr 2017 konnte, nach über 60 Jahren Stillstand, ein neues Wasserkraftwerk in Betrieb genommen werden. Der Strom wird ins Netz der ewz eingespiesen. Die Mühle ist seit Generationen ein erfolgreiches Familienunternehmen.

Am Abend unternehmen wir einen Spaziergang zu den Crotti, im Bergeller Dialekt Cròt genannt. Die Weinkeller von Bondo stehen nebeneinander im Schatten eines mit Steinblöcken durchsetzten bewaldeten Hangs, entlang der ehemaligen Verbindungsstrasse nach Bondo. Aufgrund der konstanten Temperatur und Feuchtigkeit sowie des leichten Luftzugs, dem Sorel, sind die Crotti aus dem 17.–19. Jh. ideale Keller zum Lagern von Wein. Zwischen Promontogno und Chiavenna werden wir noch weitere ortstypische Crotti entdecken (Giovanoli, Hemmi 1998).

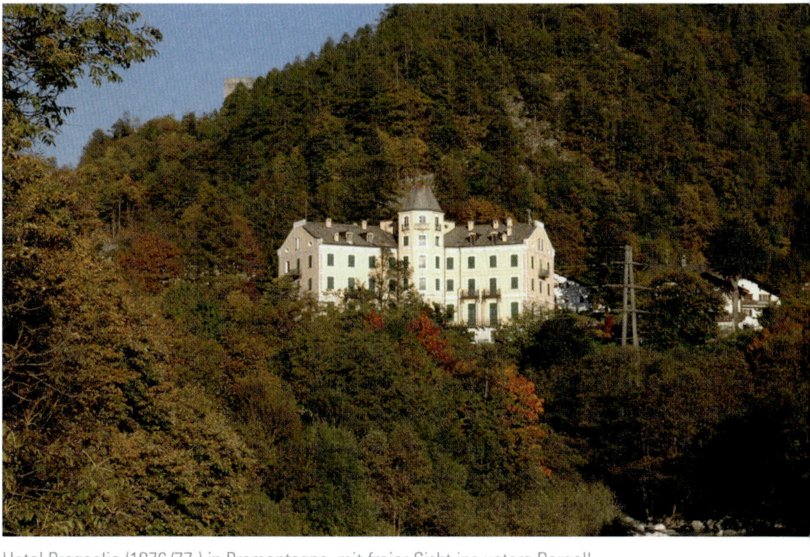

Hotel Bregaglia (1876/77) in Promontogno, mit freier Sicht ins untere Bergell

Variante: Promontogno – Caccior – Soglio – Castasegna

Promontogno – Caccior – Soglio

Während ca. drei Monaten erreicht die Sonne den Bergeller Talboden nicht. Zu hoch hinauf ragen die jungen Granitberge im Süden. In Soglio dagegen, auf der rechten Talseite, scheint die Sonne das ganze Jahr über. Die Menschen im Tal haben sich daran gewöhnt. Dennoch wird das Ende der langen Schatten herbeigesehnt. So entschlossen sich die Leute von Bondo eines Tages, die Sonne zurückholen. Sie trugen eine geräumige Truhe auf das Gemeindegebiet von Soglio, öffneten diese und liessen sie den ganzen Tag in der Sonne stehen. Am Abend trugen sie die gut verschlossene Truhe zurück nach Bondo. Anderntags standen die Menschen um die Truhe und warteten auf das Licht der lange ersehnten Wintersonne. Gross war die Enttäuschung, als sie nach Öffnen der Truhe feststellten, dass diese leer war. Eine ältere Frau trat daraufhin einen Schritt vor und sagte: «Das kann ich mir denken, dass die Sonne entfliehen konnte – das Schlüsselloch hättet ihr zustopfen müssen!» Die Herumstehenden schauten nach Soglio, dort schien die Sonne heller und leuchtender als je zuvor. Die vollständige Sage «Die Sonne in der Schatztruhe» kann nachgelesen werden im Buch von Elda Simonett-Giovanoli «Bivio und das Bergell».

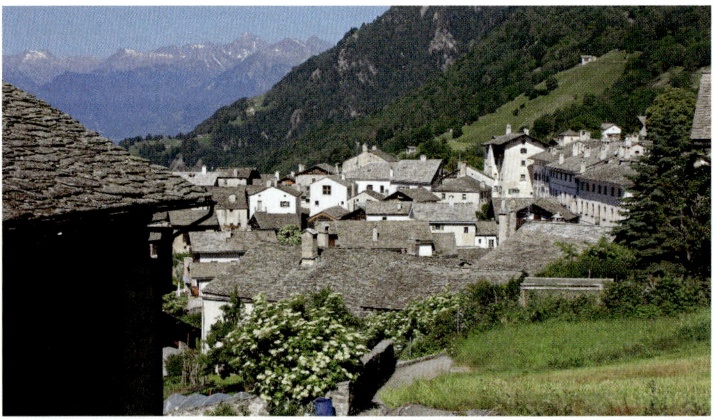

Soglio liegt auf der Sonnenterrasse des Bergells

Noch sind die langen Schatten auch im Talboden in weiter Ferne. Die Wanderung führt uns hinauf ins «Sonnendorf» Soglio, das rund 300 Meter über dem Talboden auf einer Geländeterrasse liegt. Von Promontogno (836 m) wandern wir über Müraia zurück nach Caccior. Hier biegen wir links in den alten Verbindungsweg von Stampa nach Soglio ein. Der Wanderweg führt anfangs durch schönes Wiesland und dann durch den Wald zur Brücke über den Bach, der vom Piz dal Märc herunterfliesst. Der Weg steigt nur wenig an, bis er das Felsband erreicht. Hier geht der Waldweg in einen gepflästerten Saumweg über mit talseitigen Stützmauern aus plattigen Bruchsteinen. Die Treppenstufen sind aus mächtigen Steinplatten oder aus Pflastersteinen gebaut. Atemlos wegen der Steigung, aber noch viel mehr wegen der kühnen Weganlage, bleiben wir immer wieder stehen. Zwischen Bergföhren, Lärchen, Birken und Eichen hindurch streift der Blick durchs Tal.

Schon erreichen wir die Terrasse von Soglio (1097 m). Auf einem Feldweg gelangen wir ins Dorf und folgen der engen gepflästerten Gasse, vorbei an einem der zahlreichen Bergeller Granitbrunnen, bis auf den Dorfplatz mit dem Palazzo Salis, der ehemaligen Casa Battista. An der Ostseite steht der herrschaftliche Stall mit den Räuber-Fratzen der «morder da sett». Die Salis kamen bereits im 13. Jahrhundert als Edelleute aus Como nach Soglio. Beim Rundgang durch die mittelalterlichen Gassen entdecken wir einfache Bauernhäuser und Ställe sowie die herrschaftlichen Palazzi der einflussreichen Familie Salis. Dazwischen liegen die blumenreichen Nutzgärten, und immer wieder gleitet der Blick hinüber zu den steilen Wänden der Scioragruppe, des Pizzo Cengalo und des Pizzo Badile.

Das Dorf Soglio, zu dem auch die Fraktion Spino gehört, liegt am Aufgang zum historisch bedeutenden Alpweg über den Pass da la Prasignola (2724 m). Auf der Nordseite des Passes, in der Val Madris, erwarben die Salis bereits im Jahr 1412 Alpen. Der hoch gelegene Pass diente auch als Schmuggler- oder Fluchtweg. So packte Barbara von Salis-Meiss aus dem Ritterhaus Bubikon nach dem Fall von Chiavenna (1622) ihre vielen Kinder und floh zusammen mit ihrem Mann, Baptista dem Jüngeren, «über das Gebirg ins Avers» und weiter nach Zürich.

Als die Casa Battista um 1700 erweitert wurde, entstand auch die gestufte Gartenanlage auf der Nordseite des Palazzo. Der schöne Garten bezaubert durch seine Mischung aus Strenge und Wildheit.

In den letzten Jahren wurde Soglio durch weitere Bauwerke bereichert. Die meisten davon gestaltete der einheimische Architekt Armando Ruinelli. Seine Architektur überzeugt durch die Verbindung von Tradition und Moderne und durch die Auseinandersetzung mit dem Ort und seiner (Bau-)Geschichte. So gelingt Ruinelli eine zeitgenössische Interpretation der gewachsenen Strukturen.

In Soglio haben wir die Möglichkeit, herrschaftlich im Palazzo Salis zu übernachten, mit dem kleinen Postauto nach Promontogno zurückzufahren oder weiter durch die Kastanienselven nach Castasegna zu wandern.

Soglio – Brentan – Castasegna
Von Soglio bis Castasegna folgen wir den braunen Wegweisern der Via Bregaglia. Wenige Meter nach der Postautohaltestelle zweigt der Wanderweg links ab und führt in direkter Linie hangabwärts. Bald stehen wir mitten im Kastanienhain von Soglio, der sich zwischen Spino und Soglio erstreckt. Wir erreichen Plazza (892 m). Hier stehen die einfachen Dörrhütten und wenige Stallbauten inmitten der Kastanien. Die Dörrhütten (Cascine) sind ausgestattet mit einem Vorratsraum für das Brennholz und einer Feuerkammer. Der Dachboden besteht aus einem rauchdurchlässigen Holzrost. Darauf werden die Kastanien ausgebreitet und während vier bis sechs Wochen über dem schwelenden Feuer getrocknet.

Bei der Abzweigung Plazza folgen wir dem Wanderweg zum Wasserfall der Caroggia, den wir in einem Tunnel unterqueren. Kaum der schäumenden Gischt entkommen, stehen wir inmitten der Kastanienselve von Brentan. Nachdem die Kastanie während Jahrhunderten die kinderreichen Familien vor Hunger bewahrt hatte, verlor ihr Anbau Mitte des letzten Jahrhunderts zunehmend an Bedeutung. Seit einigen Jahren werden die Kastanienbäume im Bergell wieder gepflegt. Die Wiesen wurden ausgelichtet, neue Bäume gepflanzt und die Ernte wird nach alter Tradition in den Cascine (Dörrhütten) getrocknet. Auf dem Kastanienlehrpfad durch den wunderschönen Hain vermitteln Tafeln Wissenswertes rund um die Kastanie. Am Wegrand steht ein Verkaufsstand mit Kastanienhonig und weiteren regionalen Produkten. Wir erreichen die Einfamilienhäuser der ewz-Siedlung Brentan, entworfen vom Architekten Bruno Giacometti, gebaut aus Bruchsteinen und Kastanienholz, bevor uns der Wanderweg zu den zahlreichen Cascine führt. Die Ernte hat noch nicht begonnen, kein Rauch dringt durch die Ritzen der Balken und Gneisplatten. Das Brennholz stapelt sich aber bereits vor den Dörrhütten.

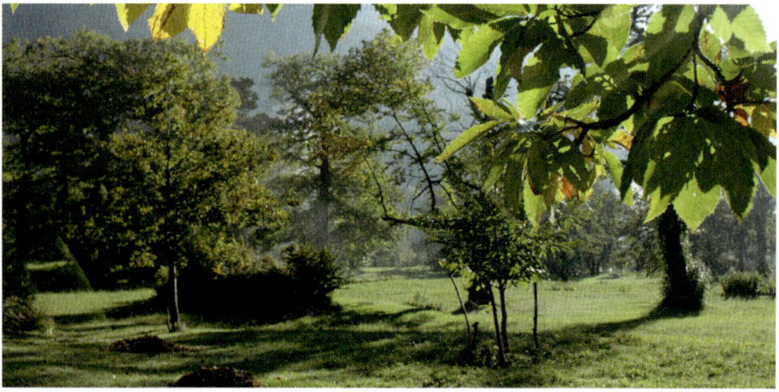

Kastanienselve Brentan, Castasegna

Giacometti – eine Bergeller Künstlerdynastie

Dr. Marco Giacometti, Stampa

Das kleine Bergdorf Stampa wurde fast hundert Jahre von einer aussergewöhnlichen Familie geprägt. Giovanni, Augusto, Alberto, Diego, Bruno und Zaccaria trugen in zwei Generationen ihren Familiennamen Giacometti und mithin die Bekanntheit des Bergells in die Welt. Und auch wenn ihre Wirkungsstätten bis nach Florenz, Zürich und Paris reichten, ihre letzte Ruhestätte auf dem Friedhof von San Giorgio bei Borgonovo vereint sie wieder in dem kleinen Tal zwischen Malojapass und Chiavenna.

Stampa – Ein Familienname

Stampa ist eine junge Siedlung. Erst gegen Ende des 15. Jahrhunderts errichteten Vertreter der Familie Stampa aus dem talaufwärts gelegenen Vicosoprano, am Fusse eines Schuttkegels, ein erstes Haus. Die Stampa waren vor allem durch ihr politisches und gesellschaftliches Engagement in der Region eine bedeutende Familie. Ihre Suche nach neuem Siedlungsraum führte sie nach Stampa – an den Ort, dem sie ihren Namen gaben. Ställe und Wohnhäuser wurden gebaut, und Angehörige der Familien Fasciati, Santi, Silvestri und Salis folgten ebenfalls nach Stampa. Diese Familien prägten über 300 Jahre das Dorf. Sie lebten vom Transitverkehr sowie von der Land- und Forstwirtschaft, hielten Pferde, Rinder, Ziegen und Schafe. Die Bergbauern pendelten saisonal zwischen den Sömmerungsweiden am Ufer des Silsersees in Maloja und dem Bergell. Doch starke sommerliche Regenfälle und Rüfen richteten oft grosse Schäden an oder die Hochwasser der Maira zerstörten, wie letztmalig im Jahr 1927, die Behausungen. Alles in allem ein beschwerliches Dasein. Auswanderung war häufig der Ausweg und trug zur Flexibilität und zur Offenheit der Bergeller gegenüber anderen Kulturen bei.

Die Giacomettis – Erstmals in Stampa

Die Giacomettis kamen erstmals Mitte des 19. Jahrhunderts nach Stampa. Antonio Giacometti (1814–1883) aus Montaccio kehrte nach einem Arbeitsaufenthalt in Modena ins Bergell zurück und heiratete im Jahr 1849 Maria Stampa. Diese erbte ein Haus im Dorfkern von Stampa, dessen Bewohner man «da la gassa» nannte (die von der Gasse). Ihre Söhne heirateten ebenfalls Frauen aus dem Stampa-Clan. Der älteste Sohn Giacomo (1853–1918), ein Bauer, war Vater des Malers Augusto Giacometti. Der zweitälteste Sohn Zaccaria sen. (1856–1897) war ein begnadeter Dorf- und auch Zeichenlehrer, was für zwei seiner Schüler, Augusto und Giovanni Giacometti, wegweisend sein sollte. Sein Sohn, Zaccaria, wurde ein bedeutender Staatsrechtler an der Universität Zürich.

Knappe Mittel führen zu grossem Schaffen – Der Beginn einer Ära

Nur wenige Jahre nach Antonio folgte sein Neffe Alberto (1834–1900) nach Stampa. Alberto Giacometti aus Caccior war mit seiner Ehefrau Caterina Ottilia Santi in Bergamo gewesen, und als ihr Vater 1865 sein Geschäft in Stampa aufgab, übernahm das frisch vermählte Paar dieses. Es führte damit auch das einzige Gasthaus von Stampa, das sich im Dorfkern befand, direkt neben der Brücke. Enthusiastisch erweiterten sie ihr ursprüngliches Wohn- und Geschäftshaus um einen Anbau und eröffneten im Jahr 1888 das Hotel «Piz Duan». Wohlhabende Bürger aus der Lombardei sollten in dem grosszügigen Anwesen mit Garten ihren Sommerurlaub verbringen. Doch die Investitionen blieben ungedeckt und dem drittältesten Sohn Giovanni (1868–1933), der in Paris Malerei studieren wollte, konnte die Ausbildung nicht vollständig finanziert werden. Nach seinem erzwungenen Studienabbruch in der französischen Hauptstadt nahmen ihn die Eltern fast zehn Jahre bei sich auf und zeigten Verständnis für den künstlerischen Weg ihres Sohnes.

Giovanni Giacometti (1868–1933) – Glühende Berge, leuchtende Menschen

Ohne eigenes Atelier hatte Giovanni Giacometti um 1890 begonnen, als Maler des Realismus im Freien zu malen. Wichtige Anregungen erhielt er während fünf Jahren durch den Maler Giovanni Segantini, der 1894 nach Maloja zog und bis 1899 den Winter jeweils in Soglio, nahe Stampa, verbrachte. In der Umgebung seines Wohnortes malte Giovanni Landschaften und Menschen in ihrem Alltag. Dieses künstlerische Dokumentieren prägte Giacomettis Werk zeit seines Lebens, und es entstanden unzählige farbige, leuchtende Zeugnisse entlang der Via Sett.

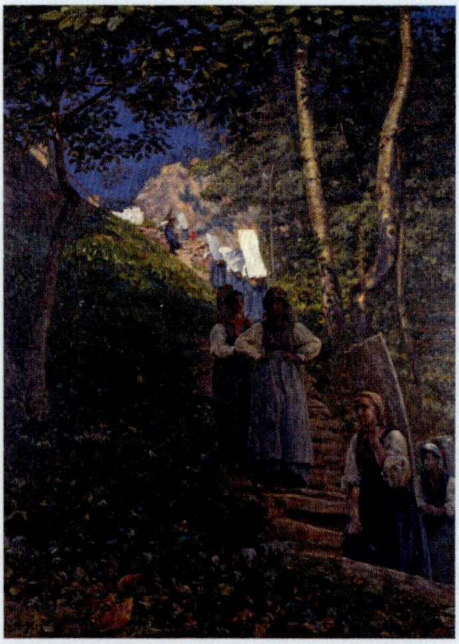

Giovanni Giacometti, Steinträgerinnen im Bergell (1895/96), Öl auf Leinwand, © Bündner Kunstmuseum Chur

1900 heiratete Giovanni Giacometti Annetta, eine gebürtige Stampa aus Borgonovo. Sie gebaren die vier Kinder: Alberto (1901–1966), Diego (1902–1985), Ottilia (1904–1937) und Bruno (1907–2012). Im Jahre 1904 siedelte die junge Familie von Borgonovo kurzerhand in Giovannis Elternhaus in Stampa, wo Giovanni kurze Zeit später die definitive Wohnstätte fand und sein erstes Atelier einrichtete. Gleichzeitig bewohnte die Familie, zumal im Sommer, ein zweites Haus in Capolago bei Maloja. Giovannis umfassendes künstlerisches Werk gewährt uns heute einen wertvollen, unvergleichbaren Einblick in die Landschaft und in das Leben von Stampa und Maloja. Er war stets ein fürsorglicher Ehemann und Vater – seine Familienbilder sind einzigartig in der Malerei – sowie eine im Bergell integrierte, geschätzte und gesellschaftlich sehr engagierte Persönlichkeit.

Augusto Giacometti (1877–1947) – Leidenschaft in Farbe

Wenige Meter neben dem Elternhaus von Giovanni Giacometti wohnte die Bauernfamilie von Giacomo Giacometti, deren Sohn Augusto der neun Jahre jüngere Cousin zweiten Grades von Giovanni Giacometti ist: Der jüngere Augusto verfolgte anfänglich mit Interesse die Arbeit des weiter fortgeschrittenen Giovannis. Doch räumliche und verwandtschaftliche Nähe konnte die immer deutlicher werdenden Unterschiede in der Wahrnehmung von Malerei nie überwinden und der Kontakt der beiden Künstler beschränkte sich auf das Nachbarschaftliche.

Augustos Vater Giacomo Giacometti zeigte anfänglich wenig Verständnis für die künstlerische Vorliebe seines Sohnes Augusto. Doch der im selben Haus wohnende Lehrer Zaccaria brachte dem Neffen die Kunst der Farbmischung und der Wanddekoration bei. Augusto zeichnete schon als Kind erste Dorfmotive und sei-

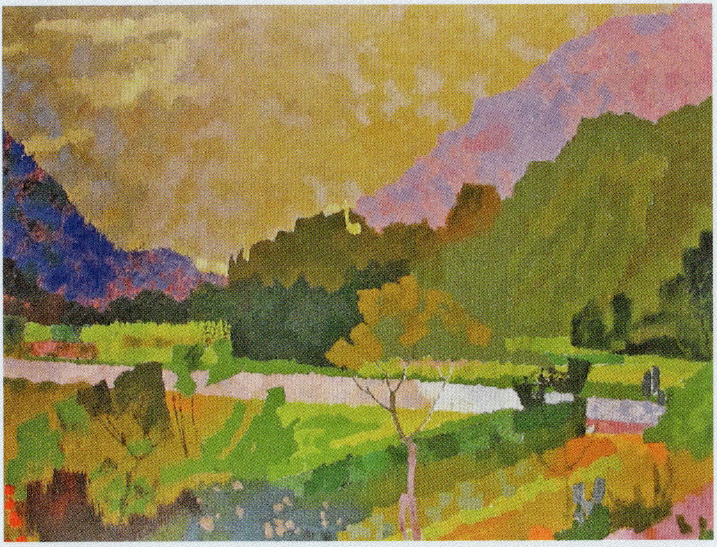

Augusto Giacometti, Grosse Bergeller Landschaft (1947), Öl auf Leinwand, Privatbesitz

ne, ihn zeitlebens inspirierende, vielseitige Umgebung. Seine Tante Marietta nahm ihn als Sekundarschüler bei sich in Zürich auf und förderte ihn in vielerlei Hinsicht. Während seiner Ausbildung zum Zeichenlehrer in Zürich und seinen Pariser Studienjahren widmete sich Augusto der dekorativen Kunst und dem Jugendstil. In der Zeit seines Florenz-Aufenthaltes von 1902 bis 1915 – unterbrochen durch eine zweijährige Periode in Stampa – entwickelte er eine meisterhafte Aquarelltechnik und schuf Farbabstraktionen und mosaikartige Farbfantasien.

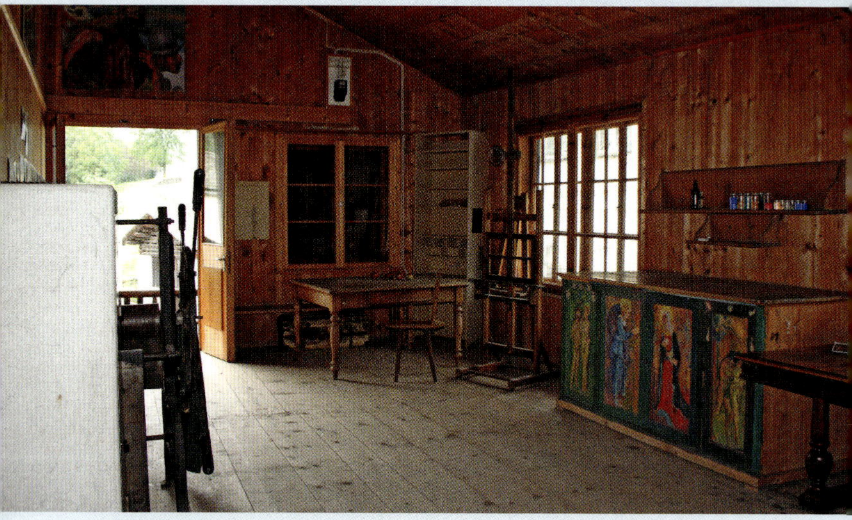

Atelier von Giovanni Giacometti in Stampa, in dem auch Alberto in den letzten Lebensjahren intensiv arbeitete

Augusto kehrte 1915 in die Schweiz zurück und blieb bis zu seinem Tode 1947 in Zürich. Als Liebhaber spiritueller Werte wandte er sich der Dekoration von Interieurs und der Gestaltung von Kirchenfenstern zu. Der Einzug Christi in Jerusalem aus dem Jahr 1935 ziert die Kirche von San Giorgio bei Borgonovo. Bereits 1915 hatte Augusto mit dem Motiv der Auferstehung Christi in der Kirche San Pietro westlich von Coltura (Stampa) ein kirchliches Werk realisiert. Zahlreiche Reisen führten ihn durch weite Teile Europas und nach Nordafrika. Als er in seinem letzten Lebensjahrzehnt wieder öfter ins Bergell zurückkehrte, feierte er die Farbe in grossflächigen naturalistischen Landschaftsbildern.

Für die Bewohner Stampas war Augusto ein distinguierter, eleganter Städter – und ein hochgeschätzter Maler.

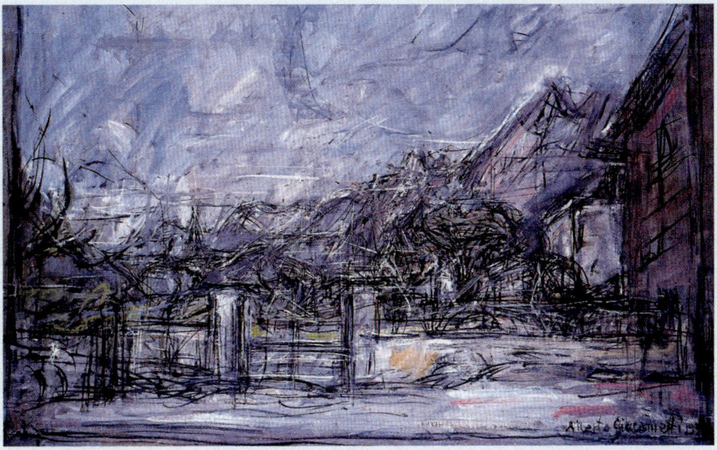

Alberto Giacometti, Paesaggio a Stampa (1952), © Succession Alberto Giacometti / 2013, ProLitteris, Zurich

Alberto Giacometti (1901–1966) – Zwischen Bergell und Paris

Als ältester Sohn von Giovanni und Annetta Giacometti-Stampa wuchs Alberto in einer Welt auf, die seiner ausgeprägten, vielseitigen Begabung vollkommen entsprach. Er entdeckte die Landschaft von Borgonovo und Stampa auf eigene, neugierige Weise. Der verständnisvolle, versierte Vater förderte das künstlerische Talent seines Sohnes, und so entstanden bereits früh in Stampa und in Maloja erste Zeichnungen, Bilder und Skulpturen Albertos.

Im Alter von 15 Jahren verliess der junge Künstler das Bergell, um die Mittelschule in Schiers zu besuchen. Anschliessend zog es ihn für das Studium der Künste zunächst nach Genf. Von einer Studienreise nach Venedig und Rom zurückgekehrt, liess sich Alberto auf Anraten seines Vaters 1922 in Paris nieder und blieb bis zu seinem Tod 1966. Er arbeitete unermüdlich an seinem künstlerischen Weg, nahm teil am intellektuellen, ihn inspirierenden Leben in der französischen Hauptstadt und avancierte so zum wohl bedeutendsten Bildhauer des 20. Jahrhunderts.

Regelmässig kehrte Alberto ins Bergell zurück. Bei seinen regelmässigen Besuchen wanderte er, erkundete Gletscher und erklomm Berggipfel rund um Bondasca, Forno und Septimer. Gerne hielt er sich dann im Sommerhaus der Familie in Maloja auf, wo er von 1930 bis 1950 innovative Skulpturen und Gemälde schuf. Später, seit den Fünfzigerjahren, verbrachte er seine Aufenthalte dann in Stampa. Seine Frau Annette, die er 1949 geheiratet hatte, begleitete ihn oft. Sie stand wie auch in Paris stundenlang für ihn Modell oder unterstützte Albertos Mutter.

Im väterlichen Atelier malte und zeichnete Alberto Stillleben, Porträts und Landschaften oder modellierte Köpfe oder Büsten. Gern spazierte und unterhielt er sich im Restaurant Piz Duan mit den Einheimischen und schätzte den Austausch über das Leben im Dorf. Zeitlebens blieb er einer von ihnen, auch wenn die Talbewohner kaum Zugang zu seiner Kunst fanden und den licht- und farbgewaltigen Gemälden seines Vaters und Augustos eindeutig den Vorzug gaben.

Diego (1902–1985) und Bruno (1907–2012) Giacometti – Die kreativen Brüder

Der ein Jahr jüngere Diego folgte seinem Bruder Alberto nach Paris, war für ihn ein wichtiges Modell und sein lebenslanger technischer Assistent. Nach dem Tod Albertos gelang ihm mit bronzenen Werken sein eigener künstlerischer Durchbruch als Designer von Inneneinrichtungen.

Bruno, der jüngste Bruder Albertos, wirkte in Zürich als gefragter Schweizer Architekt. Für das Bergell entwarf er das Postgebäude von Maloja, die Talstation der Albigna-Seilbahn, die ewz-Wohnsiedlung in Vicosoprano und Brentan, die Schulhäuser von Vicosoprano und Stampa und den Zollhauspavillon in Castasegna.

Die Schwester der drei Giacometti-Brüder, Ottilia, heiratete einen Arzt in Genf und starb bereits 33-jährig kurz nach der Geburt ihres einzigen Sohnes Silvio.

Das Centro Giacometti – Erinnern, Entdecken, Erfahren

Das Talmuseum «Ciäsa Granda» in Stampa (www.ciaesagranda.ch) zeigt heute eine Auswahl von Werken der Künstlerdynastie. Unauffällige Inschriften signalisieren die privaten Wohnhäuser der Künstler und das mit Einschränkungen zugängliche Atelier von Giovanni und Alberto Giacometti. Besucht werden können die Ruhestätten der Familien auf dem Friedhof San Giorgio in Borgonovo. Doch so bedeutend und kraftvoll die Werke der Künstler in der Welt bis heute sind, so verblasst und vergessen sind ihre Wirkungsstätten und ihre Biografien in ihrem Heimattal.

Das Centro Giacometti möchte wiedererwecken und einladen in ein Stampa, wo das Dreigestirn aus Künstler, Schaffensort und Werk für den Besucher erlebbar wird. Das Angebot aus Erinnern, Entdecken und Erfahren soll dem interessierten Publikum den Zugang zu einer grossartigen Familie in einem kleinen, abgelegenen Bergdorf eröffnen: den Giacomettis aus Stampa.

Buchen Sie schon heute eine geführte Wanderung entlang des Künstlerweges in Stampa und Umgebung (www.centrogiacometti.ch) oder wandern Sie mit Ihrem Smartphone entlang von fünf Themenwegen zwischen Maloja und Chiavenna (www.giacomettiartwalk.com). Informationen unter www.centrogiacometti.ch.

Der Pizzo Badile – eine Ikone des Alpinismus

Marco Volken

«La Panoramica» heisst sie, die Wanderung von Casaccia nach Soglio. Seit vielen Jahrzehnten ist sie es nicht mehr. Der Wald hat die Umgebung längst zurückerobert, das Panorama dringt nur noch selten durch das dichte Laub. Es ist eher ein schattiger Waldweg. Aber dann, bei einer Wegbiegung kurz vor Soglio, sind sie plötzlich da: die Granitgipfel im Talschluss der Val Bondasca, im südlichen Bergell. Viel Vorstellungsvermögen braucht es nicht, um nachzuempfinden, was ein solcher Anblick in Bergsteigerköpfen auslösen kann.

Sciora-Gruppe, Pizzi Gemelli, Pizzo Cengalo, Pizzo Badile – Namen, die einen festen Platz in der Geschichte des Alpinismus haben. Ganz besonders gilt das für den Badile, der seit jeher die Fantasien beflügelt, mit seiner wuchtigen, rund 800 Meter hohen Nordseite: zwei so steile wie kompakte Wände und dazwischen eine Kante von fast makelloser Regelmässigkeit.

Die erste Besteigung des Badile gelang 1867 dem Amerikaner William Augustus Brevoort Coolidge und seinen beiden Führern, François und Henri Dévouassoud aus Chamonix. Sie stiegen über die Rückseite auf den Gipfel, also aus der italienischen Val Masino. Eine zwar nicht ganz triviale Klettertour – aber nicht zu vergleichen mit der Bergeller Seite, die zu jener Zeit noch mindestens zwei Schuhnummern zu gross war.

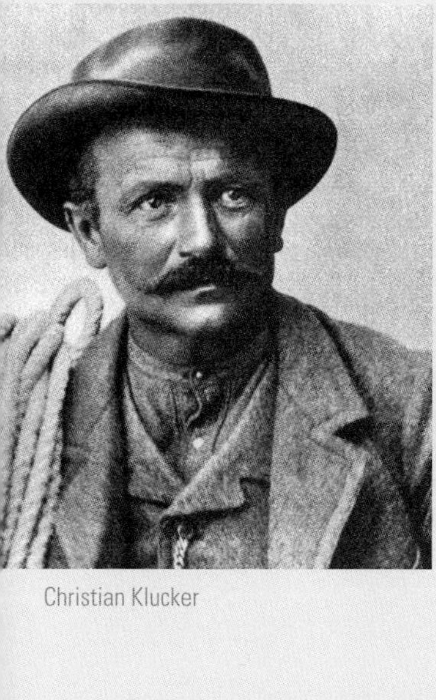

Christian Klucker

Der erste, der es ernsthaft wagte, den Badile von seiner schwierigen Seite zu packen, war Christian Klucker. Der tüchtige und unternehmungslustige Bergführer aus Fex, Sohn einer Bergellerin und eines Aversers, gehörte zu den besten Kletterern seiner Generation, im Fels wie im Eis. Zu Recht gilt er als der eigentliche Erschliesser der Bergeller Alpen, in denen er – mit Gästen am Seil – unzählige neue Routen entdeckte.

Seine Erstbegehungen am Badile, zwischen 1892 und 1896, umfassen die beiden Firncouloirs links und rechts der Nordseite sowie, daran anschliessend, die beiden Grate zum Gipfel. Und, ganz spektakulär: zwei Drittel der Nordkante, die er alleine und barfuss hinauf- und wieder hinabkletterte, mit dem einzigen Ziel, die Möglichkeit einer Begehung mit einem Gast abzuklären. Eine für die damalige Zeit ausserordentliche Leistung: Auch wenn sie keine vollständige Erstbegehung war, meisterte Klucker dabei grosse Schwierigkeiten im Fels, und dies ohne Seilsicherung. Er kam übrigens zum Schluss, dass die Kante zu klettern wäre, dass er aber seinen Gast an den schwierigen Stellen in «Mehlsacktechnik» hissen müsste – und kehrte in der Folge nie mehr zur Nordkante zurück.

Erst 30 Jahre später war es dann so weit: Walter Risch und sein Gast Alfred Zürcher schafften die ganze Kante 1923 in einem Zug. Der Bericht, den Zürcher in der Zeitschrift des SAC veröffentlichte, lässt schaudern: «Eine beidseitige Sicherung war vollständig ausgeschlossen. Im Spreizschritt tasteten die Fussspitzen nach kleinen Halten in winzigen Rissen, während wir, mit Ärmeln und flachen Händen Reibung suchten – denn Griffe gibt es keine –, der Wand entlang schlichen, ja manchmal sogar das Kinn an kleine Unebenheiten pressten, um jede Art von Adhäsion möglichst auszunützen.» Trotz abschreckender Schilderung ent-

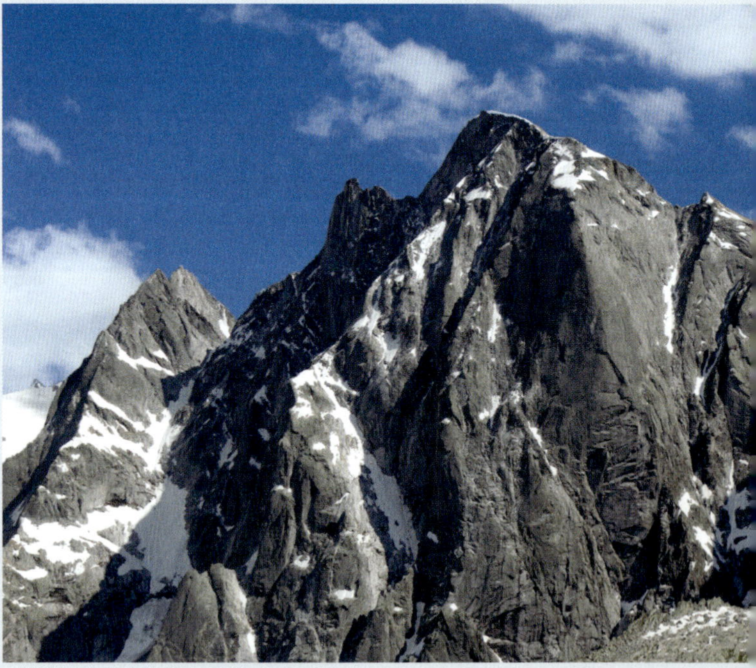

Pizzi Gemelli und Pizzo Cengalo Foto: Marco Volken

wickelte sich die Route rasch zu einem ganz grossen Klassiker, zur vielleicht berühmtesten Kante im ganzen Alpenraum.

Die Interessen der europäischen Kletterelite konzentrierten sich in der Folge auf die Nordostwand – also auf die glatte Innenseite des grossen Spatens (was Badile auf Deutsch bedeutet). Der grosse Wurf gelang 1937 dem italienischen Spitzenkletterer Riccardo Cassin, der mit seinen Gefährten Vittorio Ratti und Gino Esposito die Wand in drei Tagen kletterte. Der Erfolg mutierte indes rasch zur Tragödie: Mario Molteni und Giuseppe Valsecchi, zwei Konkurrenten, die gleichentags in die Wand eingestiegen waren und sich später Cassins Seilschaft angeschlossen hatten, starben im Abstieg vom Gipfel an Erschöpfung.

Mit seiner Nordkante und seiner Nordostwand wurde der Badile zu einem der berühmtesten Kletterberge im Alpenraum. Das lag auch an einer sagenhaften Felsqualität: Der Granit, ohnehin ein Lieblingsgestein der Bergsteiger, wirkt aus der Ferne absolut glatt, ist aber im Bergell besonders stark aufgeraut und reich an kleinen Strukturen, Griffen und Tritten – was das Klettern zu einem echten Genuss

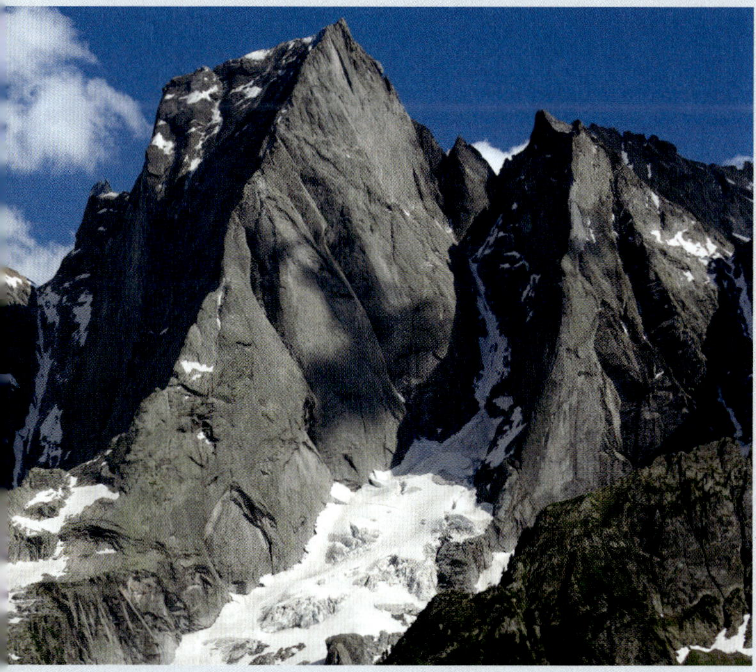

Pizzo Badile, mit der Nordkante zwischen Licht und Schatten Foto: Marco Volken

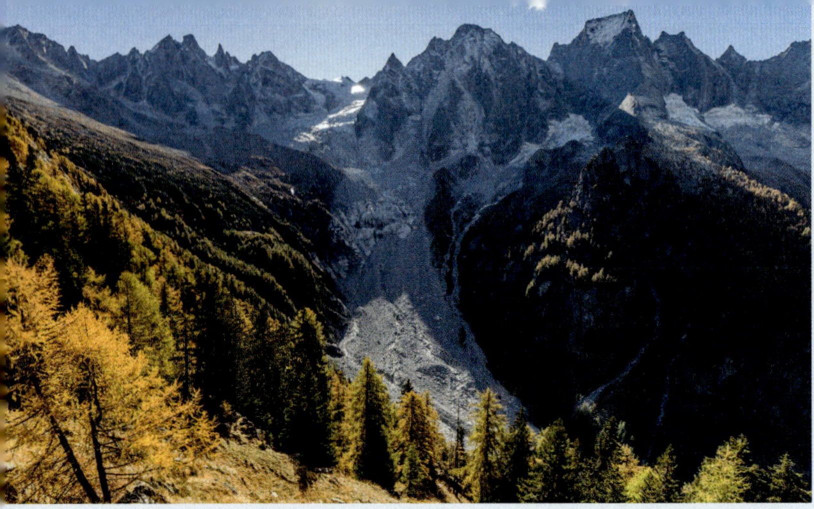

Am 23. August 2017 brachen vom Pizzo Cengalo rund 3 Mio. Kubikmeter Fels ab und drangen weit ins Val Bondasca vor. Acht Personen kamen unter den Felsmassen ums Leben. Daraufhin wurde das Tal offiziell gesperrt. Im Sommer 2019 wurde ein neuer, sicherer Zugang zur Capanna Sasc Furä eröffnet. Foto: Marco Volken

macht. Das sprach sich rasch herum. Unzählige weitere, teils ausserordentlich schwierige Routen folgten, Winterbesteigungen und Alleinbegehungen, kühne Aufstiege und schreckliche Abstürze, Siege und Dramen. Bis heute interessieren sich Spitzenalpinisten für den Badile und seine Wände.

Doch die meisten Bergsteiger, die die Val Bondasca heute aufsuchen, sind nicht auf Ruhm und Risiko erpicht. Sie möchten einfach eine der beiden klassischen Routen klettern. Und wenn ihnen das Wetter keinen Strich durch die Rechnung macht, steigen sie unbeschwert über die Kante oder durch die Wand zum Gipfel, geniessen unterwegs die überaus schöne Kletterei und behalten die Erinnerung dann ein Leben lang in ihrem Herzen wie die Erfüllung eines grossen Traums.

Denn daran besteht kein Zweifel: Der 3308 Meter hohe Granitgipfel gehört zu den grossen Traumbergen der Alpen.

Literatur:

- Marco Volken, Badile – Kathedrale aus Granit, AS-Verlag 2005.
- Badile – Cattedrale di granito, Bellavite 2007. Italienische Ausgabe der Monografie.
- Emil Zopfi (Hrsg.), Christian Klucker – Erinnerungen eines Bergführers, AS Verlag 2010.
- Riccardo Cassin, Erster am Seil, AS Verlag 2003.
- Ruedi Meier/Peter Alig, Alpinenführer Bündner Alpen 4, Südliches Bergell – Disgrazia, SAC Verlag 2006.

Villa di Chiavenna, bäuerliche Arbeit zwischen Tradition und Moderne

Promontogno – Bondo – Castasegna – Chiavenna

7

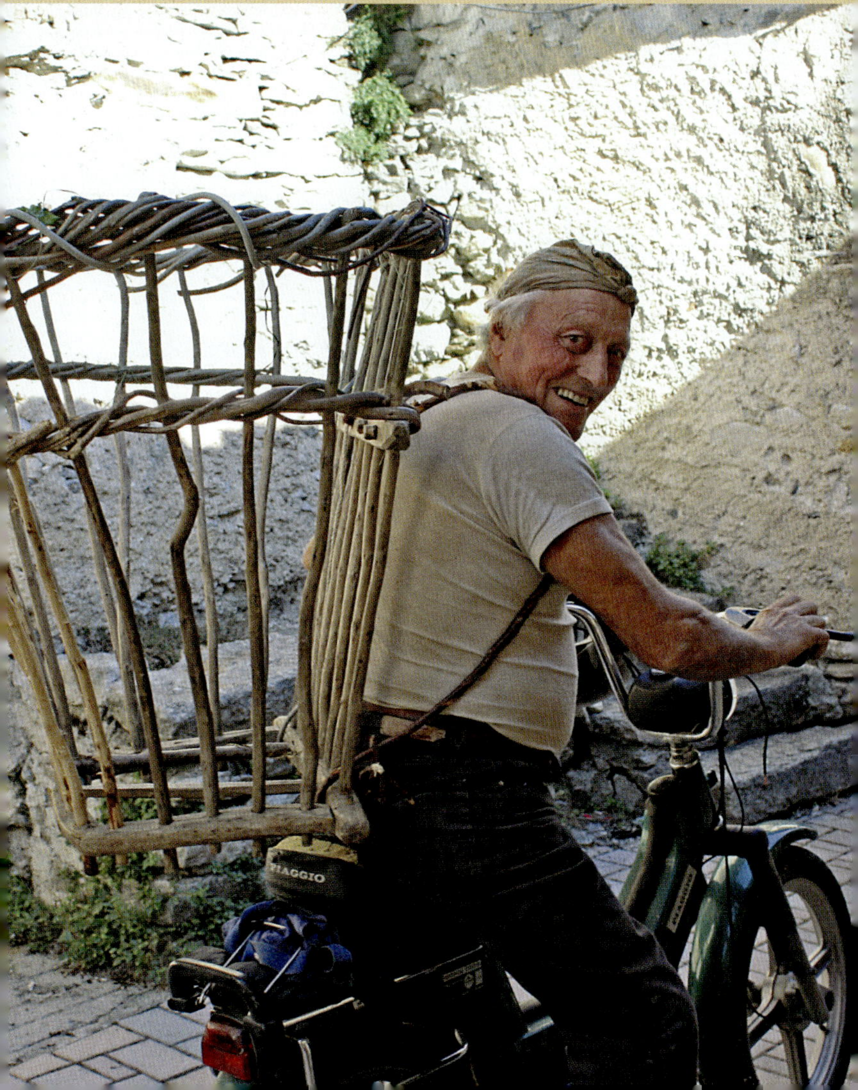

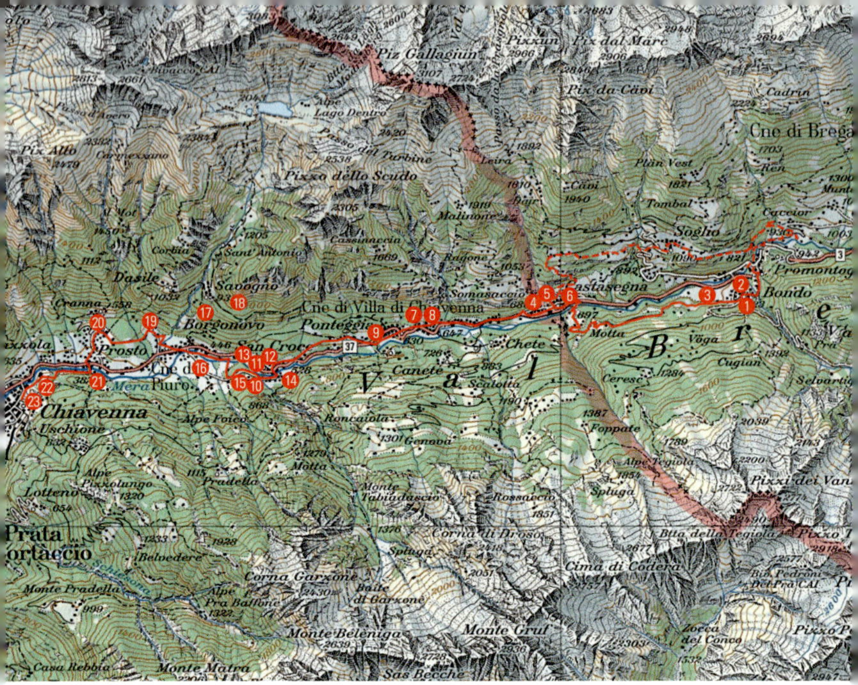

Promontogno – Bondo – Castasegna – Villa di Chiavenna – S. Croce – Borgonuovo / Piuro – S. Abbondio – Prosto – Chiavenna

Tourencharakter

Eindrückliche Wanderung auf historischen Wegen durch die vielfältige Bergeller Kulturlandschaft.

Aufstieg: 570 m	Abstieg: 1070 m
Distanz: 17 km	Zeit: 5 h 15

Sehenswertes

Bondo:	❶ Kirche San Martino, roman. Bau, geweiht 1250, Fresken 15. Jh.
	❷ Palazzo Salis, erbaut 1766–75, mit schöner Gartenanlage
	❸ Stallzeile in Caltüra, siehe «Architekturrundgang Bergell»
Castasegna:	❹ Villa Garbald (1862–1864, Gottfried Semper) mit Roccolo (Miller u. Maranta), heute Seminarzentrum und ETH-Denklabor, +41 (0)81 838 15 15, www.garbald.ch
	❺ Kirche San Giovanni Battista, 1421 erwähnt
	❻ Roter Zollpavillon des Architekten Bruno Giacometti

Villa di Chiavenna:	❼ Stallzeile an der Via Sontrada specchi
	❽ Crotti im Dorfteil Motta
	❾ Kirche San Sebastiano (1454)
Santa Croce:	❿ Kirche San Martino in Aurogo, romanisch (um 12. Jh.)
	⓫ Chiesa Rotonda (um 12. Jh.), Flügelaltar von Yvo Strigel (1499)
	⓬ Ca' de la Giustizia (17. Jh.), ehem. Gerichtsgebäude
	⓭ Vecchio torchio, alte Gemeinschafts-Weinpresse
	⓮ Steinbogenbrücke (15. Jh.) über die Mera
	⓯ Alte Weganlage «il streciòn», Aurogo – Boàte
Piuro:	⓰ Prati Ruina, Ausgrabungsstätten des antiken Plurs (1618)
	⓱ Museo di Piuro, S. Abbondio, Sa/So 15–17 Uhr oder auf Anfrage, info@piuroitalosvizzera.net, Ass. italo-svizzero per gli scavi di Piuro, www.piuroitalosvizzera.net
Savogno:	⓲ Schönes, einst bedeutendes Bergdorf am Alpensüdhang
Borgonuovo:	⓳ Wasserfall Acquafraggia
Prosto:	⓴ Palazzo Vertemate, Öffnungszeiten: www.palazzovertemate.it
	㉑ Kirche Assunta und ehem. Hospiz (Ospedale), 17. Jh.
Chiavenna:	㉒ Marmitte dei Giganti, Gletschermühlen zw. Prosto und Chiavenna
	㉓ Crotti di Chiavenna eingangs Chiavenna
	Infos zu allen Sehenswürdigkeiten: Tourismusbüro beim Bahnhof, www.valchiavenna.com

Verpflegung, Unterkunft

Castasegna:	– Ristorante Garni Post, +41 (0)81 822 10 60, www.garnibarpost.ch
Villa di Chiavenna:	– Albergo Posta, +39 034 34 05 02
Savogno:	– Rifugio Savogno, +39 366 710 16 65, www.rifugiosavogno.it
Borgonouvo/Piuro:	– Camp. Acquafraggia, +39 034 33 67 55, www.campingacquafraggia.com
Prosto/Piuro:	– B & B Vertemate, Via Dei Bassani 15 , +39 034 33 25 21, www.bbvertemate.com
Chiavenna:	– siehe www.valchiavenna.com

Tipps und Infos

- Negozio Donato Salis Bondo, +41 (0)81 822 11 06
- Ernesto Picenoni Bondo, Bildhauer, +41 (0)81 822 14 77, www.bregaglia.ch
- Negozio alimentari Rosanna Castasegna, +41 (0)81 822 15 50
- Pasticceria Caffé Negozio Salis Castasegna, +41 (0)81 822 18 86
- Soglio-Produkte Castasegna, +41 (0)81 822 18 43, www.soglio-produkte.ch
- Biscotti di Prosto, Del Curto, www.biscottidiprosto.com
- Lavezstein-Verarbeitung, Roberto Lucchinetti, www.pietraollare.com
- Centro di studi storici di valchiavennaschi, www.clavenna.it
- Künstler, Bildhauer Luca Salvadalena, www.lucasalvadalena.com

Garbald, Lavez und Untergang

Etappe 7: Promontogno – Bondo – Castasegna – Chiavenna

Dem schattigen Waldrand entlang wandern wir am Schulhaus und den Crotti di Bondo vorbei. Unterhalb des Schulhauses steht ein schöner Holzbau. Es ist die Mehrzweckhalle des Architekten Ruinelli. Seit dem Bergsturz vom Pizzo Cengalo im August 2017 steht sie in jener Zone, die der zweithöchsten Gefahrenstufe zugeordnet wurde. Weitere Schutzbauten sollen die Gefahrenstufe hier wieder reduzieren auf eine «Restgefährdung», ein ausgeklügeltes Frühwarnsystem soll sicherstellen, dass bei einem neuen Ereignis der Schaden so gering wie möglich wird.

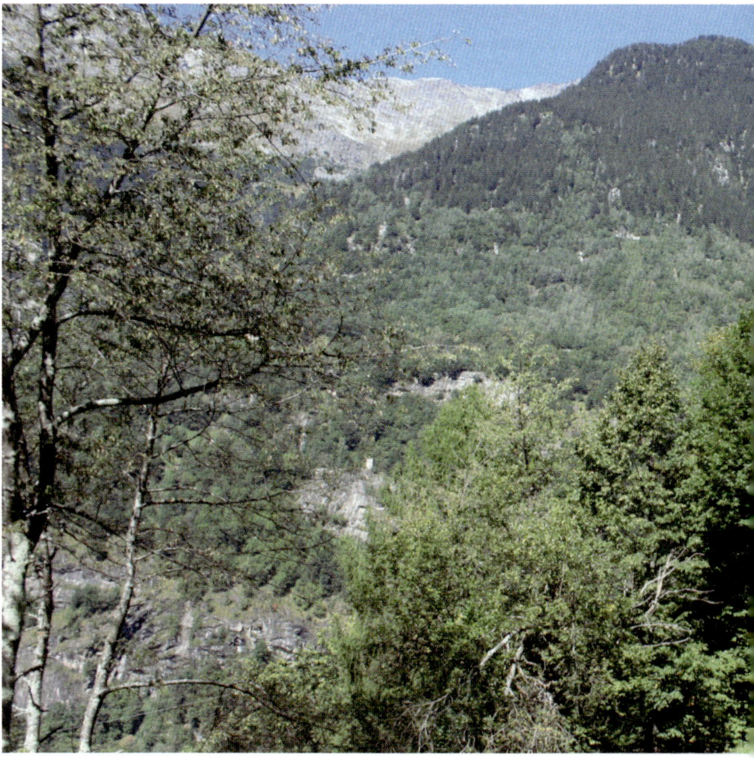

Aussichtsreich: Im Abstieg von Motta Casnacc nach Castasegna

Die Verkettung von Bergsturz, Gletschereis und älterer Bergsturzablagerung führte 2017 unmittelbar zu einem Schuttstrom, der enorme Mengen an Geschiebe nach Bondo verfrachtet und grosse Zerstörung hinterliess.

Über die neue Hängebrücke erreichen wir den Dorfplatz von Bondo (823 m) bei der Kirche San Martino. An den Tischen vor der Osteria Donato Salis wird lebhaft debattiert. Wir setzen uns auf die Granitbank, trinken einen Kaffee und lauschen dem Klang der Wörter. Nachdem wir im deutschsprachigen Chur unsere Wanderung auf der Via Sett begonnen haben, durchs Surses mit dem rätoromanischen Dialekt Surmiran gewandert sind und eine Nacht im mehrsprachigen Bivio verbracht haben, sind wir seit Casaccia im italienischsprachigen Bergell unterwegs. Auf dem Dorfplatz von Bondo wird bregagliotto gesprochen. Die Bergeller Mundart ist im Gebiet Sopraporta stärker vom Rätoromanisch beeinflusst und in Sottoporta

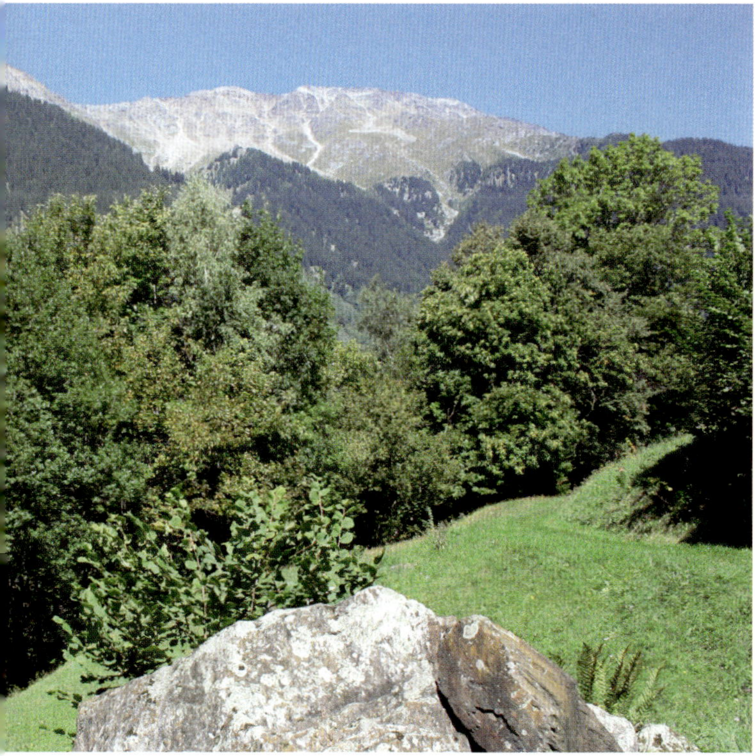

eher vom Lombardischen. Wir werden auf unserer Wanderung noch einem weiteren Dialekt begegnen, denn im italienischen Teil des Bergells sprechen die Einheimischen Chiavennasco. Alles klar? Luigi Giacometti hat ein Bergeller Wörterbuch geschrieben für alle, die das Bregagliotto ein klein wenig verstehen möchten. Die Übersetzungen ins Italienische, Rätoromanische und Deutsche machen diese Sprachfundgrube auch für Nichtbergeller zu einem wahren Schatz.

Bevor wir aufbrechen, macht uns Donato Salis ein frisches Sandwich mit Käse und Salsiz. Auch für den Mascarplin, eine Bergeller Ziegenkäse-Spezialität, finden wir noch Platz im Rucksack. Nach einem markanten Rückgang der Ziegenhaltung im Bergell werden wieder genügend Ziegen gehalten, um den traditionellen Grauschimmel-Käse herzustellen. Vorbei sind die Jahre 1992–1993, in denen die Bergeller den Mascarplin in Nufenen, im Rheinwald, produzieren liessen, weil im Bergell die vorwitzigen Vierbeiner fehlten.

In Bondo bleibt der Blick immer wieder an den herrschaftlichen Häusern hängen. Das Sonnenlicht leuchtet bis in die hintersten Winkel. Hier lebt der Bergeller Steinbildhauer Ernesto Picenoni. In seinem Atelier entstehen aus rohen Steinblöcken eindrückliche Skulpturen. Wenn man weiter durch dieses schöne Dorf spaziert, fallen einem die vergitterten Fenster im Erdgeschoss und im ersten Stockwerk auf. Die Türen lassen sich alle doppelt verriegeln. Bondo ist damit aber keine Ausnahme im Tal. Nicht immer waren die Menschen hier sicher. Auf der Durchgangsstrasse tummelten sich unterschiedliche Individuen. Schlimm waren die Jahre der Bündner Wirren in den 1620er-Jahren und die «Franzosenkriege» 1799. Plündernd zogen einmal die Spanier, ein andermal die Franzosen durch das Tal. Oft mussten die Menschen in die nahen Wälder flüchten. Während der Bündner Wirren wurde Bondo im Jahr 1621 von den Spaniern niedergebrannt. Damals geriet das Bergell ins Zentrum der europäischen Geschichte. Politische Auseinandersetzungen und religiöse Spannungen prägten diese Zeit. In den seit 1512 zu den der Drei Bünden gehörenden Untertanengebieten Chiavenna, Bormio und Veltlin kam es zu Spannungen, die 1620 in der Ermordung mehrerer Hundert reformierter Bündner durch katholische Veltliner gipfelten, im sogenannten Veltlinermord. Die Dörfer im Talboden profitierten wohl vom Transitverkehr, sie litten aber auch mehr als ihre Nachbarn auf den höhergelegenen Geländeterrassen unter den militärischen Auseinandersetzungen.

Bevor wir Bondo beim südwestlichen Dorfausgang verlassen, schauen wir uns den eindrücklichen Herrschaftsbau des Grafen Hieronymus von Salis-Soglio an, der sich am Rande des Dorfes der Landschaft zuwendet. Der Bau erinnert an einen italienischen Landsitz. Der letzte grosse Bau der Salis im Bergell trägt die Handschrift des Architekten Francesco Croce. Mit dem Palazzo Salis in Bondo entstand im 18. Jahrhundert einer der herausragendsten Herrschaftsbauten im Kanton Graubünden.

Der Wanderweg führt oberhalb Caltüra durch den Wald. Bevor wir eintauchen, schweift der Blick über die Wiesen. Die Stallreihe mit den Gneisdächern leuchtet im Sonnenlicht. Reine Rundholzbauten auf einem gemauerten Fundament sind in der Minderzahl. Die neueren Ställe mit den zusätzlich gemauerten Eckpfeilern ermöglichten einen sparsameren Umgang mit dem einst so knappen Rohstoff Holz. Das Heu trugen die Bauern mit dem Heutuch ein und verfütterten es in den Wintermonaten an Ort und Stelle.

Die Naturstrasse ermöglicht ein zügiges Vorwärtskommen. Immer wieder blicken wir auf die andere Talseite, auf Soglio und die Maiensäss-Siedlungen Dair

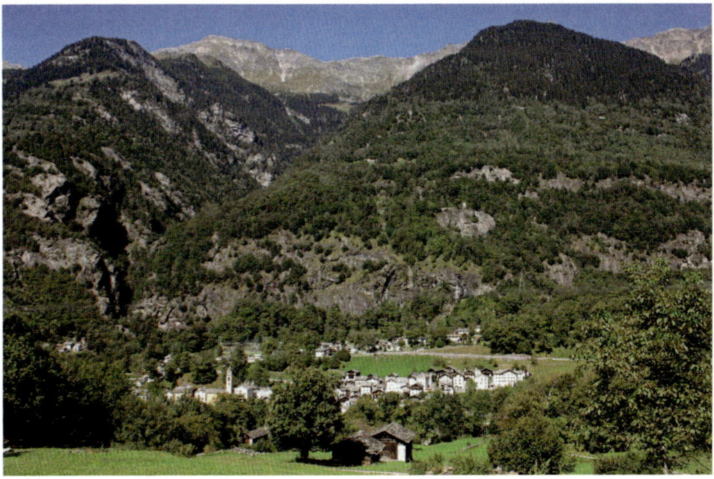

Castasegna, im Hintergrund der alte Alpweg über den Prasignola Pass ins Val Madris

(1610 m) und Leira (1892 m). Doch die Maiensäss-Wiesen werden immer kleiner, der Wald holt sich das mühsam gewonnene und über Jahrhunderte gepflegte Kulturland zurück. Nur noch wenige Bauern mähen die steilen Wiesen, die nur über Fusswege erreichbar sind. Es gibt im Tal initiative Leute, die dem Verwalden der Berghänge mit guten Projekten begegnen, denn die landschaftsprägenden Bauten sind nicht nur Zeugen der einstigen Berglandwirtschaft. Mit dem Überhandnehmen des Waldes nimmt auch die Biodiversität ab.

Durch den Kastanienhain unterhalb Brégan wandern wir bis zum Wegweiser Lüder (830 m). Hier halten wir uns links und erreichen nach einer kurzen Steigung Motta (882 m). Der Blick auf den geschlossenen Dorfkern von Castasegna mit den schönen Steindächern ist grossartig. Von Motta zieht der Weg in grossen Schlau-

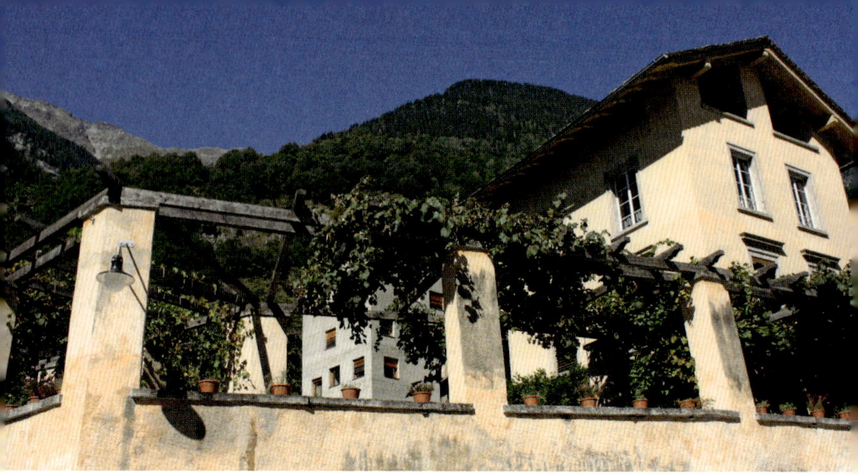

Villa Garbald (1863/64), Gottfried Semper-Bau in Castasegna

fen hinunter nach Casnac. Kastanien mit weit ausladenden Ästen säumen das letzte Wegstück, bevor wir die Maira überqueren. Danach gehts unter der Umfahrungsstrasse hindurch, vorbei an verwitterten Ställen und üppigen Blumengärten hinauf zur Kirche San Giovanni Battista (1421). Nur noch wenige Meter fehlen, und wir stehen mitten auf der Dorfstrasse von Castasegna (686 m).

Castasegna ist geprägt von den spätklassizistischen Bürgerhäusern (siehe Beitrag D. Giovanoli S. 185). Wenige Schritte talabwärts liegt das Café «Salis» mit dem kleinen Gartenrestaurant. Im zugehörigen Laden können je nach Saison frische Feigen, Trauben und weitere Köstlichkeiten gekauft werden. «Soglio. Gepflegt mit der Kraft der Berge», steht auf einer Tafel am Balkongeländer des ehemaligen Hotels «Croce Bianca». Hier befindet sich die Soglio-Produkte-Manufaktur und der Laden. In die Tuben, Töpfe und Flaschen kommt «die Kraft der Berge» in Form von Pflanzen, die zu hochwertigen Kosmetikprodukten verarbeitet werden. Die Pflanzgärten befinden sich in Soglio und auf Bergbauernhöfen in der Schweiz. Die Schafmolke stammt von der Alp Flix und das Ziegenbutteröl aus Vals. Wer einmal das milde Duschplus von Soglio ausprobiert hat, wird diesen frischen Duft nicht mehr vergessen.

Weiter geht es die Dorfstrasse hinunter zur Villa Garbald. Der erste eidgenössische Zollinspektor Agostino Garbald (1828–1909) liess sich hier von Gottfried Semper (1803–1879), dem berühmten Architekten der Dresdner Oper und der Eidgenössischen Technischen Hochschule in Zürich (ETH), eine Villa mit grosser Pergola entwerfen, die Villa Garbald, erbaut 1863/64. Agostino Garbald und seine Frau, Johanna Gredig, waren weltoffene Menschen. Ihre umfangreiche Hausbibliothek enthält zum grösseren Teil naturwissenschaftliche Werke, aber auch

Literatur in mehreren Sprachen. Johanna Gredig (1840–1935) schrieb unter dem Künstlernamen Silvia Andrea mehrere Bücher. Vor allem ihre historischen Romane sind immer noch lesenswert, so zum Beispiel das Buch «Violanta Prevosti», das die Glaubensrivalitäten während der Bündner Wirren und den Bergsturz von Plurs (1618) thematisiert.

Die beiden Kinder Andrea und Margherita führten den Nachlass in eine Stiftung über. Sanierungsarbeiten und der Bau des Roccolo, eines modernen Wohnturms der Basler Architekten Miller und Maranta, geben dem Gebäude mit der neu gestalteten Gartenanlage ihr südliches Flair. Der Roccolo ist eine Anlehnung an die traditionellen Türme, die einst der Vogeljagd dienten und im Tessin und in Oberitalien sehr verbreitet waren. Heute ist die Villa Garbald «Denklabor» der ETH Zürich und Begegnungsort der Wissenschaft und Kultur.

Vor dem klassizistischen Gebäude des Albergo Ristorante «Posta», am westlichen Dorfausgang, hält das Postauto und verbindet die Dörfer im Bergell stündlich mit Chiavenna und St. Moritz. Auffällig ist der rote ehemalige Zollpavillon von Bruno Giacometti.

Beim Loverobach wandern wir über die Grenze nach Italien. Wenige Schritte nach den Stallscheunen nehmen wir die Unterführung und wandern durch die Flussauenlandschaft entlang der Mera, wie die Maira im italienischen Teil des Bergells genannt wird. Kurz vor Villa di Chiavenna zweigt ein Wanderweg ab über die Brücke Ponte della Vigna nach Chete, San Barnaba und Canete. Wir wandern auf der rechten Talseite ein kurzes Stück entlang des Ausgleichsbeckens und steigen nach dem mittelalterlichen Wohnturm bei Pian del Ca' auf der Treppe hinauf nach Villa (647 m ü. M.). Die Talstrasse (Via Roma) führt mitten durch Villa. Die Autos fahren schnell. Wir überqueren die Strasse bei der Wegkapelle und flüchten auf die hintere Dorfstrasse, die Via Con-

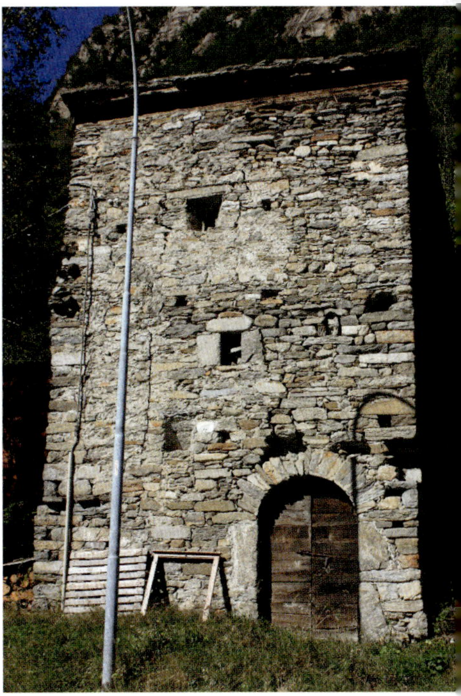

Mittelalterlicher Wohnturm in Pian de la Ca'

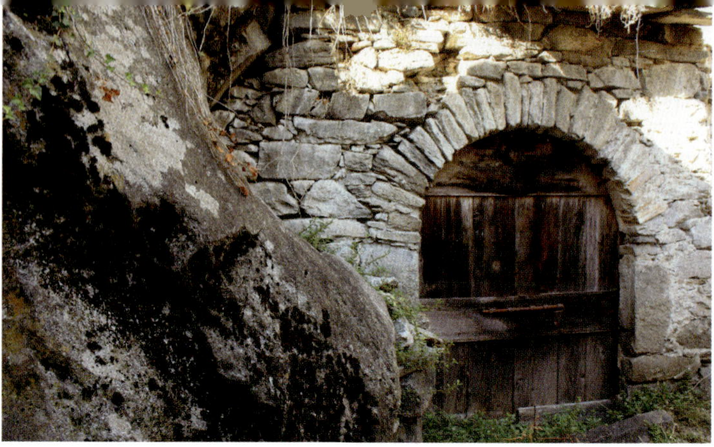

Crotto im Ortsteil Motta (Sasc del Quartíin), Villa di Chiavenna

trada specchi. Neben der Nummer 64 der Via Sett halten wir Ausschau nach den gelben Markierungen und den gelben Schildern percorso storico, die uns den Weg durch die Gassen weisen. Ställe und Cascine säumen den Weg. Ein Bauer mit der Gerla auf dem Rücken winkt freundlich von seinem Motorrad. Beim Wohnhaus, von dem nur noch die Grundmauern stehen, führt eine Gasse zu den Felsenkellern im Dorfteil Motta, den Crotti von Villa di Chiavenna. Kunstvoll in den anstehenden Fels gebaut, dienen sie noch heute der Lagerung von Wein, Käse und Wurstwaren.

Wir gehen zurück und folgen zwischen den Dorfteilen Villa und Ponteggia der Talstrasse bis zur Barockkirche San Sebastiano. Der italienische Teil des Bergells blieb, wie auch das Surses, katholisch, dies im Gegensatz zur Bevölkerung im schweizerischen Bergell, die zum neuen Glauben wechselte.

Bei der Kirche San Sebastiano nehmen wir die Unterführung (Sottopasseggio). Die Talstrasse wurde über den alten Dorfplatz gelegt. In der Unterführung steht noch der Dorf- und Waschbrunnen. Wir folgen den Wegweisern in Richtung Santa Croce. An der Nebenstrasse stehen Ställe, die noch genutzt werden.

Durch den Wald führt ein schöner Plattenweg, gesäumt von mächtigen Trockenmauern. Terrassen im Jungwald weisen auf den einstigen Rebberg hin. Im italienischen Teil des Bergells wurde während Jahrhunderten Wein angebaut. Heute weisen neben den aufwendig erstellten Terrassen- und Weganlagen nur noch Flurnamen und Gemeinschafts-Weinpressen, wie jene in Santa Croce, darauf hin. Über eine schöne Steintreppe erreichen wir Santa Croce, eine Fraktion von Piuro.

Bevor wir hinüber zur Kirche San Martino wandern, biegen wir rechts in die ehemalige Talstrasse ein. Mehrere Häuser stehen leer. So auch die Ca' de la Giustizia (1642), das ehemalige Gerichtsgebäude und Wohnhaus der Bündner Podestà. Die Bündner Wappen und die übrigen Malereien sind verblasst. Gegenüber steht die kleine runde Kirche, la Chiesa rotonda, mit dem Flügelaltar aus der Kirche Nossa Donna bei Promontogno. Besichtigt werden kann der Altar aus der Werkstatt des Künstlers Yvo Strigel nur durch die verschlossene Glastüre.

Wir folgen der Dorfstrasse noch ein kurzes Stück und treffen auf die schöne Mulattiera, die ins Bergdorf Savogno (932 m ü. M.) führt. Savogno, heute nicht mehr ganzjährig bewohnt, liegt wie Soglio am Weg zu den Alpen auf der Süd- und Nordseite des Alpenkamms. Diesmal wandern wir aber an der Abzweigung nach Savogno vorbei und erreichen nach wenigen Schritten den Torkel, die ehemalige Gemeinschafts-Weinpresse. Die Tür ist offen. Wir treten ein und sind beeindruckt von der Dimension dieser Weinpresse.

Nach der Besichtigung des Torkels wandern wir auf der Dorfstrasse zurück, überqueren die Talstrasse und folgen dem Strässchen hinunter zur Steinbogenbrücke (1551) über die Mera. Nach der Brücke wenden wir uns nach rechts. Linkerhand führt ein stufig angelegter Steintreppenweg zu den Crotti von Quartino. Wir gehen weiter geradeaus und stehen nach wenigen Metern vor der Kirche San Martino, im Dorfteil Aurogo. Der ursprünglich romanische Bau bestand aus einem einzigen Raum mit einer Apsis. Im 18. Jahrhundert wurde die Kirche umgestaltet und erweitert. Wir verweilen noch, denn Santa Croce mit den Kirchen beidseits der Mera ist ein besonderer Ort.

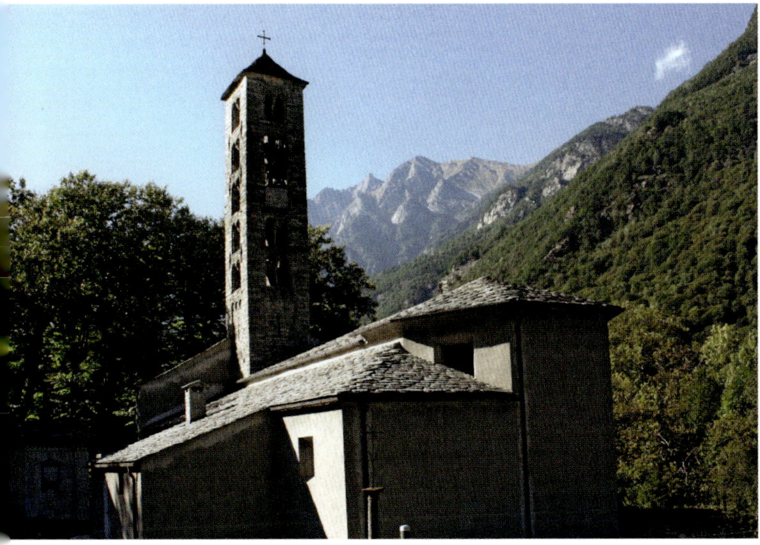

Kirche San Martino in Aurogo, Santa Croce

Danach folgen wir dem schönen mittelalterlichen Weg, dem sogenannten Streciòn, der sich von Aurogo bis Boàte durch den Kastanienwald zieht. Der Weg führt bei den Prati Ruina di Piuro aus dem Wald. Der Blick fällt zuerst auf die Wasserfälle Acqua Fraggia auf der anderen Talseite und dann auf die Wiesen und Weiden. Kaum etwas lässt erahnen, welche Tragödie sich hier im alten Plurs (Piuro) im Jahr 1618 ereignet hat, als ein Bergsturz die Kleinstadt unter sich begrub.

Vor der Brücke über den Bach verlassen wir die Teerstrasse, die Strada comunale di Scilano, und biegen rechts in den neuen Feldweg ein, der am östlichen Rande der Prati Ruina zur Mera hinunterführt. Über eine weisse Hängebrücke erreichen wir das andere Ufer und stehen unmittelbar vor der Ausgrabungsstätte Rovina Belfort des historischen Plurs. 1492 schreibt Andrea Franceschi über Piuro: «Passarono per una villa grande e bella, nominata Piur, la qual è del duca di Milano». (Bundi, 1988, S. 299). 126 Jahre später war der blühende Ort, der durch den Abbau des Lavezsteines (it. pietra ollare) und durch den Seidenhandel zu grossem Reichtum kam, dem Erdboden gleichgemacht. Mehr als tausend Menschen wurden verschüttet. Wie kam es dazu?

Während einer Woche regnet es ergiebig. Die Bergbäche schwellen an und führen Schlamm und Geröll aus den Seitentälern. Auch die Mera führt Hochwasser. Wenige Tage vor der Katastrophe öffnen sich im Ort Prato del Conte (1434 m) Risse im Boden. Bei den Lavez-Steinbrüchen in Uschione werden auffällige Veränderungen festgestellt. Einzelne deuten die Erdbewegungen richtig und warnen ihre

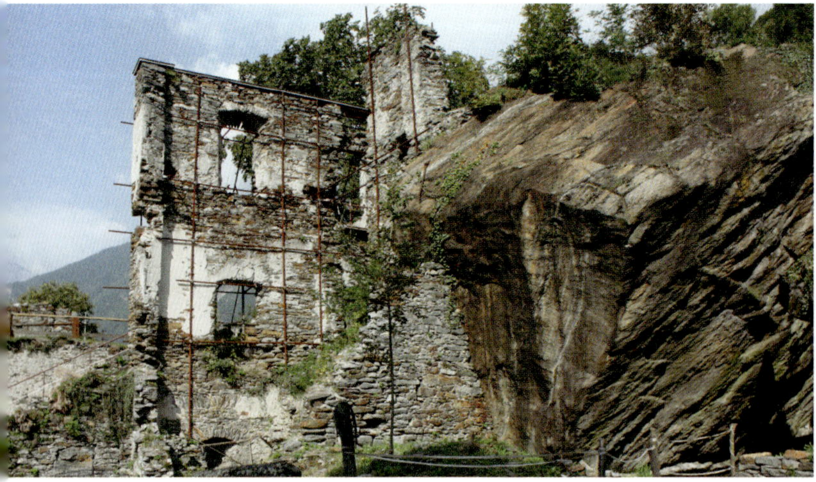

Ausgrabung des antiken Plurs, im Bild die Ruine Belfort

Landsleute vergeblich. Den Vorboten des Unglücks wird keine Beachtung geschenkt. Der Podestà Giovan Andrea Vertemate versäumt es, die Menschen in Sicherheit zu bringen. Am Abend des 4. September 1618 geschieht das Undenkbare. Der Berg zeigt seine zerstörerische Kraft. Rund sechs Millionen Kubikmeter Schlamm und Geröll bahnen sich in Sekundenschnelle einen Weg den Berg hinunter und überdecken auf einer Nord-Süd- und Ost-West-Ausdehnung von rund 800 Metern alles. Plurs wird in wenigen Augenblicken unter meterhohen Schuttmassen begraben. Am östlichen Rand staut sich ein See. Tagelang wird nach Verschütteten gegraben. Erst viele Jahre danach beginnen die Menschen der Region, die Ebene, die sich über den Ruinen bildete, wieder zu kultivieren. 1851 entsteht der neue Weiler Borgonuovo: auf der rechten Talseite. 1963–1968 führt die Associazione italo-svizzero per gli scavi di Piuro verschiedene Ausgrabungen durch. Die Vereinigung befasst sich noch heute mit der Geschichte von Plurs, organisiert Zusammenkünfte und fördert Forschungsarbeiten.

Wir wandern die Mera entlang talabwärts bis zur nächsten Brücke. Dort treffen wir wieder auf den Wanderweg, der entlang der Strada comunale di Scilano über die Prati Ruina führt. Der gelbe Wegweiser Sentiero-storico weist uns den Weg durch Borgonuovo und zu den Wasserfällen Acqua Fraggia. Der feine Nebel des stiebenden Wassers erfrischt. Nach einer Stärkung in der Bar nehmen wir das nächste Wegstück in Angriff. Am Friedhof vorbei wandern wir hinauf nach S. Abbondio. In der gleichnamigen Kirche ist das Museum (il Museo di Piuro) über das antike Plurs untergebracht.

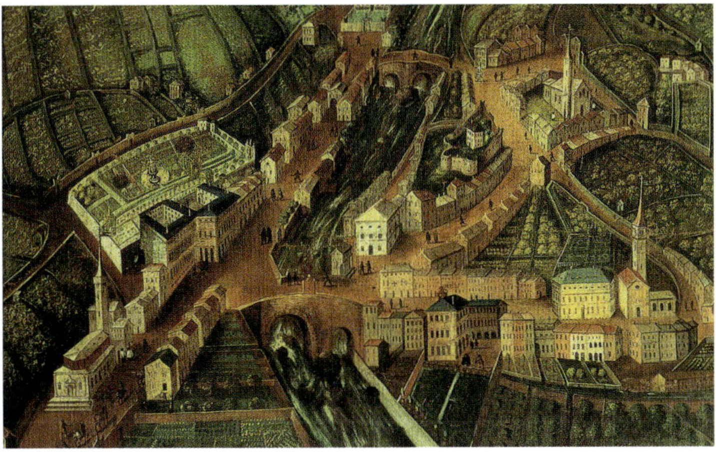

Gemälde von Plurs vor dem Bergsturz

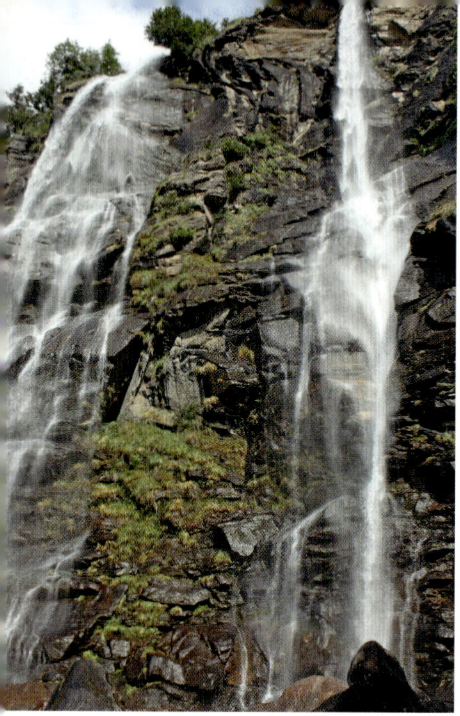

Wasserfälle von Acqua Fraggia

Vor der Kirche führt der Wanderweg, gesäumt von Trockenmauern, hinüber nach Prosto. Wir überqueren den Seitenbach. Bei der Weggabelung nehmen wir nicht den Wanderweg, der links abzweigt, sondern halten die Höhe und bleiben auf dem sehr gut erhaltenen, von kunstvollen Mauern gesäumten historischen Weg mit eingelassenen Rastbänken, der zum Palazzo Vertemate führt. Zahlreiche Reste von Mauern umgrenzen seitlich die kleinen Grundstücke, die früher vom Weg aus genutzt wurden. Der Standort hoch über dem Talboden liess den Palazzo Vertemate, ein Sommerhaus der reichen Familie, den Bergsturz unbeschadet überstehen. Der Palazzo Vertemate erinnert in seiner Pracht an die Palazzi und noblen Häuser, die unter den Geröllmassen begraben sind.

Wir nähern uns dem letzten Etappenziel auf der Via Sett. Wer in einem der Museen oder bei den Wasserfällen von Acqua Fraggia die Zeit vergessen hat, kann in einem B&B in Prosto übernachten. An der Strasse nach Chiavenna gibt es in Gehdistanz eine gute Pizzeria, oder man sichert sich gleich einen Platz im Crotto Belvedere an der Mera.

Wir folgen der Nummer 64 auf die Talstrasse hinunter. Etwas zurückversetzt führt eine Strasse hinunter zum schönen Kirchplatz mit dem Ospedale aus dem 17. Jahrhundert und zur Brücke über die Mera. Hier werden auch die zartschmelzenden Biscotti di Prosto der Familie Del Curto verkauft, und wenige Schritte weiter hat sich Roberto Lucchinetti in einer alten Werkstatt eingerichtet. Er führt die Tradition der Lavezstein-Verarbeitung weiter.

Die letzte halbe Stunde wandern wir leicht ansteigend im Schatten des Waldes. Der Weg führt um Felsblöcke herum und an einem Klettergarten vorbei. Informationstafeln erklären die Entstehung der Gletschertöpfe (Marmite dei giganti), und Abzweigungen führen zu den Lavezsteinbrüchen von Uschione. Und dann führt der schöne Wanderweg unvermittelt in eine kleine Gasse entlang der Crotti und eines ehemaligen Industrieareals. Hier hatte sich in der ersten Hälfte des 19. Jahrhunderts die Baumwollspinnerei niedergelassen, welche die Baumwolle durch Speditionshäuser vor Ort auslieferte. Ein weiterer sehr erfolgreicher Industriezweig dieser Zeit war die Bierbrauerei. Die Crotti mit ihren maximal vier Grad Celsius und das frische Bergquellwasser garantierten das ganze Jahr über frisches Bier. Bereits um 1850 zählte la Birra di Chiavenna zum besten Bier zwischen Wien und Paris.

Wir gelangen zum Parco Paradiso, dem botanisch-archäologischen Garten. Er umfasst die beiden Hügel Paradiso und Castellaccio mit dem dazwischenliegenden Lavezstein-Abbaugebiet Caurga (Graben). Nach wenigen Schritten stehen wir auf dem Platz vor dem ehemaligen Castello di Chiavenna. Wir sind angekommen in der kleinen Alpenstadt Chiavenna, dem «Schlüssel» zu den Alpenpässen, Knotenpunkt der bedeutenden Transitrouten über den Septimer und den Splügen. Hier trafen sich Händler, Reisende, Bauern mit ihrem Vieh. Hier hielten die Saumtiere Rast und später die Pferde der Postkutschen.

Chiavenna (auf Deutsch Cläven oder Kleven) ist bereits im Itinerarium Antonini aus dem 3. Jahrhundert und in der Peutingerschen Tafel als Clavenna aufgeführt. Im Jahr 1335 ging das Städtchen an die Visconti von Mailand und später an die Sforza. Während der Bündner Herrschaft von 1512–1797 war Chiavenna ein wichtiges politisches und wirtschaftliches Zentrum. Hier wirkten Mitglieder der Familie Salis als Amts- und Geschäftsleute.

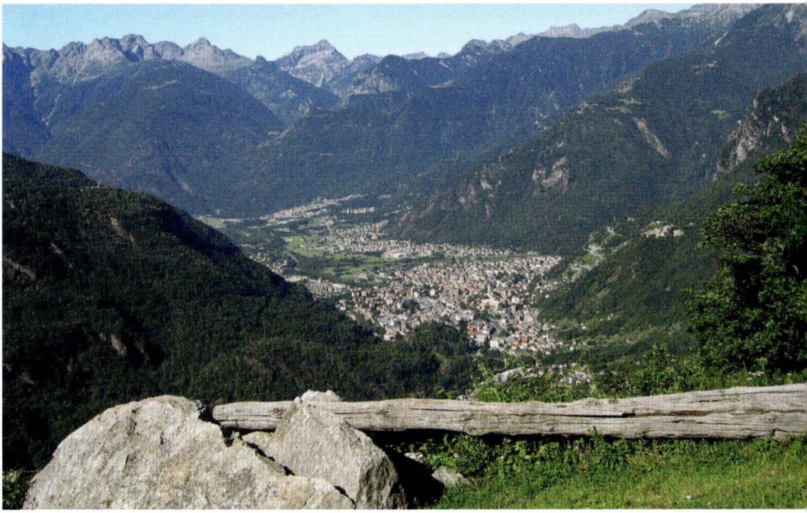

Blick von Dasile auf Chiavenna

Heute ist Chiavenna eine kleine Alpenstadt mit südlichem Charme. Der historische Stadtkern lädt ein zum Verweilen und Entdecken. In den Crotti lassen wir uns den Grumello und die Bresaola, das Veltliner Trockenfleisch, schmecken. Chiavenna mit seinem restaurierten Zentrum und den gediegenen Läden übt eine grosse Anziehungskraft aus. Wir kommen wieder. Vielleicht nähern wir uns der schönen Alpenstadt das nächste Mal auf der Via Spluga durch die Val San Giacomo oder auf der 250 Meter langen und mit meterhohen Stützmauern gebauten Treppenanlage I Trapet über den Prasignolapass?

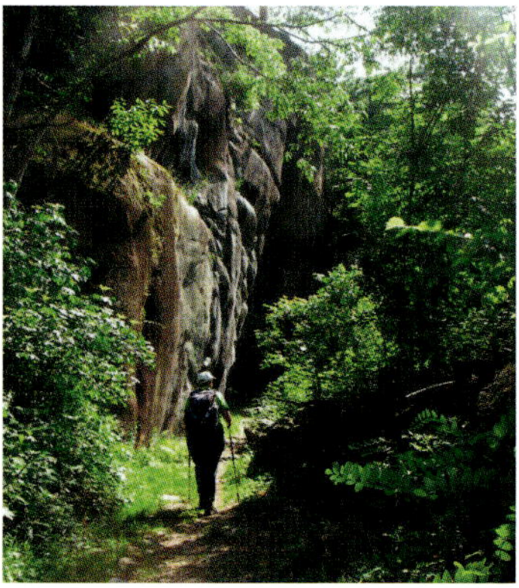

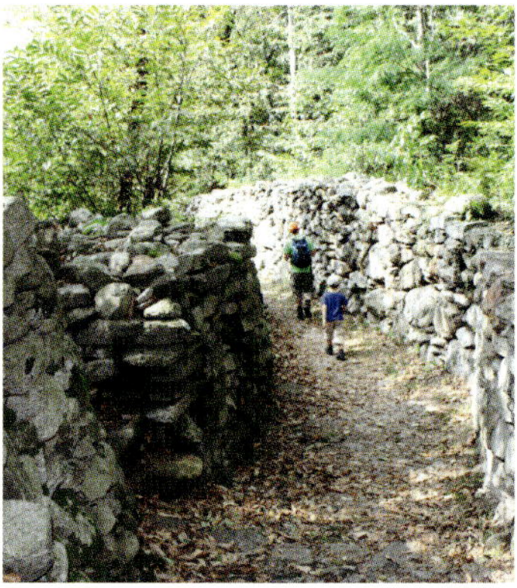

Auf schattigen Wegen nach Chiavenna

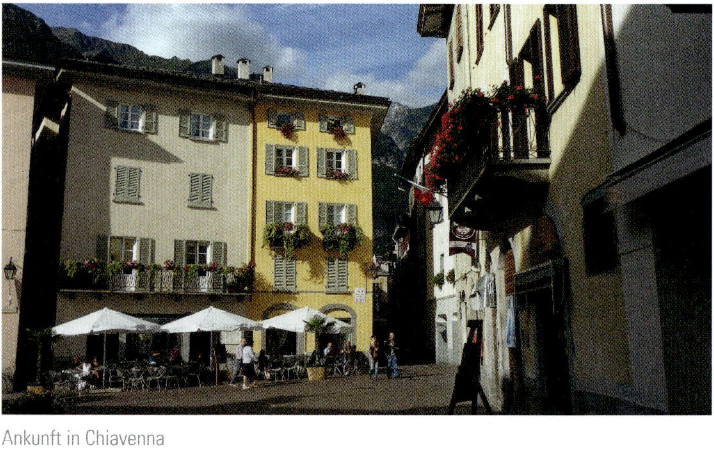

Ankunft in Chiavenna

7

Von Bivio über den Septimer nach Casaccia und Vicosoprano

Diego Giovanoli

Die Hochbauten für den Verkehr

In Chur und Chiavenna, den Ausgangstädten der Septimerroute, standen – und stehen meist heute noch – alte Markt- und Speditionshäuser, inzwischen umgestaltete Kneipen, Stallungen und die Wohnbauten der oft wohlhabenden einstigen Spediteure. Zum Beispiel: Der Pretorio in Chiavenna mit den Wappen der Bündner Kommissare war ursprünglich eine eingeschossige, gewölbte Warensust. Von dort strömte in historischer Zeit der gewaltige Verkehrsfluss über die Pässe. Auf der beidseits mit Zäunen, Mauern und Hecken zum Schutz der Wiesen und Weiden eingefriedeten Passstrasse gingen – einzeln oder in kleinen Gruppen – Säumer und Kaufleute, Pilger, Auswanderer, einsame Mütter ohne ihr uneheliches Kind, Hirten, Bauern, Handwerkslehrlinge. Zu Fuss, mit Saumtier, Ross oder Zugpferd, Schaf- und Rinderherden vor sich hertreibend. Am heutigen Verkehrsaufkommen gemessen, war der ehemalige Verkehrsfluss wohl eher ein Rinnsal. Verglichen mit dem heutigen Volumen der Bauten des Tiefbauamtes Graubünden, der Restaurants und Hotels kämen die ehemaligen Bauten für den Verkehr sehr bescheiden daher. Es waren Zoll- und Gerichtshäuser, Hospize und Susten, Schenken ohne Namensschild, stattliche Wohnhäuser der Verkehrsverwalter.

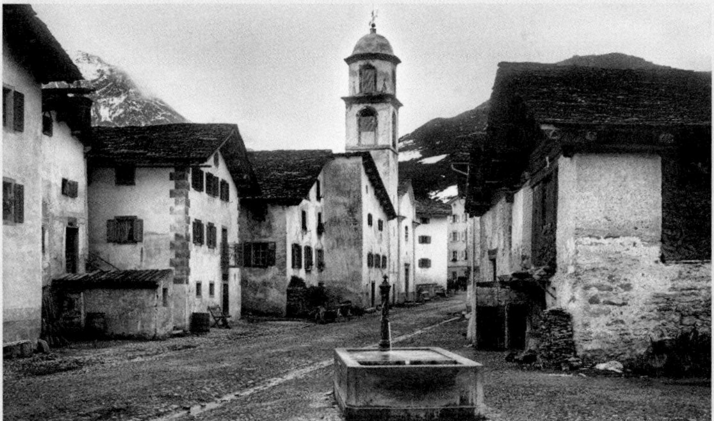

Bivio mit der historischen gepflästerten Dorfgasse (um 1900)

Historische Hochbauten für den Verkehr in Bivio und auf dem Septimer
Anfänglich stand zuoberst in der Val Surses, an der Stabulum bivio genannten Strassenkreuzung Richtung Julier und Septimer, wohl nur eine Sust. Daher hiess Bivio früher kurzerhand Stalla. Der Ort bildete die dörfliche Mitte einer Streusiedlungslandschaft, wo neben den Wohnbauten, die ältesten im 16. Jh. datiert, zahlreiche, hintereinander und nebeneinander gepaarte Ställe und Susten standen. Am südlichen Dorfausgang baute Rodolfo Fasciati 1781 mit den Migrationsressourcen aus Modena das Hotel «Bivio», heute Hotel «Post». Nach dem Hotelbrand eröffneten Giacomo und Carolina Lanz-Fasciati 1878 das heutige Haus wieder. Westlich davon ist die alte Stalla gronda, der hoteleigene Grossstall, einem Neubau gewichen, östlich vom Hotel, hinter dem Palazzo Fasciati von 1863, stehen die gewaltigen Susten aus dem späten 19. Jh. nahezu leer und erinnern an die Hotelunternehmer und Grossbauer Fasciati und Lanz. Von der Bedeutung des früher bescheidenen Häuserhaufens des alten Bivio zeugen vor allem die beiden Kirchen, die katholische mit einem kunstvollen Flügelaltar in gotischem Stil aus dem Jahr 1518, der aus der gleichen Zeit stammt wie der kurz darauf entfernte, jedoch ebenso wertvolle Flügelaltar in der Kirche von S. Gaudenzio oberhalb Casaccia. Die zerstreuten, ehemals ganzjährig bewohnten Bauernhöfe in der Val Tgavretga sind Raritäten der alpinen Pionierbesiedlung an der Route zum Pass und waren für den Wanderer meist wohltuende Wegzeichen. Auf der Septimer Passhöhe stehen heute das Wärterhaus der EWZ aus den Fünfzigerjahren und weiter südlich die mit

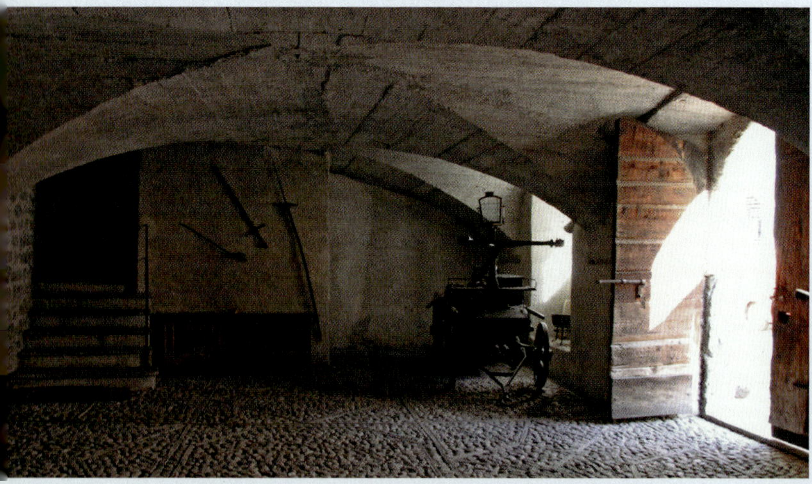

Vicosoprano: Warenhalle im Porten- und Rathaus des Tales (Pretorio)

einem Pultdach geschützten, gänzlich umgeformten Chesa da Sett. Es handelt sich um die Überreste des Hospizes, das die obere Gemeinde des Bergells als Nachfolgerin der bischöflichen Vögte kurz nach 1542 errichten liess. Etwa 200 Meter nördlich liegt ein Schutthaufen über den um 1930 archäologisch erforschten Grundmauern der auf römischen Schichten errichteten Bauten aus dem Frühmittelalter: die Kapelle St. Peter mit Anbau, die Grundmauern des alten Hospizes, der sogenannten Spelunca latrorum, und Wirtschaftsbauten im Norden (siehe Skizze S. 110). Die Passglocke von 1606 hängt im Turm der evangelischen Kirche von Bivio. Nach der Legende der sieben Mörder vom Septimer (S. 123) muss es neben der St.-Peters-Kirche ein Steinhaus mit Küche, Vorratskammer und Keller gegeben haben, eine Herberge mit Schlafräumen für alle Mörder und ihre Magd, mit einer heizbaren Stube, worin auch Edle wie ein armer Salis bewirtet wurden. Deshalb liess ein von Salis in Erinnerung an den erlittenen Raubüberfall auf dem Pass sieben Räuberfratzen und einen Pferdekopf an seinem herrschaftlichen Stall in Soglio anbringen.

Historische Hochbauten für den Verkehr in Casaccia und Vicosoprano
Casaccia war wie Bivio ein Sustendorf, erkennbar an den vielen Stallungen mit sechs Scheunenpfeilern statt vier wie bei den Ställen der armen Bauern. Das gemeindeeigene Zoll- und Sustgebäude Nr. 39 gegenüber dem Hotel «Stampa», ist heute ein Wohnhaus, die grosse, hoteleigene Stallung Nr. 38A, heute Mehrfami-

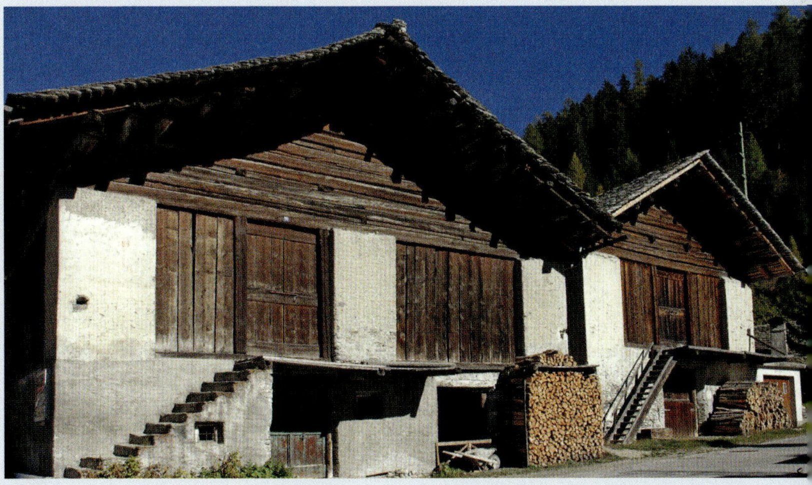

Casaccia: Grosser Sustenstall mit sechspfeiliger Scheune (l.) neben klassischem Bauernstall

lienhaus, wurde erstmals um 1870 gebaut. Rund um die alten Häuser und selbst drinnen ist der Schutt des Bergschlipfes von 1740 vom Piz Lunghin herunter noch kaum weggeräumt, wodurch die Stuben vielfach auf ebener Erde liegen wie beim ehemaligen Gaudentius-Hospiz aus dem Mittelalter (Haus Rezzoli Nr. 17), unweit von der abgebrochenen Werkstatt, wo 1851 Giovanni Giacomo Walther aus Valendas und früher Gian Zuan aus Sils i. E. schmiedeten. Die Kirche von 1522 stockte man im Jahr 1742 über dem Altbau auf. Die schöne Täferstube von 1734 im heutigen Hotel «Stampa» wurde eine Etage höher verlegt, als der Altbau im Jahr 1870 zum ersten grösseren Hotel des Tales erweitert wurde. Seit dem Mittelalter stand östlich von Casaccia ein zweites Hospiz mit getäferten Stuben, gewölbter Küche, Kammern und Kellern neben der herrlich gotischen Kirche Sankt Gaudentius, heute beide Ruinen. Es ist nicht bekannt, welches Hospiz älter war, da am Hospiz im Dorf vorreformatorische Sakralbilder vor 1500 erhalten sind.

Die vom Transitverkehr geformte Hauptsiedlung des Tales, Vicosoprano, erreicht man über den mittelalterlichen, grösstenteils noch gepflasterten Talweg. In Löbbia führte der Weg mitten durch ein Maiensäss, eine ungewöhnliche Reihe von rund 19 temporären Einzelsässen mit Hütte und Stall, insgesamt 16 Hütten und 19 Viehställen, jedoch keine Sust für den Durchgangsverkehr. Im Zentrum von Vicosoprano baute die damalige Talgemeinde Bergell im Jahr 1583 das Pretorio, einen wuchtigen Bau mit gewölbter Warenhalle, Gerichtsstube darüber und Warenlager im Estrich. Der runde Wohnturm des früheren bischöflichen Verwalters wurde dabei zugebaut. Die geräumige Dorfgasse davor, viel breiter als jene von Borgonovo oder von Castasegna, ist ein städtisch anmutender Umschlagplatz, früher wohl überfüllt mit Kutschern und Säumern, mit Karren, Saumtieren und Karossen. Auf den Wandbildern in der gewölbten Halle hat Constant Könz 1964 die Hexenprozesse gemalt und nicht die wägenden, teilenden und zollenden Transitverwalter in der Tracht der würdigen Patrizier. Im 16. Jh. hiessen sie ausschliesslich von Castelmur oder Prevosti, im 18. Jh. wurden sie von den Bazzigher und von den Maurizio abgelöst. Die begüterten Castelmur wohnten im heutigen Albergo «Corona» von 1540 und konnten in der früher nicht abgetrennten Halle auf ebener Erde ebenfalls Waren und Güter einlagern. Beim Bau des Pretorio hatten sie dessen Ecke strafen lassen, die ungehinderte Sicht von ihrer Stube auf die Piazza war vordringlicher. Die Prevosti residierten im Haus von 1516 und später weiter westlich im mächtigen und ebenso herrschaftlichen Haus mit zwei übereinanderliegenden Wohnungen. Die ebenerdige Gewölbehalle ist ebenso sehr geräumig und war mit dem angebauten Stall verbunden. Das schönste, heute restaurierte Patrizierhaus, ebenfalls mit Hallengewölbe und intarsierten Stuben hatten andere, noch aristokratischere Castelmur zwischen schon 1537 und 1568 gebaut. Zweihundert Jahre später entstanden am östlichen Ende der Piazza die neuartig geformten, nur wenig bescheideneren Mehrfamilienhäuser des Geschlechts Bazzigher, datiert 1719 und 46 von 1687. In den drei beziehungsweise fünf neben- und übereinanderliegenden Wohnungen wohnten standesgemäss die neuen Machthaber über Verkehr und Verwaltung neben ihren in der Fremde gewerbetreibenden Verwandten. Es mag erstaunlich sein, doch auch die um 1760 neu gebaute Kirche Santa Trinità der Reformierten vom Quartier Piazza wäre ohne den wirtschaftlichen Aufschwung durch den Verkehr nicht entstanden.

Der Verkehr im unteren Bergell

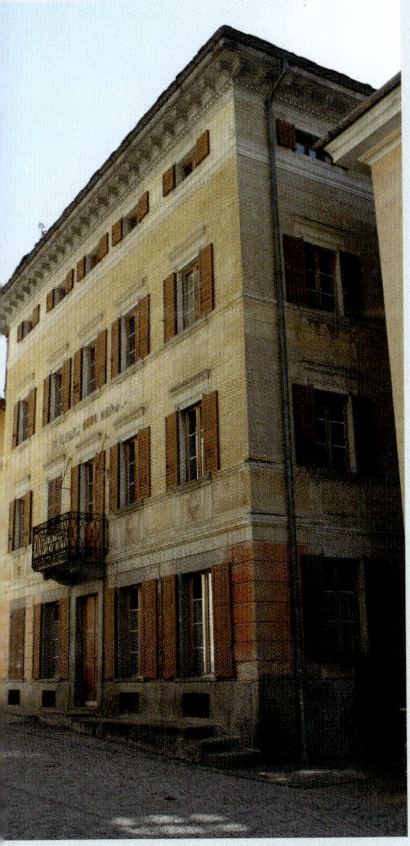

Castasegna: Klassizistisches Mehrfamilienhaus erbaut 1851 von Edoardo Spargnapani

Die historischen Bauten für den Verkehr, Wohnhäuser und Ställe von unüblicher Grösse sind besonders eindrücklich in Promontogno, wo die private Sust und das Herrenhaus der von Salis aus dem Jahr 1521 an der sehr engen, von mehrgeschossigen Häusern gesäumten Dorfgasse stehen. Letztere sind die vom Durchgang generierten hohen Bauten des 18. Jh., alle mit übereinanderliegenden, bürgerlich eingerichteten Wohnungen samt den dazugehörigen Stallungen mit sechs Pfeilern, mehrheitlich von der weitverzweigt Unternehmerfamilie Scartazzini und von den Ganzoni gebaut. Zum Verkehr gehört ebenfalls das grosse, 1876 von Architekt Giovanni Sottovia erbaute Hotel «Bregaglia» am unteren Dorfausgang, unweit der beiden Brücken über die Maira.

Die überhohen Mehrfamilienhäuser, eine Rarität des schweizerischen Bergells, gibt es vereinzelt auch in Spino und am östlichen Dorfeingang von Castasegna. Das Spezielle des Grenzortes sind jedoch die klassizistisch gestalteten Handelshäuser unterhalb der evangelischen Diasporakirche Santa Trinità aus dem Jahr 1660. Das Quartier vor der Grenze mit den kubischen Bauten aus der Zeit zwischen 1821 und 1881 geht nahezu ausschliesslich auf die Bautätigkeit der Kaufmannsfamilien Meng, Cantieni und Schumacher aus Nordbünden zurück, mit Ausnahme der Villa des eidgenössischen Zolleinnehmers Garbald, heute Denklabor.

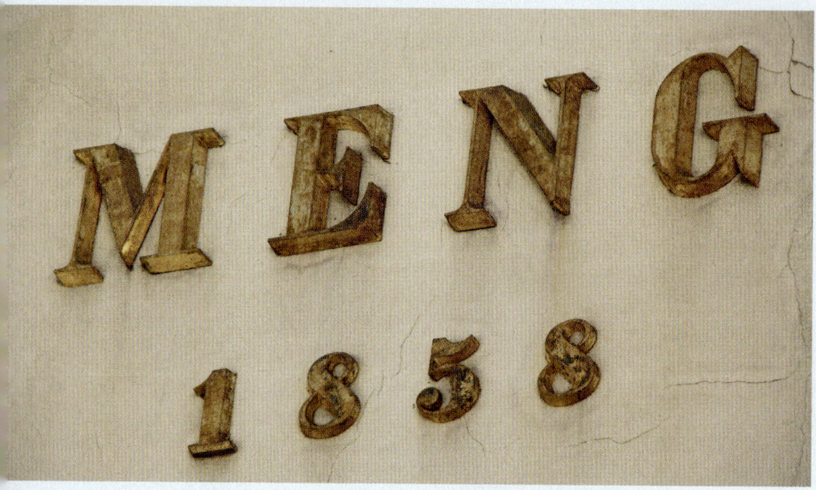

Castasegna: Markenzeichen des Geschäftsmannes Christian

Literatur:

- Poeschel Erwin, Die Kunstdenkmäler des Kantons Graubünden, Band III, S. 227, Basel 1943
- Kurth Anna und Jürg Amann, Ein Reisebuch: Bergell, Puschlav, Tessin, 1999.
- Seifert-Uherkovich Ludmila, Bergell, Architekturrundgänge in Graubünden, (Val Bregaglia, Itinerari architettonici nei Grigioni), Chur 2012
- Seifert-Uherkovich Ludmila, Leza Dosch, Kunstführer durch Graubünden, Bern/Zürich 2008

Literatur zur Via Sett

- Andrea Silvia, Violanta Prevosti. Faksimile Nachdruck. P. Haupt, Bern 1996.
- Bauer Ursula, Jürg Frischknecht, Grenzland Bergell. Wege und Geschichten zwischen Maloja und Chiavenna. 4. Aufl. 2010, Rotpunktverlag Zürich.
- Bereuter Elmar, Die Schwabenkinder. Die Geschichte des Kaspanaze. Serie Piper 2008.
- Bihr-de Salis Jane, Giovanoli Diego, Alpine Kostbarkeiten. Die Salis-Gärten in Soglio. Zürich 2006.
- Bösch Paul, Albula, Julia und Zürich. 100 Jahre EWZ in Mittelbünden. Sils 2006.
- Brun Eduard, 3000 Jahre Bergbaugeschichte im Oberhalbstein, Graubünden. In: Bergknappe 88, 2/1999. Davos 1999.
- Bühler Linus, Die Geschichte der Bündner Schwabengängerei. In: Bündner Monatsblatt 1975/5, Mai/Juni.
- Bundi Martin, Frühe Beziehungen zwischen Graubünden und Venedig. Staatsarchiv Graubünden 1988.
- Bundi Martin, Zur Besiedlungs- und Wirtschaftsgeschichte Graubündens im Mittelalter. Calven Verlag, Chur 2. Aufl. 1989.
- Candreia Linard, Fastezs digl passo. Eigenverlag. Laufen, 2011.
- Candreia Linard, Miniaturas – Miniaturen. Desertina Verlag, Chur 2006.
- Candreia Linard, Zurück nach Marmorera. Über das kurze Leben des Auswanderers und Saisonniers Flurin Lozza (1870–1919) und seine Zeit. Desertina Verlag. Chur, 2009.
- Clavadetscher Otto P., Das Burgenbuch von Graubünden
- Corradi Pio, Bachmann Dieter, Frey Urs, La gente die Soglio. Die Leute von Soglio. Offizin Verlag, Zürich 2004.
- Fast ein Volk von Zuckerbäckern? Ausstellung über die Bündner Zuckerbäcker. Archivio Storico della Bregaglia, Stampa-Coltura.
- Giacometti Luigi, Dizionario del dialetto bregagliotto. Variante di Sopraporta. Traduzioni in italiano, romancio, tedesco. Hrsg. Pro Grigioni Italiano, Chur 2012.
- Giovanni Segantini. Ein Leben in Bildern. Hrsg. R. Bonifzi, D. Hardmeier, M. Hoch, R. Sauernmann. Werd Verlag Zürich, 1999.
- Giovanoli Diego, Facevano case. Pro Grigoni Italiano Chur, 2009.
- Giovanoli Diego, Palazzo und Garten De Salis in Bondo. Geschichte und Architektur eines Herrenhauses in Südbünden gebaut zwischen 1766–1775. Giovanoli, Malans/Bondo 2009.
- Giovanoli Simonett Elda, Ricordi di vita di un' insegnante «per vocazione». Milano 2011.
- Gredig Hansjürg, Arbeitsgrundlage zur IVS-Dokumentation Septimer-Pass. Auszug aus den IVS-Dokumentationen 1256 Bivio und 1276 Val Bregaglia. Geographisches Institut, Bern 1990.
- Gredig Hansjürg, Willi Walter, Unter Strom. Wasserkraftwerke und Elektrifizierung in Graubünden 1879–2000. Hrsg. Verein für Bündner Kulturforschung. Bündner Montatsblatt, Chur 2006.
- Himmelsleiter und Felsentherme. Architekturwandern in Graubünden. Hrsg: Gantenbein/Guetg/Feiner. Rotpunktverlag, Zürich 2009.
- Historisches Lexikon der Schweiz. www.hls-dhs-dss.ch
- Hofer Benjamin, Höhneisen Maya, Diari d'Origen, ein fotografisches Tagebuch zum Origen-Jahr 2011/2012. Desertina, Chur 2012.
- Hotel Bregaglia. Ein Findling im Bergell. Hrsg. Rucki Isabelle und Keller Stefan. hier&jetzt, Baden 2009.
- Giovanoli, Hemmi, Weinkeller in Südbünden. In Jahresbericht Archäolog. Dienst Graubünden

- Giovanoli Diego, Costruirono la Bregaglia, Gr. Denkmalpflege 2014
- Jecklin-Tischhauser Ursina, Frascoli Lotti, Janosa Manuel, Die Burg Marmels. Eine bündnerische Balmburg im Spiegel von Archäologie und Geschichte. Schweizerischer Burgenverein, Basel 2012.
- Kauer, Walther, Tellereisen. Lenos, Basel 2002.
- Kunstführer durch Graubünden. Hrsg. Gesellschaft für Schweizerische Kunstgeschichte. Scheidegger & Spiess, Zürich 2008.
- La Nicca Richard, Bilder der Baukunst. Hrsg. Psychiatrische Dienste Graubünden. Bündner Monatsblatt, Chur 2006.
- Lampert Regina, Die Schwabengängerin. Erinnerungen einer jungen Magd aus Vorarlberg, 1864–1874. Limmat Verlag Zürich, 7. Auflage 2010.
- Lang Othmar Franz, Hungerweg. Das Schicksal der Schwabenkinder. Jugendroman. Dtv junior 2006.
- Lanz, Rodolf, Il Biviano, poesias diversas. Edizun e proprieted dell'autur. Chur, 1887–1920.
- Lechner Ernst, Das Thal Bergell. Natur, Sagen Geschichten. Leipzig 1865.
- Lisignoli Guido, Bergell. Die schönsten Wanderungen. Lyasis Edizioni, Sondrio 2005.
- Löpfe Franziska, Christian Cahenzli. Vom Glück eines Migranten. Verlag Südostschweiz Glarus, 2012.
- Maier Marcella, Das grüne Seidentuch. Eine Schweizer Familiensaga. Piper 2011.
- Maloja, Bergell-Oberengadin. Natur und Kultur einer Passlandschaft. Hrsg. Pro Natura Graubünden. Desertina, Chur 2009.
- Mark Paul J., Ein Bergdorf geht unter. Terra Grischuna Verlag. Chur, 2005.
- Meier Erhard, Kulturwege in Graubünden 1. Terra Grischuna Verlag, Chur 2007.
- Nussbaumer Jeanette, Die Kellerkinder von Nivagl. Die Geschichte einer Jugend. Friedrich Reinhardt Verlag, 4. Aufl. Basel 2006 (nur noch bei der Autorin erhältlich).
- Pajarola Jano Felice, Gabriela Holderegger, muntognas magicas. Südostschweiz Buchverlag und Lia Rumantscha, Chur 2011.
- Parc Ela, Ein Wegweiser zu Natur und Kultur im Albulatal und Surses. Hrsg. Hansjürg Gredig. Ott Verlag, 2009.
- Planta Armon, Verkehrswege im alten Rätien, Bd. 2. Verlag Bündner Monatsblatt, Chur 1990.
- Puur und Kessler. Sesshafte und Fahrende in Graubünden. Hrsg. IKG. Verlag hier & jetzt, Baden 2008.
- Ringel Ingrid H., Der Septimer. Wahrnehmung und Darstellung eines Alpenpasses im Mittelalter. Desertina Verlag, Chur 2011.
- Prisca Roth, Korporativ denken, genossenschaftlich organisieren, feudal handeln, die Gemeinden und ihre Praktiken im Bergell des 14.-16. Jahrhunderts, Chronos 2018.
- Rucki Isabelle, Stefan Keller, Das Hotel Bregaglia. Institut für Kulturforschung Graubünden. Verlag hier und jetzt, Baden 2009.
- Salis in Chur (Obering. Fr. von), Der alte Weg nach Oberengadin und Bergell. Allgemeines Fremdenblatt für sämtliche Kurorte Graubündens und der Ostschweiz. Chur, 1893, Folge Nr. 6. In: Jahresbericht der Naturforschenden Gesellschaft Graubündens Band XXXVI 1891–93.
- Salis, von J. R. Zur Geschichte der Talschaft Bergell. Hrsg. Familienverband der von Salis, 7. Auflg. 2005
- Savognin. Geschichte, Wirtschaft, Gemeinschaft. Hrsg., Gemeinde Savognin
- Scaramellini Guido, La frana die Piuro del 1618. Associazione italo-svizzera per gli scavi di Piuro, 1994.
- Scheib Asta, Das Schönste, was ich sah. Roman. dtv Münschen, 8. Auflage 2012.

- Schmid Sabrina, Saurierspuren an den Bergüner Stöcken. Infomappe für Lehrerinnen und Lagerleiter. Parc Ela, Tiefencastel 2009.
- Schneider Guy, Der Septimerpass. In: Wanderungen auf historischen Wegen. S. 116–129. Ott Verlag, Thun 1990.
- Schuler Irene, Walserweg Graubünden. In 23 Etappen vom Hinterrhein in den Rätikon. Rotpunktverlag, 3. Aufl. Zürich 2017.
- Segantini. Hatje Cantz, Ostfildern, 2011.
- Seglias, Loretta. Die Schwabengänger aus Graubünden. Saisonale Kinderemigration nach Oberschwaben. Desertina Verlag Chur, 2004.
- Seifert-Uherkovich Ludmila, Ralph Feiner, Architekturrundgang Bergell. Desertina Verlag, Chur 2012.
- Simonett-Giovanoli Elda, Bivio und das Bergell. Märchen, Geschichten, Legenden. Verlag Bischofberger AG, Chur 3. Aufl. 1995.
- Simonett-Giovanoli Elda, C'era una volta Bivio...Tipografia Menghini, Poschiavo 1992. Deutsche Ausgabe Bündner Monatsblatt 1994.
- Stampa Renato, Maurizio Remo, Das Bergell – La Bregaglia. Schweizer Heimatbücher. Verlag Paul Haupt, Bern, 4. überarbeitet Auflg. 1994.
- Stoffel Johann Rudolf, Das Hochtal Avers Graubünden. Die höchstgelegene Gemeinde Europas. Gemeinde Avers und WVG, Poschiavo 5. Auflg. 2013.
- Terra Grischuna Ausgabe 5/2012, Auf Spuren Hans Ardüsers. Chur 2012.
- Thöni Gion Peder, So viel Geheimnisvolles Ob dem Stein. Die Sagen des Oberhalbstein. Bündner Monatsblatt, Chur 2003.
- Tschuor Gion, Was kost' des Büeble? Ils Schuobacheclers. Film. Televisiun Rumantscha, Chur 2004.
- Versorgt und vergessen. Ehemalige Verdingkinder erzählen. Hrsg. Marco Leuenberger und Loretta Seglias. Rotpunktverlag, Zürich 2008.
- Volken Marco, Badile – Kathedrale aus Granit. AS Verlag, Zürich 2006.
- Volken Marco, Kundert Remo, Alpinwandern Südbünden. Engadin Müstair Puschlav Bergell Misox. SAC-Verlag, Bern 2007.
- Vollenweider Basil, Post Hotel Löwe, Origen Festival Cultural, Riom 2020
- Weber Hermann, Avers – aus Geschichte und Leben eines Bündner Hochtals. Terra Grischuna Buchverlag, Chur 1985.
- Zauberhaft und zeitlos. Gärten im Bergell. Hrsg. Schweizer Heimatschutz. Zürich, 2009.

Bildnachweis

Archäologischer Dienst Graubünden: 12 • Bündner Kunstmuseum Chur: 94, 142, 145 • Hans Conrad, Schriften: 110 • Die Alpen 1938: 147 • ETH-Bibliothek Zürich, Bildarchiv: 68 • Lorenz A. Fischer: 29, 32, 33, 34, 36 • Marco Giacometti: 133 • Diego Giovanoli: 123, 168, 171, 172 • Hans-jürg Gredig: 95, 104, 118, 119, 120, 121 • KHR: 89, 90, 91 • Kirchgemeinde Salouf, Archiv: 54 • Reiner Klingholz: Titelbild • Kunsthaus Zürich: 92–93 • Christoph Meier-Zwicky: 26 • Palazzo Vertemate Prosto, Foto Romano Plaz: 163 m • Parc Ela: 15, 28, 44 • Romano Plaz: 13, 19, 22, 42, 47, 49, 52, 53, 56, 70, 71, 74, 98, 100, 101 u, 103, 125, 131, 107, 134, 140, 154, 166, 169 • Privatbesitz Jeanette Nussbaumer-Moser: 37 • Privatbesitz, Foto Marco Giacometti: 143 • Jürg Rageth (ADG): 109, 111, 113, 114, 115, 116 • Rätisches Museum Chur: 61 • Irene Schuler: 7, 18, 20, 21, 24, 27, 39, 43, 45, 48, 51, 57, 59, 60, 64, 65, 69, 73, 77, 79, 80, 99, 101 m, 135, 137, 138, 144, 151, 155, 157, 158, 159, 160, 161, 163 o, 165 • Schweizerische Nationalbibliothek / NB: 75, 76, 167 • Johann Stumpf, Schweytzer Chronick (...): 10 • Marco Volken: 148/149, 150

Unterwegs mit ...

TERRA GRISCHUNA

Val Müstair
Schöne Wanderungen am östlichsten Zipfel der Schweiz
136 Seiten mit farbigen Abbildungen und Routenkarten
Fr. 24.–/EUR 19.– (D)

Via Spluga
Durch Kulturen wandern
112 Seiten mit farbigen Abbildungen, Routenkarten
Fr. 21.– / EUR 19.– (D)

Via Son Giachen / Jakobsweg Graubünden
Natur, Kultur, Geschichte. Schauplätze am Jakobsweg in Graubünden
148 Seiten mit farbigen Abbildungen, Routenkarten
Fr. 28.– / EUR 27.– (D)

Safiental Ruinaulta
Vom Safierberg zur Rheinschlucht
208 Seiten mit farbigen Abbildungen und Routenkarten
Fr. 28.– / EUR 27.50

Schanfigger Höhenweg
Auf aussichtsreichen Wegen Walser Kultur und Natur entdecken
112 Seiten mit farbigen Abbildungen und Routenkarten
Fr. 28.– / EUR 26.–

Gemütliches Wandern in Graubünden
Zeit zum Staunen und Verweilen
112 Seiten mit farbigen Abbildungen, Routen- und Höhenkarten
Fr. 21.– / EUR 20.– (D)

Naturpark Beverin
Ein Kultur- und Landschaftsführer rund um den Piz Beverin
196 Seiten mit farbigen Abbildungen, Routenkarten
Fr. 22.– / EUR 21.– (D)

www.somedia-buchverlag.ch